性質保証責任の研究

渡 邉　拓 著

成 文 堂

はしがき

本書は、平成二五年三月に神戸大学に提出した博士論文を基にしたものである。

「性質保証」を研究テーマとするきっかけは、筆者が神戸大学大学院の博士前期課程一年次に、学部のゼミからの恩師である磯村保先生（現早稲田大学教授）の授業において、本書第一部第二章でも取り上げているＢＧＨの判決を報告したことに始まる。この判例報告をきっかけとして、瑕疵というもの以外に「性質保証（Zusicherung）」というものが売主の責任を基礎づける法制度に興味を持ち、磯村先生のご指導のもと、ドイツにおける性質保証概念の展開について研究を進め、修士論文として提出したものが、本書の第一部の出発点となった第二章の論文である。

そして、修士論文を執筆する過程で、ドイツでは、性質保証の機能として、損害賠償責任を基礎づけるという点以外に、免責条項を排除するという機能も有していることが分かり、この点についての検討をまとめたものが第一部第三章の論文である。さらに、ドイツにおける性質保証責任の論文を読み進めていくと、スイスにおいても同様の議論がなされており、性質保証責任についてドイツと同じくローマ法にその淵源を有しながら、その後はドイツ法とは少し違った道をたどってきたことが分かった。これをまとめたものが第一部第四章の論文である。

その後、筆者はケルン大学のバルバラ・ダウナー-リープ先生の下に留学する機会を得た。その時には、漠然と、ドイツにおける債権法改正において性質保証責任がどのように扱われていたのかを調べるつもりであったが、ダウナー-リープ先生や助手たちの助言から、当時ドイツでは、企業買収契約を舞台に保証と免責の関係について大論争が巻き起こっていることを知った。そのことをきっかけとして、企業買収契約における保証と免責の関係について、債権法改正時の議論から、その後の判例学説の展開について研究をまとめたものが、第二部の中核を形成する諸論文である。

最後の第三部は、日本における債権法改正の議論において、債務不履行における帰責事由がどのように扱われたのかを概観し、さらに、これまでの研究から日本法に対する幾ばくかの提言を行ったものである。

本書を出版するまでには、数えきれないほどの多くの方々のお世話になった。ここにすべての方のお名前を記すことはできないが、できるだけ多くの方に感謝の言葉を述べたい。

冒頭にも述べたように、恩師である磯村先生との出会いがその後の筆者の研究者としての道を開いたと言っても過言ではない。この場を借りて、その学恩に深く感謝する次第である。また、神戸大学では、恩師の磯村先生をはじめ、親身になって指導していただいた、安永正昭先生（現神戸大学名誉教授）、山田誠一先生、窪田充見先生には、現在にいたるもご指導を賜っており、感謝の言葉もない。また、窪田先生、山田先生とともに博士論文審査の労を取っていただいた山本顯治先生にも深く感謝申し上げる。

また、大学院時代には、阪神・淡路大震災に被災するということもあったが、同じ民法専攻の先輩である野田和裕氏（現広島大学教授）や占部洋之氏（現関西大学教授）、同期で民事訴訟法専攻の伊東俊明君（現岡山大学教授）ら多くの仲間に支えられて何とか乗り切ることができた。また、その時知り合った、ドイツからの留学生のヨハネス・キメスカンプ君（現ノルトラインヴェストファーレン州判事、Richter Johannes Kimmeskamp）には、彼の帰国後も文献収集などで大変お世話になり、現在も家族ぐるみでお付き合いさせていただいている。この場を借りてみなさまに感謝申し上げるとともに今後のご発展を祈念したい。

最初の就職先である静岡大学人文学部法学科では、民法の田中克志先生（現常葉大学教授）や山脇貞司先生（静岡大学名誉教授）、民事訴訟法の安達栄司先生（現立教大学教授）をはじめ、多くの先生方に支えられ、良好な研究環境を提供していただくとともに、研究者として研究成果を公表することの重要性を教えて戴いた。本書の中核部分を占める、第一部第三章、第四章及び第二部第一章はこの静岡大学時代における研究がもとになっている。

そして、静岡大学時代には、日本学術振興会の短期派遣プログラムによって、ドイツのケルン大学で研究する機会を頂戴した。ケルン大学では、バルバラ・ダウナー-リープ先生（Prof. Dr. Barbara Dauner-Lieb）やマンフレート・リープ先生（em. Prof. Dr. Manfred Lieb）をはじめ研究所のみなさんには、文字通り右も左もわからなかった筆者を温かくかつ親切に迎えていただいた。先に述べたように、本書第二部第一章は、その時、研究助手の方からいただいた連邦司法省の未公刊文書が出発点となっている。ダウナー-リープ先生の研究室にはその後も何度かお邪魔する機会があり、この場を借りてみなさまのご健勝とご多幸を祈念したい。

筆者は、平成一六年四月に静岡大学から横浜国立大学に移り、現在にいたるまで国大にお世話になっている。国大では、円谷峻先生（現明治大学教授）を筆頭に、野村秀敏先生（現専修大学教授）や今村与一先生、高橋寿一先生をはじめ、同僚の皆さんには今に至るも大変お世話になっている。

さらに、国大では、平成二二年一〇月から一年間研究専念期間をいただいた際に、弁護士登録をさせていただき、横浜の川島法律事務所で弁護士実務を経験するという貴重な機会を得ることができた。横浜国大法科大学院の実務家専任教授でもあった、川島清嘉先生の下で、実務を経験できたことは、筆者にとって、磯村先生の下で研究生活をスタートしたことに次ぐ、重要な転機となった。弁護士登録をした動機の一つとして、自分の民法理論が実務においてどこまで通用するのかを確かめたかったというのがあり、その答えは未だに出ていない（ということにしておきたい)が、今に至るも、川島先生や奥様の志保先生をはじめ川島法律事務所にみなさまには大変お世話になっている。

そして、弁護士会との関係では、弁護士登録に先立つ、弁護士法五条に基づく弁護士資格認定のための研修では、第二東京弁護士会の尾崎純理先生をはじめ紀尾井町法律事務所の皆様には大変お世話になった。また、横浜弁護士会では、司法制度委員会に所属させていただき、幸運にも、債権法改正の議論に関与させていただくことができた。本書の第三部はこの時の経験に拠るところが大きい。委員長である林薫男先生や副委員長の飯島奈津子先生をはじめ横浜弁護士会のみなさまにも今に至るも大変お世話になっている。

また、第一東京弁護士会の中田祐児先生には、興味深い事件を一緒に経験させていただくなど大変お世話になっている。さらに、国大でも教鞭をとられた東京弁護士会の田中誠一先生、研究会を通じてお世話になっている静岡県弁護士会の大澤恒夫先生(大澤先生には静大時代からお世話になっている)、第二東京弁護士会の遠藤元一先生にもこの場を借りてお礼を申し上げたい。

本書の基となった研究は、日本学術振興会の科学研究費、全国銀行学術振興財団、民事紛争処理基金の助成金による研究成果の一部である。この場を借りて関係各位に御礼を申し上げたい。また、本書の出版に際しては、成文堂編集部の飯村晃弘様には大変お世話になった。

最後に、いつも私を励まし、支えてくれている妻と二人の息子に、この場を借りてありがとうと言いたい。そして、わがままな一人息子を今に至るも見守り続けてくれている父と母に本書を捧げたい。

目次

初出一覧

＊本書は、二〇一三年までに公表した左記の論文を基に構成されている。本書の内容には、書き下ろしの部分が一定程度あることに加えて、これまで発表した論文にもある程度の加筆・修正を行ったことをお断りしておく。

第一部

・「ドイツにおける性質保証概念の展開」神戸法学雑誌四七巻二号（三七一-四二九頁）一九九七年九月
・「性質保証責任と免責条項の関係についての序章的考察」『民法学の課題と展望』石田喜久夫先生古稀祝賀論文集（成文堂）（五二三-五四二頁）二〇〇〇年七月
・「性質保証の表示と制限的文言（一・二完）――最近のドイツ法における議論を中心に――」法政研究（静岡大学）四巻四号（一六三-一七四頁）二〇〇〇年三月、五巻一号（三八五-四〇一頁）二〇〇〇年八月
・「スイス債務法における性質保証責任論の系譜（一・二完）」法政研究（静岡大学）六巻一号（八一-一〇七頁）二〇〇一年八月、六巻二号（一七三-二〇六頁）二〇〇一年一二月
・「性質保証の証明責任」横浜国際経済法学一五巻一号（四一-六九頁）二〇〇六年九月

第二部

・「帰責事由としての性質保証と損害担保――ドイツ債務法改正における損害担保責任の導入とその企業買収実務に与える影響を参考にして――」法政研究（静岡大学）八巻三・四号（一四三-一九六頁）二〇〇四年二月

・「ドイツ債権法改正によって惹起された企業買収実務における法的不安定性の除去のための民法典改正について」横浜国際経済法学一四巻一号（五三-六一頁）二〇〇五年九月
・「損害担保責任（Garantiehaftung）の法的性質について――二〇〇二年ドイツ債権法改正後の法状況――」横浜国際経済法学一六巻一号（八七-一〇一頁）二〇〇七年九月
・「売買目的物の性質を保証した場合の売主の責任について」横浜国際経済法学一九巻三号（一三五-一五〇頁）二〇一一年三月
・「インターネットオークションにおける暴利行為と契約責任――ドイツ連邦通常裁判所二〇一二年三月二八日判決を素材として――」横浜国際経済法学二一巻三号（八一-一〇八頁）二〇一三年三月
・「企業買収契約における表明・保証違反と重過失免責」横浜国際経済法学一九巻二号（一-三八頁）二〇一〇年一二月

第一部　性質保証責任の生成と展開

第一章　序論

第一節　問題の所在

一　事例の設定

売買契約において目的物の性質を保証した場合、売主はどのような責任を負うのであろうか（いわゆる「性質保証責任」）。この問題を考えるために、次のような事例を設定してみよう。

事例α

Ａ社は周辺のスーパーから生ゴミを集めそれを肥料にして販売することを計画した。一日五〇〇kgの生ゴミを処理すれば採算がとれると考え、Ｂ社に見積もりを頼んだ。Ｂ社は新製品のバイオ生ゴミ処理機三台なら十分処理できると考え、三台の代金二〇〇万円で見積もりを出し、Ａ社はそれを購入した。しかし、本件機械の性能は著しく劣っており、集めた大量の生ゴミはほとんど処理できず、結局、大量の生ゴミを別の廃棄物処理業者に廃棄してもらうことになり、多額の処理費用がかかった。

事例β

A社は周辺のスーパーから生ゴミを集めそれを肥料にして販売することを計画した。一日五〇〇kgの生ゴミを処理すれば採算がとれると考え、B社に見積もりを頼んだ。B社は新製品のバイオ生ゴミ処理機三台なら十分処理できると考え、三台の代金二〇〇万円で見積もりを出し、A社はそれを購入した。その際、BはAに対して、「このバイオ生ゴミ処理機三台であれば一日に五〇〇kgの生ゴミを処理でき、またバイオ技術を用いているので安全かつ地球環境に優しい」ということを保証した。しかし、本件機械の性能は著しく劣っており、集めた大量の生ゴミはほとんど処理できず、結局、大量の生ゴミを別の廃棄物処理業者に廃棄してもらうことになり、多額の処理費用がかかった。

事例αと事例βの差は、売主Bが売買契約の際に、目的物の性能について「保証」していたかどうかと言うことになる。

ではこの「保証」にはどのような意味があるのであろうか。この問題について、以前は、瑕疵担保責任の主観的瑕疵の一つとして位置づける立場（瑕疵アプローチ）が有力であったが、近時は、債務不履行責任の帰責事由として位置づける立場（帰責事由アプローチ）も有力に主張されている。

二　瑕疵アプローチ

瑕疵概念としての性質保証とはどのようなものであろうか。[1] たとえば、事例αの場合についてみると、当事者間で本件機械の生ゴミ処理能力について何らかの合意ないし前提とされた基準があればその基準を下回る場合には瑕疵があることになり（いわゆる主観的瑕疵概念）、そのような合意ないし前提とされた基準が存在しない場合には、その種の物が通常有する性能、品質を欠いている場合には瑕疵があることになる。[2] これに対して、事例βの場合には、売主Bによって、本件機械の生ゴミ処理能力について保証という形の言明がなされているため、保証自体がまさに主観的瑕疵の基準を形成し、保証された性質が備わっていないこと自体が瑕疵と判断される。

このように、保証された性質が備わっていないこと自体を瑕疵とみる考え方は、我が国においても大審院以来の確定判例であり[(3)]、また学説上の通説である[(4)]。さらに、比較法的にも普遍的なものである（後述の「七　分析視角」を参照）。

これに対して、保証を瑕疵概念と捉えるのではなく、損害賠償の範囲の問題において、無過失の売主の賠償責任は代金減額的なものに限られるが故意・過失や保証がある場合には履行利益の賠償まで認められるとする立場も有力に主張されている[(5)]。

三　帰責事由アプローチ

では、帰責事由としての性質保証とはどのようなものであろうか。

この問題を検討する前提として、四一五条の債務不履行責任の帰責事由の位置づけについて概観する必要がある。従来の通説的理解は、四一五条の債務不履行責任によって損害賠償請求権が発生するためには、不履行の事実のほかに債務者の側に「責に帰すべき事由」が必要である、と理解してきた。そしてこの責に帰すべき事由というのはいわゆる「債務者の故意・過失または信義則上これと同視すべき事由」と解されてきた[(6)]。このような理解はいわゆる過失責任主義に立脚したものといわれ、損害賠償請求が成立するためには、不法行為責任の場合と同様に、不履行の事実だけでは足りず、債務者の側に非難すべき事情が要件として必要であるという考え方である。

しかし、判例および通説はこの「責に帰すべき事由」を請求原因事実ではなく、抗弁事由として、債務者の側で主張立証すべき事実であると解している。[7]「債務者は、本来一定の給付をなすべきことが義務付けられているのであるから、それをなし得ない事由があるというのは例外的な場合であると考えられるから、免責を主張する債務者が主張・立証責任を負うとするのが公平の観念に合致する」とされている。[8]よって、設例のような不完全履行の場合でも、債務者において、その責に帰すべき事由、すなわち、不完全な履行をしたことが自己の故意・過失または信義則上これと同視すべき事由に基づかないことを主張・立証すべきことになる。[9]このように、実務上は、この帰責事由の要件は、債務者の側の非難すべき事情というように積極的に責任を根拠づける事実と言うよりも、債務者の方に損害賠償責任を負わせるのが適当ではない事情として位置づけられており、帰責事由の要件に過失責任主義的な色彩は薄れ、むしろ債務者の側の免責要件の色彩が強いといえる。

四　債務不履行責任の帰責の構造の転換

さらに、近時は、上述のような実務における債務不履行責任の帰責事由の位置づけの検討を通じて、債務不履行責任の帰責の構造について、債務不履行責任＝過失責任、瑕疵担保責任＝無過失責任という従来の通説的理解に疑問を呈し、瑕疵担保責任だけでなく債務不履行責任の帰責構造そのものについて従来の理解の転換を迫る見解が主張されてきている。[10]この立場は、契約において約束したことを履行しない者は基本的には不履行について帰責性があると考える。このような立場には大きく分けて次の二つ流れがある。

1　結果債務・手段債務構成

その一つの有力な流れが債務を結果債務、手段債務に分類する立場である。[11]森田宏樹教授は、「債務者が結果の実現が確実であると約束した場合（結果債務）には、不可抗力によらない結果の不実現があれば、債務者に「帰責事由」があると判断されるが、結果を実現すべく一定の慎重な注意（行為）義務を負うことしか約束していない場合（手段債務）には、債務者の債務不履行の存否を判断するにつき、債務者の（具体的な）行為態様の評価が必要になってくる」とする。(12) そうすると、結果債務であると判断された場合には、不可抗力の場合をのぞいて、原則的に過失の有無を問題とすることなく「帰責事由あり」と判断されることになる。

2　過失責任・保証責任二元構成

潮見教授は、債務不履行責任は、互いに帰責原理の異なる保証責任と過失責任という二種類の責任が併存する二元的体系であるとされる。すなわち、債務不履行の帰責事由は、①結果保証が存在し、それゆえに過失責任が妥当しない「保証責任」と、②履行過程でされた具体的な行為の不当性を問題とする「過失責任」の二元的構造が存在するとされる。そして、「保証責任」については、保証された事態が発生しない場合に、債務者の具体的行為の当否を問題とすることなく、結果保証を帰責事由として債務者に責任を負わせるのに対し、「過失責任」の場合は、履行過程において給付義務が具体化したところの具体的行為義務に対する違反が「過失」を基礎づけ、「給付義務の具体化」と「過失の注意義務の具体化」との一体化が図られ、免責事由としての不可抗力は問題とするまでもない、とされる。(13) そして結論として、債務不履行の帰責事由については、過失責任の原則を採用せず、債務内容に照らして保証責任の原理に基礎づけられる場合（結果保証のある場合。結果債務）と、過失責任の原理に基礎づけられる場合（手段債務）とを認め、前者については不可抗力および債権者の圧倒的な帰責性をもって免責事由とし、後者については、債務不履行の事実の確定をもって債務者への帰責性が同時に確定されるとされる。(14)

以上のような立場に立てば、事例αの場合であっても、AB間の契約の解釈によって、一定の処理性能を有する生ゴミ処理機を給付することが約束されていた場合には、それが結果債務ないしは結果保証となり、売主Bがその約束を果たさなかった以上、Bに免責事由が存在しない限りはBは責任を負うことになる。そして、この理は、事例βの場合でも同様に当てはまり、事例αとの差は、単に、事例βでは、生ゴミ処理機の性能について、保証という形で、より具体的に約束していたに過ぎないということになる。

五　保証責任の位置づけ

これに対して、事例αと事例βの状況の違いに着目して、事例βの場合に売主Bが与えた保証に重要な意味を見いだし、このような保証自体を債務不履行責任の帰責事由として位置づける見解も主張されている。

例えば、円谷教授は、売主が売買目的物の性質について保証をしたならば、明示、黙示の損害担保契約が成立していると認定することができる場合以外でも、「保証された性質を有する売買目的物を履行することができないことをもって、四一五条所定の「債務の本旨」によらないものと理解し、保証をしたことをもって、同条所定の「責めに帰すべき事由」と理解することができるとされる(15)。

渡辺達徳教授もウィーン動産売買条約との比較検討から、「従来、過失責任原理の支配領域として一括りにされてきた問題群の中に、契約締結時の保証・損害担保の約束を帰責根拠として再構成されるべきものが含まれているのではないか」と述べる(16)。

笠井教授はさらに、「従来の帰責事由イコール故意・過失という図式を脱して、保証の要素を帰責事由の中に盛り込むのであれば、改めて、帰責事由が過失責任と保証責任とに尽きるものか、契約責任はさらに多様な帰責要素を持ちうるものかについても、不法行為法における議論と同様に、自覚的な検討が求められる」と述べて、債務不履行責任の帰責事由は故意・過失、保証だけでなくさらに多様なものがあり得ることを示唆する。(17)

また、このような考え方は比較法的にもまれなものではなく、後述するように、大陸法の多くの国々によって同様の考え方が取られている。

このような立場によれば、先の事例において、事例αについては、瑕疵担保の問題となるが、事例βについては、売主Bが本件機械の性能について保証していることを理由として、買主Aは売主Bにたとえ故意過失がなかったとしても債務不履行責任を追及できると言うことになる。

六　免責・責任制限と保証責任

さらに保証には、上述のような、損害賠償責任の帰責事由としての役割以外にも、売主が保証をすることによって、その責任を制限もしくは免責するような条項の援用を制限する機能も有することが指摘されている。これは例えば次のような事例を想定すれば良く理解できる。

事例γ

A社は周辺のスーパーから生ゴミを集めそれを肥料にして販売することを計画し、B社からバイオ生ゴミ処理機三台を二〇〇万円で購入した。その際、BはAに対して、「このバイオ生ゴミ処理機三台であれば一日に五〇〇kgの生ゴミを処理でき、またバイオ技術を用いているので安全かつ地球環境に優しい」ということを保証した。同時に、BはAとの契約に「Bは五〇万円の限度で賠償責任を負う」との責任制限条項を挿入していた。しかし、本件機械の性能は著しく劣っており、集めた大量の生ゴミはほとんど処理できず、結局、大量の生ゴミを別の廃棄物処理業者に廃棄してもらうことになり、百万円を超える多額の処理費用がかかった。

このような事例の場合に、Bは責任を負わざるをえないとしても、その責任は五〇万円の限度に限定されるのか、事例αの場合に、同じような責任制限条項が存在していた場合と、事例γの場合は同じように考えて良いのかという問題がある。

この点については、後に検討するように、ドイツなどでは、保証をした売主はその保証と矛盾する免責・責任条項を援用できないということを明文で定めている。

七　分析視角

以上のように、性質保証責任を巡っては、その法的性質や機能について、未だ十分に明らかにされているとは言いがたい状況にある。

そこで本稿では、いわゆる性質保証責任について、その法的性質並びに機能について明らかにするために、「性質保証」という概念がどのように生成し、発展してきたのかということを外国法を素材として明らかにする。

性質保証(Zusicherung)という概念は、その起源をローマ法に有し、ヨーロッパの数多くの国の民法典に明文で規定されており、その位置づけはさまざまである。(18)この点に関しては大きく分けて二つの類型がある。第一の類型は、売主が等価関係の調整を超えて、瑕疵のないことについて責任を負うことを引き受けている場合には、売主の過失を全く問題にせず、損害賠償責任を認める、というものである(ドイツ民法、ギリシア民法、デンマーク売買契約法、スウェーデン、フィンランドの一般売買契約法)。(19)第二の類型は、性質保証はもっぱら物的瑕疵概念を補充するものであり、損害賠償請求権の責任の基準を変えるものとしては働かない、というものである(オーストリア一般民法典、スイス債務法、イタリア民法、ポルトガル売買契約法など)。(20)このうち、本書では、比較の対象として、第一類型の中からドイツ法を、第二類型の中からスイス債務法を選択する。その理由は次の通りである。

本書で外国法を比較の対象とすることの目的は、外国法における「性質保証」という法概念を日本法に移植することにあるのではなく、そのような法概念がどのように発生し、発展していったのか、そしてそれが判例、学説においてどのような影響を及ぼしていったのかを客観的に捉え、そこから、「性質保証」という法概念の持つ、ある種、普遍的な性格を抽出することを目的としている。その点、第一類型に属するドイツ法は、ローマ法以来の伝統を受け継ぎ、古くから性質保証責任の要件・効果について盛んに議論がなされ、多くの判例が存在し、また判例の展開と絡み合って学説も発展してきている。また、性質保証責任と免責条項の関係についても、ドイツ法においては「性質保証は免責条項を破る(schlagen)」[21]という法理をめぐり興味深い議論が展開されている。さらに、ドイツでは、二〇〇一年一一月二六日の債権法改正法[22](Gesetz zur Modernisierung des Schuldrechts)に基づいて、二〇〇二年一月一日より新しい民法典(BGB)が施行された。この新BGBでは、従来の「性質保証(Zusicherung)」は姿を消し、BGB二七六条において故意・過失と並んで「損害担保(Garantie)」が帰責事由とされている[23]。この新BGBの損害担保責任については、企業買収における免責条項の問題と相まって、非常に大きな議論を巻き起こした。他方、第二類型のスイス債務法においては、性質保証に関して、ドイツ法と同じくローマ法に基礎を有しながら、立法の際には、異なった位置づけが与えられている点、さらに、立法後の学説の展開において、ドイツ法から多大な影響を受けながらも、独自の発展を遂げている点を挙げることができる。以上のようなドイツ法、スイス債務法における性質保証責任をめぐる議論を検討することは、日本法における瑕疵担保責任論、債務不履行責任における帰責事由論[24]、免責条項をめぐる議論などにとっても有益であると考える。

以上の理由から、以下では、まず、第一部第二章において、ドイツ法について、その源流であるローマ法における概念の成立から、近時のドイツ債権法改正をめぐる議論に至るまでの性質保証責任の発展形態を検討する。それによって、その歴史に既定された部分と、社会の変化に適合させるために発展してきた部分とを明確にし、性質保証概念の位置づけ、帰責根拠および判断基準について一定の示唆を得る。次いで第三章では、性質保証と免責条項の関係について、ドイツ法において「性質保証は免責条項を破る」という法理の形成過程をたどり、どのようにしてこのような原則が生まれたのか、さらには、リーディングケースとなったいくつかの判例およびその判例を成文化した約款規制法の制定過程の検討を通して、日本法においてもこのような考えを取り入れることが可能かどうかを検討する。そしてその問題の具体的適用場面として中古車取引をめぐる問題を取り上げる。第四章ではスイス債務法に目を転じ、スイス債務法における瑕疵担保責任規定を概観した後、スイス債務法の性質保証に関する規定の起草過程を辿り、性質保証責任をめぐる判例・学説の議論の展開を検討する。さらに、第五章においては、帰責事由としての損害担保の証明責任の問題を検討する。第二部では、二〇〇二年に改正された新ＢＧＢについて、第一章ではその起草過程を検討し、第二章及び第三章では学説の反応及び判例の展開を手がかりに新ＢＧＢにおける損害担保責任の法的性質について明らかにする。さらに、第四章では、損害担保責任と免責条項の関係について、企業買収契約を舞台に繰り広げられている議論を紹介した後、この議論に端を発した、新ＢＧＢの再修正の動きについても検討する。そして、第五章では、日本法における企業買収契約と表明・保証責任の問題について検討する。第三部では、以上の検討を踏まえて現在日本で進行している民法改正の議論を検討した後、日本法における性質保証責任の位置づけについて一つの提言を行いたい。

注

（1）そもそも、設例のような種類物売買において瑕疵担保責任が追及できるのかという問題はある。確かに、特定物ドグマに依拠する立場からは、種類物売買については債務不履行責任のみが成立することになる。しかし、現在の学説の多数は特定物ドグマを否定し、種類物売買にも瑕疵担保責任の追及を認める（潮見佳男『契約各論Ⅰ』（信山社、二〇〇二）一九二頁以下、山本敬三『民法講義Ⅳ-一契約』（有斐閣、二〇〇五）二六八頁以下）。また、判例においても、買主Aが瑕疵を認識しつつ履行として認容すれば瑕疵担保責任の追及を認めている（最判昭和三六年一二月一五日集一五巻一一号二八五二頁）。そして、第三部で検討するように、日本の民法改正法案では、「瑕疵担保」という概念は姿を消し、特定物・種類物の区別なく、すべて契約不適合として処理されることになる。

（2）我妻栄『債権各論　中巻一』（岩波書店、一九五七）二八八頁。

（3）**大審院昭和八年一月一四日判決（民集一二巻二号七一頁）**

【事実関係】

Yは自己製作に係る「特許三益三年式籾摺土臼」の販売のために同機の特色の一つとして、「米五百俵ヲ摺上ケ得ル性能ヲ有スル」もので「万一不完全ノ場合ハ無料修繕スヘキ旨」の宣伝広告を行った。Xは昭和五年三月二十九日に上記土臼について一手販売契約をYと締結した。Xは販売のために土臼を実験してみたところ、結果は不良で従来の臼と比較して何ら優れた点がなかったため結局一つも売れなかった。Xは昭和五年四月二十二日にYに対して約定どおりの性能を有する土臼の送付を求めたが、Yがこれに応じなかったため、同月十五日Yに対して本件一手販売契約を解除し、保証金三〇〇円の返還を求めた。

原審は、本件契約の目的物は「特許三益三年式籾摺土臼」そのものである以上、この土臼を送付した以上、何らの債務不履行はなく、また、Xが主張するような性能を土臼が有していなかったとしても、それは「三益三年式籾摺土臼」というその種の土臼自体の欠陥に過ぎず、「債務ノ不履行ヲ以テ論スルノ余地ナキコト洵ニ明白」と請求を棄却した。

【判旨】

これに対して大審院は、「案スルニ売買ノ目的物ニ或種ノ缺陥アリ之カ為其ノ価額ヲ減スルコト少カラス又ハ其ノ物ノ通常ノ用途若ハ契約上特定シタル用途ニ適セサルコト少カラサルトキハコレ所謂目的物ニ瑕疵ノ存スル場合ナリ此ノ瑕疵ノ存否如何ハ危険負担カ売主ヨリ買主ニ移ル時期ニ就キテ之ヲ観ル可キハ危険負担ト云フ観念上殆ント自明ノ数ナラスンハアラス然リ而シテ此ノ瑕疵カ常人ノ当然発見スルヲ得ル性質ノモノニ属セス（所謂隠レタル瑕疵）且此ノ瑕疵ノ前記時期ニ存スヘキコトヲ売買締結ノ際買主ニ於テ知ラサルトキハ（其ノ知不知ヲ問ハス前記時期マテニ瑕疵カ除去セラルルトキハ問題無シ）売主ハ其ノ知不知ニ論無ク所謂瑕疵担保ノ責ニ任セサル可カラス而モ瑕疵ナルモノハ以上ノ場合ニ止マラス他無シ夫ノ売買ノ目的物カ或性能ヲ具備スルコトヲ売主ニ於テ特ニ保証（請合フノ意）シタルニ拘ラス之ヲ具備セサル場合則チ是ナリ蓋斯カル物ハ縦令一般ノ標準ヨリスレハ完璧ナルニモセヨ偶々此ノ具体的取引ヨリ之ヲ観ルトキハ是亦一ノ缺陥ヲ帯有スルモノニ外ナラサレハナリ」と述べ、「性能保証」も五七〇条の隠れたる瑕疵の一つに位置づけられるとしている。

（4）　末川博『債権各論（第一部）』（岩波書店、一九三九）七九頁、同「売主の瑕疵担保責任」『民法上の諸問題』（弘文堂、一九三六）二一四頁以下、石田文次郎『債権各論』（早稲田大学出版部、一九四七）八一頁、我妻・前掲書二八八頁以下等。これに対して、柚木博士は、多くの学説が保証も瑕疵概念に含めているが、これはドイツ、スイス法の模倣に過ぎず、我が国においては、保証を瑕疵概念に含める必要はないとする（柚木馨『売主瑕疵担保責任の研究』（有斐閣、一九六三）三二五頁以下）。

（5）　代表的なものとしては、来栖三郎『契約法』（有斐閣、一九七四）九一頁以下、加藤雅信「売主瑕疵担保責任―対価的制限説再評価の視点から」『判例と学説三（民法Ⅱ）〔債権〕』（日本評論社、一九七七）一七五頁以下、好美清光「判批」金融・商事判例六五〇号（一九八二）五〇頁以下、半田吉信『担保責任の再構成』（三嶺書房、一九八六）一〇七頁以下。しかしこれらの学説もその理論構成についてはそれぞれ異なっている。詳しくは、倉田卓次監修『要件事実の証明責任　契約法上巻』（西神田編集室、一九九三）三八〇頁以下（國井和郎執筆）を参照。

（6）　我妻栄『新訂　債権総論』（岩波書店、一九六四）一〇五頁。

（7）　広中俊雄・星野英一編『民法典の百年　Ⅲ』三四頁以下（中田裕康執筆）。

（8）　齋藤隆「債務不履行に基づく損害賠償請求」『民事要件事実講座第三巻　民法Ⅰ』（青林書院、二〇〇五）五六頁。

（9）　齋藤・前掲六四頁。

（10）　潮見・前掲「瑕疵担保責任の法的性質（二）」四三頁以下を参照。

（11）　吉田邦彦「債権の各種―『帰責事由』論の再検討」『民法講座別巻（二）』（有斐閣、一九九〇）一頁以下（『契約法・医事法の関係的展開』（有斐閣、二〇〇三）二頁以下所収）。

（12）　森田宏樹『契約責任の帰責構造』（有斐閣、二〇〇二）五四頁以下。

(13) 潮見佳男『債権総論Ⅰ〔第二版〕』(信山社、二〇〇三)二六七頁以下。同『契約責任の体系』(有斐閣、二〇〇〇年)一七九頁も参照。
(14) 潮見・前掲書二八二頁。
(15) 円谷峻『契約の成立と責任〔第二版〕』(一粒社、一九九一)二〇一頁、同『現代契約法の課題——国際取引と民法理論——』(一粒社、一九九七)一九六頁、同『新・契約の成立と責任』(成文堂、二〇〇四)二四七頁以下。ただし、円谷教授は瑕疵概念については客観的瑕疵に限定する立場である点に留意する必要がある(円谷『新・契約の成立と責任』二五二頁以下)。
(16) 渡辺達徳「国際動産売買法と契約責任の再構成」法学新報一〇四巻六・七号七九頁。
(17) 笠井修『保証責任と契約理論』(弘文堂、一九九九)三三一頁以下。
(18) Andreas Schwartze, Europäische Sachmängelgewährleistung beim Kauf, 2000, S. 85 ff., S. 261 ff. ただしフランス民法、ベルギー民法、スペイン民法などは性質保証に関する明文の規定を持たない。
(19) Schwartze, a. a. O., S. 261 f.
(20) Schwartze, a. a. O., S. 263 f.
(21) この表現は、W. Flume, JZ 1992, 365, 367 による。
(22) ドイツ民法典(BGB)における「Schuldrecht」は、日本では「債務法」と訳すのが通常である。しかし、スイス法における「Obligationenrecht」とは異なり、ドイツ民法典における「Schuldrecht」は、日本法においては、明らかに「民法典第三編債権」と対応している。また、日本法における「債権法」をドイツ語訳する際には、「Schuldrecht」と訳すのが通常であることなどを考えると、ドイツ法におけるSchuldrechtは「債権法」と訳すのが適切であると考え、本書ではこの訳語で統一することとする。
(23) 渡辺達徳「ドイツ債務法現代化における帰責事由——その内容及び機能について——」判タ一一一六号二二頁以下。なお、ドイツ語の「Zusicherung」も「Garantie」もともに「保証」と訳される場合もあるが、本書では、これらの文言の区別が重要となるため、以下では「Zusicherung」を「性質保証」、「Garantie」を「損害担保」と訳すこととし、必要に応じてドイツ語を付記する。
(24) 潮見佳男「ドイツ債務法の現代化と日本債権法学の課題(一)」民商一二四巻三号三五頁も、損害賠償請求権を基礎づける帰責原理についてのパラダイム転換が、我が国の債権法学の未来を見つめる上でも重要であるとする。また、売買法の領域についても、今西康人「消費者売買指令と目的物の瑕疵に関する売主の責任——指令の国内法化からの検討——」判タ一一一七号五一頁は、旧ＢＧＢが「売買一般における売主保証及びメーカー保証につき敢えて明文規定を置き、保証内容の確定につき広告による表示内容をも斟酌すべきことを定めた点は、立法論として参照すべき事項である」と述べる。

第二章　ドイツ法における性質保証概念の展開

旧BGB(1)

第二七六条
(一)　債務者は、別段の定めがない限り、故意及び過失につき責任を負う。取引に必要な注意を怠った者は、過失あるものとする。第八二七条及び第八二八条の規定は、この場合に適用する。
(二)　故意に基づく債務者の責任は、あらかじめ免除することができない。

第四五九条
(一)　物の売主は、買主に対して、買主に危険が移転した時に、物がその価値又は通常の使用若しくは契約によって前提とされた使用に対する適合性を失わしめる、又は減じるような瑕疵を帯びていないことについて責任を負う。価値又は適合性の軽微な減少は考慮されない。
(二)　売主は、物が保証された性質を危険移転時に有していることについても責任を負う。

第四六〇条
買主が売買契約締結の当時、売買の目的物の瑕疵を知っている場合には、売主は、その瑕疵について責を負わない。買主が重大な過失により、第四五九条第一項に掲げる種類の瑕疵を知らない場合においては、売主は、その欠点を知りながら告げなかった場合にのみ、その責めに任ずる。但し、売主が欠点の不存在を保証したときは、この限りではない。

第四六三条
売買目的物が売買時に保証された性質を欠く場合は、買主は、解除又は減額に代えて不履行に基づく損害賠償を請求することができる。売主が瑕疵を悪意で黙秘していた場合も同様である

第四七六条
物の瑕疵に基づく売主の担保給付義務を免除し、又は制限する合意は、売主が瑕疵を知りながら告げなかったときは、無効とする。

ドイツにおける性質保証責任は、特定物売買については、ドイツ旧民法典（以下旧ＢＧＢと略記）の四五九条二項、四六三条一文に定められていた。四五九条二項では、売主は、保証された性質が危険移転時に存在していることについて責任を負わされ、保証された性質が存在していない場合には、買主に解除あるいは代金減額請求権が与えられた。さらに四六三条一文では、危険移転時だけでなく、売買契約締結時にも保証された性質が欠けている場合には、買主は解除あるいは代金減額に代えて不履行に基づく損害賠償を請求することができると定められていた。

第一節　旧ＢＧＢ立法前史

一　序論

旧ＢＧＢにおける瑕疵担保制度の起源は、古くは、ローマ法にまで遡る[2]。そこでは、按察官告示(ädilizisches Edikt)上の制度と市民法上の制度とが並立しており、両者は互いに密接に関連しあっていた。以下では、ローマ法における物の瑕疵に対する責任についてごく簡単に紹介し、さらにそれを継受した後期普通法の瑕疵担保責任を概観する。

二　ローマ法

1　市民法

売主は、誠意に反した場合にのみ、物の瑕疵に対して、買主訴権(actio empti)によって責任を負った。すなわち、売主が、物の瑕疵について、自らが知っていた瑕疵を悪意で(dolo malo)黙秘していた、又はその物が瑕疵を帯びていないもしくは特定の性質を有しているということを陳述(dictum)していた場合には、買主は、買主訴権によって、物の減価分だけでなく、間接的に惹起された損害(結果損害)の賠償を求めることができた。さらに、売主が、特定の瑕疵を物が有していない、又は特定の性質を有しているということを約束した場合、売主はこの約束(promissa)[3]の正しさに対する買主の利益について責任を負った[4]。

2　按察官告示

また、奴隷および挽獣の売買について、市場の監察官である按察官は、その告示に買主の効果的な保護を達成するための規定を盛り込んだ。例えば奴隷の売買では、（a）売主が告示に挙げられた瑕疵を善意あるいは悪意で告げなかった場合、（b）奴隷が瑕疵を有していない、又は特別の性質を有しているということを明示的に陳述（dictum）し、若しくは担保問答契約によって約束した（promissum）場合、（c）売主が何らかの悪意的な態様をとった場合には、六ヶ月以内に奴隷の返還と引き換えに代金の払い戻しを訴える解除訴権（actio redhibitoria）か、又は一年以内に減価分の返還を訴える減額訴権（actio quanti minoris）が、選択的に買主に与えられた。[5]

3

その後、ユスティニアヌス帝は、按察官告示上の責任を奴隷および挽獣の売買を超えて、全ての物の売買に拡大した。その結果、悪意の黙秘と陳述（dictum）および損害担保約束（promissum）の場合には、買主訴権と並んで、解除訴権および減額訴権も併存することになった。[6]

三　後期普通法

1　序論

先にみたように、ローマ法では、最終的にローマ法大全において、売主の陳述（dictum）又は約束（promissum）に対する責任である dicta et promissa 責任に、按察官告示上の訴権と、市民法上の訴権の両方が与えられることになった。以下では、このローマ法を体系化したパンデクテン法学において、瑕疵担保制度がどのように規定されていたのか、また、その中で、前述した dicta et promissa 責任はどのように位置づけられたのかについて、旧ＢＧＢの立法にも大きな影響を与えたといわれているヴィントシャイトとデルンブルクの学説を中心に検討し、次いで判例を概観する。

2　学説

後期普通法学では、市民法における売主の dicta et promissa 責任及び悪意の黙秘に対する責任と、按察官告示に挙げられた物の瑕疵に対する責任の両者が、ともに一つの瑕疵担保責任として統合された。

まず、市民法に起源を持つ責任として、売主が売買目的物の性質又は瑕疵のないことを明示若しくは黙示に「約束(versprechen, zusagen)」していた場合(7)、又は瑕疵の存在していることを悪意で黙秘していた場合に責任を負った(8)。ただし、推奨目的の単なる宣伝はこの責任を根拠づけないとされていた(9)。

さらに按察官告示法に起源を持つ責任として、売主は契約締結時に売買目的物に瑕疵が存在していた場合に責任を負った(10)。この瑕疵は重大な瑕疵である必要はなかった(11)。ただし、その際、買主がその瑕疵について知らなかったあるいは知りえなかったことを要した(12)。

以上の場合に共通して、買主に解除訴権(actio redhibitoria)又は減額訴権(actio quanti minoris)が選択的に与えられた(13)。さらに売主の約束又は悪意が存する場合にのみ、買主訴権(actio empti)が与えられ、それによって、損害賠償を請求することができた(14)。この損害賠償には履行利益の賠償まで含まれると解されていた(15)。また、解除訴権及び減額訴権は按察官告示法上の特別な訴権に属するので、売買契約締結の時より、解除訴権は六ヶ月、減額訴権は一年で時効にかかるとされた(16)。これに対し、買主訴権は市民法上の訴権に属するので、通常の時効期間、すなわち契約締結のときより三〇年で時効にかかった(17)。

3　判例

dicta et promissa 責任について、売主による損害担保約束（promissum）は要求されず、物の性質についての一般的な宣伝のように、無意味なものでなければ、単なる陳述（dictum）でも足りるとされていた。

ライヒ裁判所（以下ＲＧと略記）一八八四年一二月五日判決（民事第三部）（SeuffA 40. Bd., Nr. 155）

本件は、被告が実際よりも賃料収入を高く、公租公課を低く告げたというものである。ＲＧは、陳述（dictum）は物を一定の価格で買うという買主の決断に影響を与える状況についての陳述でも足り、その陳述が空疎な宣伝でないかぎり、この陳述の真実性について売主は責任を負わねばならないとした。

ＯＡＧロストック一八五六年一〇月二七日判決（SeuffA 17 Nr. 129）(18)

本件は、事案の詳細は明らかではないが、薬局の売買の際に、その年間の収益についての売主のなした陳述に関するものである。ＯＡＧロストックは、一般論において売主に責任を負わせうる保証は、売買目的物の性質についての単なる陳述に存しうるとし、その陳述が正しいことについて損害担保が引き受けられる必要もないとした。さらに、必ずしも継続的に付随している特定の性質の保証が存在している必要はなく、その性質によると、物の価値、およびその物について承認されるであろう価格についての売主の判断に何らかの影響を与えることに適している純粋に事実上の陳述にも保証は存していると述べた。

しかし、一九世紀末になると、性質保証が拘束力を持つためには契約の構成要素（Vertragsbestandteil）となっていることを要するとする判例も現れてくる。

RG一八九七年四月一四日判決(民事第三部)(JW 1897, 353 Nr. 36)(19)

本件は屋根裏部屋が独立の住居として賃貸可能である(実際には賃貸可能ではなかった)との陳述について争われた事案である。RGは保証が契約の構成要素となっている場合にのみ義務を負わせうるとし、本件では、当事者の意思が対立しており、それは当事者が保証を契約の構成要素とする意思を有していなかったということを示すので、保証が文書による契約に記載されていない場合には、保証は認められないとした。

このように、性質保証の対象としての性質については、陳述自体は物に継続的に付随している性質に向けられる必要はなく、物に一定の価値を付与し、それによって、代金についての買主の判断に影響を与える状況に関するもので足りるとされていた。(20)

効果については、陳述あるいは損害担保約束された性質が欠けていた場合、買主は、買主訴権(actio empti)によって、完全な利益の賠償を求めることができた。(21)しかし、それと並んで按察官告示上の訴権も用いることもできた。(22)

4　小括

以上、後期普通法における dicta et promissa 責任を簡単に概観した。要約的にいえば以下のとおりである。(今日でいうところの)性質保証責任は、陳述と損害担保約束という二つの要素によって構成され、それに、市民法に起源をもつ買主訴権と、按察官告示に起源をもつ解除訴権又は減額訴権という二つの異なる法制度に属する救済手段が

与えられるという極めて複雑な構成を採っていた。(23)

学説は、売主の「約束」が損害賠償責任の要件であると考えていたが、その際に、「売主は単なる陳述によっても、その陳述が正しくなかった場合には利益の賠償の責任を負う」とのローマ法文が引用されている点から考えて、(24)当時の通説は、dicta et promissa 責任の要件として単なる陳述でも足りると考えていたものと思われる。(25)つまり、後期普通法期では、性質保証の帰責根拠は売主の損害担保約束と考えるが、その存否の判断基準は性質についての表示があったかどうかであった。これは、先述したように、ローマ法においては一応は別個の概念であった陳述と損害担保約束を、後期普通法学において「約束された性質」として一括りに規定したことに起因する。この構造は後の旧ＢＧＢ立法の際にも受け継がれた。

これに対し、判例においては、性質保証の要件として、売主が陳述の正しさについて責任を引き受けていたかどうかは重要ではなく、むしろ、陳述が物に一定の価値を付与し、それによって、代金についての買主の判断に影響を与えたことの方が重要視されていたといえる。しかし、旧ＢＧＢ立法の直前には、保証が契約の構成要素となっていることを要するとした判例も散見される点が注目される。

第二節　諸ラントの立法例並びにドレスデン草案の起草

一　序論

本節では、前節でみてきたローマ法に起源を発し、後期普通法に受け継がれていった性質保証という概念が、どのように旧ＢＧＢのなかに取り込まれていったのかを検討する。しかし、その前提として、旧ＢＧＢの立法以前の諸ラントの立法例を検討する必要がある。なぜなら、当時のドイツにおいて適用されていた法律は後期普通法だけではない。プロイセン地方ではプロイセン一般ラント法（以下ＡＬＲ）が、ライン州ではナポレオン法典が、また、ザクセン王国では既にザクセン民法典が施行されていた。そして、旧ＢＧＢの部分草案を起草する際にこれらラントの立法例が頻繁に参照されており、少なからぬ影響を与えたからである。ＡＬＲは、一八世紀末に既に施行されており、その後旧ＢＧＢの施行までおよそ百年間の長きにわたって、プロイセン地方において適用され、そのもとで形成された判例は、後の性質保証に関するＲＧ判例の展開についても影響を与えたといわれている。(26) このことはザクセン民法典にも当てはまる。また、バイエルン草案は、旧ＢＧＢの立法の際、司法省での予備審議および第二委員会で注目すべき報告を行ったヤクベツキーが起草に参加している。そしてドレスデン草案は、ドイツ連邦における統一的債権法の起草に向けた最初の試みとも言うべきものであり、その起草には、旧ＢＧＢの債権法の部分草案を起草したキューベルが起草に参加し、彼の急逝の後は、ドレスデン草案がそのまま部分草案とされたため、ドレスデン草案は旧ＢＧＢの起草に決定的な影響を与えている。

それゆえ、以下では、ＡＬＲ、バイエルン草案、ザクセン民法典、ドレスデン草案の性質保証概念についてごく簡単に概観する。

二　旧BGB立法以前の諸ラント立法例

1　プロイセン一般ラント法（ALR）(27)

第一編第五章

第二八五条
　契約の締結または履行時に故意又は重過失によりその義務に違反した者は、相手方に完全な利益の賠償をしなければならない。

第二八八条
　軽過失の場合には、通常は、実損害の賠償で足りる。

第三一九条
　目的物について通常前提とされ、そして契約において明示的に条件とされた性質（ausdrücklich vorbedungene Eigenschaften）について給付者は責めを負わなければならない。

第三二〇条
　受領者が、給付された目的物を契約の本質及び内容にしたがって使用できないことの責任を給付者に帰せしめうる場合には、給付者は、受領者を損害のない状態にしなければならない。

第三二五条
　明示的に条件とされた性質を目的物が欠いている場合には、受領者はその担保を請求できる。

第三二六条
　給付者が欠如している性質を担保できない場合には、受領者は契約から離脱できる。
第三二七条
　その場合受領者は目的物を受領時の状態で返還しなければならない。
第三二八条
　受領者が目的物を受領時の状態で返還できない又はするつもりがない場合、契約はそのままにして、受領者は給付者に欠如していた性質による減価相当額の賠償を請求できる。

旧ＢＧＢの「保証された性質（zugesicherte Eigenschaften）」に対応するものは、ＡＬＲでは、「明示的に条件とされた性質（ausdrücklich vorbedungene Eigenschaften）」（三一九、三二〇、三二五条）と規定されていたが、その要件・効果については学説において争いがあった。すなわち、三二〇条には、瑕疵担保責任一般について売主に帰責事由がある場合にのみ損害賠償請求ができると規定されているが、これは約束された性質の場合にも当てはまるのかという点である。

支配的見解によれば、無過失で為された誤った約束については、解除又は減額の効果しか与えられず、損害賠償は過失によって誤った約束が為された場合にのみ可能であると解する。(28)これに対して、少数説は、保証された性質が欠如している場合には、売主は、たとえ過失がなくともその約束について責任を負わなければならないとする。(29)

この点について判例は、支配的見解に従い、約束が過失によって与えられた場合にのみ損害賠償請求権が認めら

れるとする。(30)

損害賠償の範囲については、帰責性の程度によって区別されている。すなわち、二八五条によれば、故意または重過失の場合には「完全な利益（ganze Interesse）」の賠償が課せられるのに対し、軽過失の場合には、「実損害（wirklichen Schaden）」の賠償に縮減される。(31) ただし、両損害概念の違いは、履行利益の賠償を含むかどうかだけであり、(32) いずれの損害にも瑕疵結果損害は含まれると解されている。

2　ザクセン民法典(33)

第八九九条
反対給付に対して目的物が譲渡される契約の際に、譲渡人は目的物の譲受人に対して目的物が瑕疵を有していないこと、すなわち、目的物が隠れた瑕疵を有していないことについてだけでなく、譲渡人が約束していた性質が存在していないことについても責めに任ずる。

第九〇一条
譲渡人が隠れた瑕疵の存在又は約束された性質の不存在について悪意であったかどうかに関わりなく、譲渡人は責任を負う。

第九〇二条
目的物の瑕疵とは、通常有する若しくは取引の本質に従い前提とされた性質との、目的物の価値若しくは使用可能性を失わせる又はかなりな程度減じるような相違を言う。瑕疵が継続的なものであるか一時的なものであるかは問わない。

第九〇六条
約束された性質(versprochene Eigenschaften)に基づく責任は、譲渡人が制定法に基づきそれについて責任を負わなければならないようなものであれ、あるいはそうでないものであれ、特定の性質の保証(Zusicherung)を前提としている。約束は特定の瑕疵の不存在又は特定の長所の存在についてなされうる。すべての瑕疵について責任を負うつもりがある旨の一般的な約束は、九〇二条に定められた特定の瑕疵に限定される。特定の長所についての保証についても、疑わしい場合には、その長所が最大限に存在していなければならないというように解してはならない。

第九〇九条
譲渡された目的物が隠れた瑕疵を有していたか又は約束された性質を欠いていた場合には、譲受人は契約の解除か対価の減額を選択できる。譲受人がいずれかの訴えを提起し、裁判所によってそのことが譲渡人に通知された場合には、譲受人はその選択を変更することは許されない。

第九一三条
譲渡人は契約の解除の際に受領した反対給付を返還しなければならない、必要的若しくは通常の又は譲渡人の承諾を得て費やした契約費用を弁済しなければならない、取引に関して引き受けられるべき義務から譲受人を免れさせなければならない、目的物の瑕疵によって譲受人に生じた損害を賠償しなければならない、譲受人によって目的物に投下された費用を物権的請求権について適用される規定に従い弁済しなければならない。

第九二二条
譲渡人は九〇四条に定められた時点において目的物の隠れた瑕疵について悪意であったか、又は約束された性質が存在していなかった場合には、譲受人は契約の解除あるいは対価の減額と並んで、またはそれらに代えて逸失利益も含んだ損害の賠償を請求できる。

ザクセン民法典では、旧ＢＧＢの性質保証に対応する概念は、「約束された性質(versprochene Eigenschaften)」(八九九条）である。この「約束された性質」については、九〇六条に詳細な定義規定があり、旧ＢＧＢと同様に後期普通法の性質保証（Zusicherung あるいは dictum et prommissum）が前提とされている。[34] この性質保証の存在についての証明責任は買主の側が負担すると解されていた。[35]

効果については隠れた瑕疵か約束された性質が欠如していて場合には、九〇九条により解除又は減額の訴えが認められ、さらに、悪意又は約束された性質が欠如していた場合に九一二条の要件を満たせば、逸失利益も含んだ「完全な利益」[36] の賠償が認められた。この「完全な利益」の賠償はいわゆる「瑕疵結果損害」も含むと解されていた。[37] さらに九一三条では解除の効果として瑕疵から譲受人に生じた損害の賠償も認められていた。学説はこの九一三条の損害賠償を、今日でいうところの瑕疵結果損害のみの賠償であると解していた。[38]

3　バイエルン草案[39]

第三一七条
（一）　売主は、買主に対して、次の各号について責任を負う
　①売却された目的物の明示的に保証された性質及び長所（ausdrücklich zugesicherte Eigenschaften und Vorzüge）について
　②目的物の瑕疵について特別の合意がなかったとしても、売主が瑕疵について悪意であったかどうかにかかわらず、その価値をかなり減じかつそれが占有移転時に既に存在していた場合。
（二）　契約締結時に買主が瑕疵について悪意であった場合、又は通常の注意をもってすれば認識できたであろうほどにその瑕疵が明らかであった場合には、売主は免責される。

第三一九条

三一七条、三一八条の規定に従い買主の瑕疵担保請求権が認められる場合には、買主の選択に従い、三二〇条乃至三三八条の規定により、契約の解除又は売買代金の割合的減額を売主に請求することができる。

第三二六条

（一）解除の請求が為される場合、売主は利息を付した売買代金、及びそれ以外に契約の結果受領した利益を買主に償還する義務を負い、さらに買主によって目的物に投下された必要費及びに有益費も、それによって目的物の価値が増加した場合に限り、償還する義務を負う。

（二）それに対して買主は目的物を買主によって課せられた負担のすべてを除去した状態で付属品及び得られた果実とともに返還し、買主によって故意又は過失によって惹起された減価、費消及び放棄された果実について賠償しなければならない。

第三二八条

目的物が瑕疵を有することあるいは約束した性質(zugesagten Eigenschaft)の欠如について契約締結時に悪意であった場合には、三二六条に定められた給付のほかに、目的物の性質から買主に生じたその他の損害を賠償する義務を売主は負う。

バイエルン草案は、旧BGBと比較して同じ性質保証(Zusicherung)という文言でも、「明示的(ausdrücklich)」保証に限定している点が特徴的である。(40) さらに効果の点では、単なる明示の性質保証では、解除又は減額の効果しか発生せず、売主悪意の場合にのみ拡大損害の賠償まで認められるという二元的構造を取っていた。(41)

三　ドレスデン草案の起草

以上見てきたこれらの諸ラントによる民法典起草の動きが、ドイツ連邦における法統一の流れへと結びつき、一九〇〇年の旧ＢＧＢの起草へと至ることになる。その過程において、中小領邦の提案によりドイツ連邦議会の審議を経て、統一的な債権法の起草が決定された。それがドレスデン草案である。起草委員会は一八六六年に「一般ドイツ債務法」を連邦議会に提出したが結局審議はされなかった。(42)

第一七二条
有償契約によって物を譲渡する者は、保証された性質(zugesicherte Eigenschaften)についてだけでなく、当該目的物が危険移転時に、ラント法が他の時点を定めている場合にはその時点において、目的物の価値又は通常の若しくは契約によって前提とされた使用に対する適合性を失わせる又は著しく減じるような瑕疵を有していないことについても、取得者に対して責任を負う。譲渡人は、瑕疵の存在について悪意であったかどうかに関わりなく責任を負う。

第一七三条
一七二条に掲げられたもの以外の瑕疵については、契約締結時に譲渡人がその不存在を保証していた場合に限り責任を負う。目的物の推賞の為の単なる宣伝は性質保証とはみなされない。全ての瑕疵について責任を負うつもりであるとの一般的な約束は、疑わしい場合には、一七二条に掲げられた瑕疵に限定される。

第一七四条
（一）契約締結時に譲受人が認識していた瑕疵について譲渡人は責任を負わない。譲受人は認識していなかったが、通常の注意を尽くせば認識していたはずの瑕疵については、其の瑕疵が何人によっても認識されたに違いなかったか、又は譲受人が専門家である場合に限り認識されたに違いなかったかどうかに関わりなく、譲渡人はその不存在を保証していた場合に限り責任を負う。
（二）譲渡された個別の目的物の検査が不可能であるか、取引界においては通常ではない程の量の目的物が譲渡された場合には、売主の責任は瑕疵の明白性によってではなく、譲受人が瑕疵について悪意であったということによってのみ排除される。

第一八七条
解除又は減額請求権とならんで、譲受人が目的物の瑕疵を悪意で黙秘していた場合には、詐欺に基づく完全な損害賠償請求権を有し、保証された性質が存在していない場合には、契約の不履行に基づく完全な損害賠償請求権を取得者は有する。

性質保証については、ドレスデン草案では、旧ＢＧＢと同じ「保証された性質（zugesicherte Eigenschaften）」（一七二条）(43)という文言となっている。この点についてドレスデン草案の一七二条（第一次草案では二〇五条）の審議においても、第一読会で委員から、性質保証は約束の意味にも単なる陳述の意味にも理解可能であるので、「保証する」という文言を厳格に定義すべきであるとの提案がなされた。(44)そして条文のなかに「たとえ責任が明示の約束によって引き受けられていなくとも、特定の性質の保証はその性質に対する責任を基礎づける」という説明を挿入することが提案された。(45)しかし、第二読会において、結局、「売主は保証と同時に責任を特別に約束していなくとも、責任を負わねばならない」というような文言は不要であるとされ、削除された。(46)このように、ドレスデン草案では、損害担保引受のある性質保証だけでなく、単なる保証も、損害賠償責任を基礎づけるとされていた。この起草に参加していたキューベルが旧ＢＧＢの部分草案も起草したことから、旧ＢＧＢにもこの立場が受け継がれたものと思われる。

四　小括

ＡＬＲ以外は、ほぼ当時の後期普通法の学説にしたがったものとなっている。ただ、バイエルン草案が、明示の保証を要求している点、ザクセン民法典（九〇六条）およびドレスデン草案（一七三条）が、当時の後期普通法に沿った形で、約束された性質について詳細な定義規定を置き、単なる宣伝は性質保証責任を根拠づけず、またすべての結果に対して責任を負うとの一般的な約束は、疑わしい場合には、通常の瑕疵担保責任に制限されるとし、一般的な表示が性質保証とされることによって売主の責任が拡大するのを回避している点が注目される。

また性質保証の効果である損害賠償については、ＡＬＲが、「譲受人が、与えられた物を契約の本質及び内容にしたがって使用できないことの責任を譲渡人に帰せしめうる場合には、譲渡人は、譲受人を損害のない状態にしなければならない」（第一編五章三二〇条）として、瑕疵担保責任一般について売主に帰責事由がある場合にのみ損害賠償請求ができると規定している点、バイエルン草案が、売主悪意の場合には拡大損害の賠償まで認めている点（三二八条）、ザクセン民法典が逸失利益も含めた損害賠償を認めている点（九二二条）等が特徴的である。

性質保証の要件効果については、ＡＬＲ以外は、ほぼ当時の後期普通法の学説に依拠しながらも、その条文化に際して、各ラントごとに微妙な違いを見せている。この点は、はからずも、当時の後期普通法における性質保証責任の理解が必ずしも一致していなかったことを示すものといえる。

第三節　旧ＢＧＢの起草過程

一　序論

前節でみたように、ローマ法に起源を持つ性質保証概念については、必ずしも統一的な理解がなされていたわけではなく、各ラントにおいて編纂された民法典や草案等からも明らかなように、その見解は一様ではなかった。しかし、それらは、最終的に旧ＢＧＢが立法化されることによって、その条文のなかに収斂されていくことになる。(47)以下では、この立法過程をキューベルの部分草案と委員会における審議とに分けて、そのなかで、性質保証責任及び瑕疵担保責任がどのように審議されたのかを検討し、旧ＢＧＢにおける性質保証概念が系譜的にみて、どのように位置づけられるのかを明らかにする。

二　キューベルの部分草案

1

第一委員会から債権法の部分草案の起草を委託されたのは、キューベルであった。しかし、彼は、作業半ばで急逝し、残りの部分はドレスデン草案によって補充されることになった。キューベルは、当時の後期普通法、主にヴィントシャイトの学説に依拠して部分草案を起草したといわれ、(48)さらに前述したように、ＡＬＲやザクセン民法典等のラントの立法例も十分に参考にしていた。そして、瑕疵担保責任についての部分草案の基本的な枠組みは、後の第一、第二草案においてもほぼ維持されていた。それゆえ、ここでキューベルの部分草案の起草理由を検討することは、ローマ法、後期普通法と旧ＢＧＢの関係を探るうえでも重要な意味を持つ。

部分草案(49)

第二二二条

有償契約によって物を譲渡する者は、譲受人に対して、保証された性質だけでなく、譲受人に危険が移転した時点で、物がその価値又は通常の使用若しくは契約によって前提とされた使用に対する適合性を失わしめる、又は減じるような瑕疵を有していないことについても責任を負う。

第二二三条

二二条に挙げられた瑕疵以外については、譲渡人は、契約締結の際に瑕疵の不存在を特に保証した場合にのみ責任を負う。全ての瑕疵について責任を負うつもりであるとの一般的な約束は、疑わしい場合には、二二条の基準による譲渡人の責に帰すべき瑕疵に限定される。単に物の推奨(Empfehlung)のためになされた宣伝(Anpreisung)は保証とはみなされない。

第二四条
　譲受人が契約締結時に悪意であった瑕疵について、譲渡人は責任を負わない。譲受人は善意であったが、しかし通常の注意をもってすれば発見し得た瑕疵については、譲渡人は、その不存在を保証していた場合にのみ責任を負う。

第二五条
（一）　二二―二四条の基準にしたがって譲渡人の責任が根拠づけられた場合、譲受人はその選択にしたがって、解除(Wandelung)あるいはその対価を減額(Minderung)することを請求できる。
（二）譲渡人は、譲受人の意思に反して、瑕疵のない、又は保証された性質を備えた物を追完することによってこの請求を免れることはできない。

第二六条
　譲渡人が二二条に挙げられた瑕疵について悪意であり、かつ譲受人に故意で黙秘していた場合、又は譲渡人が欠如している性質を譲受人に保証していた場合には、解除又は減額請求権と並んで譲受人は譲渡人に対して完全な損害賠償の請求権を有する。

2　キューベルは、理由書では、性質保証の法的性質について「…推奨目的でなされた単なる宣伝は、性質保証とはみなされない。保証(dictum oder promissum)の真摯性が疑問の余地なく認められなければならない(50)」と述べている。この部分からだけでは、キューベルは保証の要件として売主の損害担保約束を要求していたのかどうかは明らかではない。しかし、少なくとも、„Zusicherung(dictum oder promissum)"とあるように、保証責任をローマ法の dicta et promissa 責任と解していることから考えて、要件については、陳述(dictum)と損害担保約束(promissum)のどちらでもよいと考えていたものと思われる。(51) それに対して性質保証の帰責根拠については、理由書において「売主は、損害担保約束を含む保証に基づいて、まさにそれゆえに履行利益について責任を負う」と述べている点から、(52) 明らかに、保証表示の中に読み込まれた売主の損害担保約束をその帰責根拠と考えていたといえる。つまり、キューベルの部分草案の時点で、後に旧BGBの立法の際に委員会の多数意見となる、すべての性質保証に売主の損害担保約束を読み込むという立場が採られていたのである。(53)

3　また瑕疵概念については、部分草案二二条において、「通常若しくは契約によって前提とされた」という文言を用いていることから、完全な客観説ともいえず、ある程度当事者の主観的な要素を考慮する余地を残していたといえる。(54)

三　委員会における草案の審議

第一草案
第三八一条
(一)　契約によって物を譲渡する義務を負う者は、危険が譲受人に移転した時に、物が保証された性質を有していることについて譲受人に対して責任を負う。②譲渡人は、危険移転時に、物がその価値又は通常の使用若しくは契約によって前提とされた使用に対する適合性を失わしめる、又は減じるような瑕疵を有していないことに対しても責任を負う。価値又は使用適性の軽微な減少は考慮されない。

第三八五条

契約締結時に保証された性質が存在していなかった場合、又は三八一条二項に挙げられた瑕疵が、譲渡人によって、譲受人に悪意で黙秘されていた場合、譲受人は、譲渡人に対して、解除または減額請求権と並んで不履行に基づく損害賠償請求権を有する。

1　次に、キューベルによって起草された部分草案が、どのような修正を加えられて、現在の旧BGBの条文の形に整えられていったのかを、各条文ごとに、第一委員会から第二委員会に至るまでの審議の過程を検討することによって明らかにする。加えて、草案に対してなされた批判についても言及する。

2　起草過程全体を通じて委員会は、基本的にはキューベルの部分草案の立場を維持したといえる。しかし、若干の点について、興味深い議論がなされている。

3　性質保証の要件に関する委員会の多数意見は、性質保証の主観的要件として、売主が損害担保約束をする意思を有していることまで要求する意図ではなかったと思われる。むしろ、売主の売買目的物の性質についての陳述(dictum)であっても、売主の損害担保約束を読み込むことによって性質保証責任を認める趣旨であったと推察される。[(55)] その理由は次の通りである。第一委員会における部分草案二六条に対する審議において「部分草案二六条は、売主の過失に関わりなく完全な損害賠償責任を売主に課すが、このような原則は非難を免れない。このような原則は、ＡＬＲにも他の近代法典にも見いだすことができず、客観的に不能な給付を保証した契約の有効性についての原則とも調和しない。このような原則は結局、大きな障害をもたらす」という異議に対して、委員会の多数は「性質保証には性質の存在についての損害担保の引き受けおよび性質の欠如によって生じるすべての結果について責任を負うつもりがあるとの約束のみを見いだすことができる」という理由でもって、部分草案二六条の採る基本原則を承認している。(56) さらに第二委員会における第一草案三八五条についての審議において、ヤクベッツキーは「草案とは異なり、真摯な損害担保約束と単なる性質の保証を区別し、単なる保証を瑕疵の黙秘と同列に扱い、保証が売主の優越した知識に反して、すなわち、悪意でなされた場合にのみ、損害賠償請求権を与える」という意図のもとに、「売主は瑕疵の存在若しくは不存在についてその優越した知識に反して保証し、又は既知の瑕疵を悪意で黙秘していた場合には、買主は解除又は代金減額に代えて、不履行による損害賠償を請求できる」という修正案を提出した。その提案理由においてヤクベッツキーは「あらゆる保証に損害担保約束を読み込み、性質の欠如に基づいて不履行による損害賠償請求権を与えることは妥当ではない。保証はしたが、単に、契約において重要な性質であることを明らかにするつもりであった売主は、解除もしくは減額の責任には服しても、完全な損害賠償責任を負うつもりはない。草案は、保証と損害担保約束との間を区別しないことによって、売主を不当に不利な立場に置き、買主を過度に優遇することに至る」と述べていた。しかし、委員の多数は「単なる保証と損害担保約束との間を区別することは実現不可能である。なぜなら、単なる保証あるいは真正な保証のどちらが与えられているのかどうかが、しばしば争われ、問題とされるので、その提案は、非現実的な権利を作り出し、訴訟の数を増加させる。その点を措くとしても多数の委員にはその提案は法政策的に望ましいものではないと思われた。保証を与える者はそれについて無制限の責任を負わねばならないということは取引の解釈とも適合し、疑わしい場合には、いかなる場合も約束者に対して拡大された責任が推定される。もし損害賠償が売主の優越した知識にかからしめられるのであれば、売買される物を吟味する必要のなくなる売主のそのような不熱心な態度に報奨金を与えるようなものである。そして、買主に困難な、時として不可能な証明が課される」という理由でヤクベッツキーの提案を否決した。(57)

4　瑕疵概念については、これまで学説では、起草者は客観説に立っていたと理解されていた。しかし司法省準備委員会の第一草案三八一条の審議において、買主個人に由来する、単なる主観的な基準が決定的であるかのような誤解を避けるために、二項の「又は契約によって前提とされた」という文言を削除する旨の提案が出されたが、結局否決されたことからも明らかなように、徹底した客観説に立っていたわけではなく、キューベルの部分草案と同様に、ある程度当事者の主観的態様をも考慮しようとしていたものと思われる。ただ、委員会は「前提」に関して、「保証が存在している必要はないが、契約の構成要素となっている必要がある」としている点から考えて、買主の一方的な「前提」までも保護する趣旨ではなく、むしろ性質合意に近いものを想定していたものと思われる。(58)

5　また損害賠償については、キューベルの部分草案二六条では、悪意の黙秘および保証された性質の欠如の場合には、買主は「完全な損害賠償」の請求権を有すると規定されていたのを、第一委員会において、「完全」という文言を削除し、「不履行による」という文言が挿入された。委員会にとっては、法文において「完全な損害賠償」という言葉を用いることは、不法行為による賠償義務が「直接および間接損害」を含むとしている部分草案一五番二条の規定と同様に無駄なことに思われたからである。すなわち、「不履行による損害賠償」は、少なくとも「完全な損害賠償」なのであるという。(59)このことから委員会が損害賠償の範囲についてはきわめて広く考えていたことが分かる。

四　第一草案に対する批判

1　クローメの批判(旧説)

クローメは、第一草案における陳述と損害担保約束を区別しない扱いを、決定的な不都合をもたらすものと批判し、損害担保約束は、譲渡人の物についての単なる陳述とは異なって扱われねばならないという。(60)第一草案三八五条において、単なる性質保証すなわち単純な陳述によって、履行利益に対する責任が課されるのは正当化されず、むしろそのような責任は、真意に基づく損害担保約束や、売主の責に帰すべき錯誤あるいは悪意でなされた保証の場合にのみ課されるべきであるという。(61)さらにクローメは、瑕疵概念についても、草案が、「契約によって前提とされた使用に対する適合性を失わしめ、又は減じるような瑕疵を有していないことに対しても責任を負う」と定めたことに対して、このような法規は、実際上非常に不都合な結果をきたすものであるとする。それゆえ、第一草案三八一条の物の瑕疵の定義を、物の価値、使用可能性、商品性を失わしめる又は減じるものを物の瑕疵とするというように変更することを提案する。(62)

2　ハッヘンブルクとベルンヘフトの批判

ハッヘンブルクとベルンヘフトは、性質の保証に基づいて、譲渡人に解除または減額請求権と並んで損害賠償請求権も与えられるというのであれば、それは広範にすぎるという。取引界の見解にしたがえば、性質の陳述には、必ずしも常に損害賠償義務の発生を伴う損害担保の引受があるとは限らないとして、保証表示の中に損害担保約束を読み込む起草者の態度に対して疑問を呈する。さらに、ハッヘンブルクは、第一草案三八五条における「保証された性質が存在していない又は」という部分を削除することを提案し、ベルンヘフトは、「損害担保引受のあった場合にのみ完全な損害賠償に対する責任を生ぜしめることの方が正当である」という。(63)

五　小括

以上のように旧ＢＧＢの性質保証概念は、ローマ法の dicta et promissa 責任が、後期普通法学、ドレスデン草案、キューベルの部分草案を経て、旧ＢＧＢの条文に結実したものといえる。ゆえに、起草者は、まさに後期普通法学の「約束された性質」に基づき、損害担保意思を読み込むという形を通して、売主の性質保証に対する無過失責任を条文上明確化する意図があったと思われる。(64)これによれば、性質保証の帰責根拠は売主の損害担保約束と考えるが、しかし、その損害担保約束は常に売主の保証表示の中に読み込まれるので、結局、保証表示があったか否かが性質保証の存否を判断する基準となる。(65)

ところが、先にも述べたように、当時のドイツにおいて通用していたのは後期普通法のみではなかった。クローメ等の批判、および第二委員会におけるヤクベツキーの提案にみられるように、保証表示の中に損害担保約束を読み込むことに対して疑問を呈し、陳述と損害担保約束との間を区別すべしとの批判もかなり存在していたことから考えて、この起草者の意図は、必ずしも当時の一般的な性質保証責任の理解とはいえなかったように思われる。(66)結局、委員会は、ＡＬＲや一九世紀中葉の各ラントにおける立法、並びにドレスデン草案などに現れていた様々な性質保証概念のうち、ドレスデン草案の立場を承継したにすぎなかったといえる。(67)

第四節　旧ＢＧＢ立法後の判例・学説

一　旧ＢＧＢ立法直後の判例

前節において、旧ＢＧＢ立法の際、起草者は、性質保証責任の帰責根拠は損害担保約束にみる一方で、すべての性質保証に損害担保約束を読み込むという立場を採ったことを明らかにした。

これに対して、旧ＢＧＢ立法直後の判例実務は、必ずしも起草者の見解にしたがっていたとはいえない。確かに、性質保証の帰責根拠としては損害担保約束を想定し、要件としては特に損害担保約束を要求しないという点では、起草者の見解と一致していた。しかし、すべての陳述を性質保証とみなしていたわけではなく、判例の実質的な判断基準は、性質が価格の決定に影響を与えうるあるいは与えたこと、性質保証が契約の構成要素である、すなわち契約が様式契約である場合、性質保証も当該様式を備えていることであった(68)。これは、後期普通法時代の判例の準則をそのまま引き継いだものといえる(69)。

二　旧ＢＧＢ立法直後の学説

性質保証概念については、判例は先にみたように、後期普通法時代の準則をそのまま引き継いでいた。それに対して学説は、後期普通法期から旧ＢＧＢの立法を経て、どのように変化していったのであろうか。

後期普通法期の学説では、性質保証の要件としては、「約束された」としか述べていないものが多かった。これに対し、多数説は、旧ＢＧＢの立法を経て、性質保証の帰責根拠としては売主の損害担保約束を想定するが、要件としては損害担保約束までは必要ではないという見解を採るに至る。(70)この点においては、起草者の見解と一致していた。その一方で、起草者のように、単なる陳述で足りると考えていたかというと、そうともいいきれない。むしろ、当時の判例の見解に近い「真摯な、拘束力のある陳述が契約の内容となっていること」というやや性質保証の要件を厳格に解する立場を採っており、帰責根拠に要件を近づけようとする傾向が若干ながらうかがえる。さらに、性質保証の帰責根拠を売主の損害担保約束であると定義し、そこから、要件としても売主の損害担保約束が要求されるとする学説もまた有力に唱えられていた。(71)

ところが、次節において紹介する RGZ 54, 219 判決を境に、学説は、これまでの単に「契約上の保証」という漠然とした基準から、より分析的に、あるいはより厳格に性質保証責任の要件を解する立場を採るようになる。

第五節　RGZ 54, 219 判決以後の判例・学説

一　序論

前節において述べたように、旧ＢＧＢ立法後の判例は、概ね後期普通法期の判例の継続であり、性質保証の要件に関して売主の損害担保約束を要求しない立場を採っており、学説も大方は判例の見解にしたがっていた。

ところが一九〇三年四月一日に、その後の判例・学説の流れを大きく変える判決がだされた。

二　RGZ 54, 219 判決

RG 一九〇三年四月一日判決（製粉工場事件）民事第五部（RGZ 54, 219）

【事実関係】

一九〇〇年一〇月二二日に、原告は被告から製粉工場を四五〇〇マルクで買い、所有権移転の合意（Auflassung）も得たが、しかし、その後、当該土地が、被告が自ら競落人となった強制競売によって失われた。そこで原告は、初めは一九〇一年二月二二日に手紙で、その後は訴えによって、「被告は、実際には二千百マルクであるのに、三千マルクの火災保険が製粉工場にかけられていることを保証したが、これは虚偽であり、被告は原告を売買に誘導するために虚偽であることを知りながら、事実であるかのように見せ掛けた」という理由に基づいて、契約の解除を主張した。一審は、原告の詐欺の訴えを退けた。原告は控訴し、その際、錯誤と瑕疵担保責任の観点から再び前記の詐欺の主張を繰り返した。原審は、一審判決を破棄し、詐欺の成立は認めなかったが、瑕疵担保責任に基づいて契約の解除を認めた。

【判旨】

原審は、建物に一定額の保険がかけられているとの性質保証は四五九条二項の性質保証であると認定した。それに対し、RGは、売買交渉の折りに売買目的物について与えられたあらゆる表示、すなわち売主のあらゆる陳述（dictum）が、必ずしも当然に四五九条にしたがって保証と認められるわけではなく、それが認められるためにはむしろ、表示が買主によって契約上のものとして要求され、契約にしたがって拘束力ある方式で与えられたということが必要であるとして性質保証の成立を否定した。

１　本判決だけを見れば、単に「契約交渉段階でのすべての陳述が保証とみなされるわけではなく、保証は契約の構成要素となっている必要があり、それゆえ、その契約が要式性のものである場合には、保証もその様式を備える必要がある」ということを述べているに過ぎない。[72]　このことは、後期普通法期の判例においても認められていたことであり、同時期の他のＲＧ判決の中には要件として損害担保意思の引き受けが不要であることを明言するものもあった。[73]

２　しかし、他方で、同じ時期に同じ民事第五部で売主の損害担保約束を要件として明確に要求した判例も存在していた。

ＲＧ一九〇二年一〇月二五日判決（見取り図事件）民事第五部（DJZ 1903, 31 Nr. 4）

（事実関係の詳細は明らかではないが）ＲＧは、「四五九条二項の契約上の性質の保証は、買主が認識しうる方法で、その購入意思を特定物の性質にかからしめて行い、売主がそれについて責任を負うとの彼の意思を認識せしめる場合にのみ存在する」とした。さらに、土地が問題となっている場合には、「一五七、二四二条にしたがって取引慣行を援用し、見取り図を根拠に、広さの陳述でもって、一定の純粋な建物の見取り図の保証が見いだされる」。「しかし、そのような意味の取引慣行が存在し、それが買主に認識されていた場合にのみ」これは認められるとし、「明白に取引慣行と適合している見取り図のみが考慮されうる」と判示した。

RG一九〇三年一一月二五日判決（抵当権事件）民事第五部（SeuffA 1905 Nr. 4）

【事実関係】

一九〇一年一月に、被告は原告から土地を買い、その際、被告は売買代金一万六千マルクを担保するために、三個の不動産に抵当権を設定した。それらの抵当権は、その後間もなく行われた強制競売の際に、まったく満足を得ることなく消滅した。それゆえ、原告は、「それらの抵当権が被告によって、場合によっては被告の代理人によって保証された性質を有していなかった」として瑕疵担保責任に基づいて一万六千マルクの損害賠償を請求した。

【判旨】

原審は、当該抵当権は被担保債権を十分担保できる状態にあるとの買主の代理人の表示には、常に表示者はそれについて責任を負わねばならない性質の保証が含まれているとした。それに対し、ＲＧは、原審は性質保証の概念を誤解しているとし、性質保証概念については、先のRGZ 54, 219判決を引用し、すべての陳述（dictum）が当然に保証とみなされるわけではなく、むしろ保証が認められるためには、特定の性質の約束およびその約束について責任を負うことが契約上の給付の一部を構成しており、それが両当事者によって認識されていることが必要であるとした。

3　先の RGZ 54, 219 判決とその直前の DJZ 1903, 31 判決、直後の SeuffA 1905 Nr. 4 判決をあわせて考えると、これらの一連の判決によって、ＲＧは、それまでの、性質保証が契約の構成要素であり、買主の購買の決定に影響を与えた陳述（dictum）のみを性質保証と認めるという立場から、契約にしたがって、拘束力ある方法で、売主の損害担保約束が認められるもののみを性質保証と認める、すなわちローマ法でいうところの損害担保約束

(promissum)のみを性質保証と認め、性質保証概念から陳述(dictum)を排除するという立場に変化したといえる。(74)これによって、性質保証の帰責根拠を損害担保約束と考える点では起草者の見解と同じであるが、その存否の判断は、起草者が考えたような損害担保約束が読み込まれたという意味での保証表示の有無ではなく、実際に売主が損害担保意思を有していたか否かを契約の解釈によって確定するという、より主観性の強いものに変わったといえる。この一連の判決以後、この売主の損害担保約束を性質保証の成立要件とするという立場はRGの判例の準則となった。(75)

三　RGZ 54, 219 判決以後の学説——通説の確立と二分説の台頭

1　序論

RGZ 54, 219 判決を契機として、要件として売主の損害担保約束を要求する判例の準則が確立された。しかし、このRGの性質保証要件の厳格化、すなわち、単なる陳述(dictum)を性質保証から排除したことをきっかけとして、学説のなかで、瑕疵概念と性質保証概念の理解について異なった見解が主張されだした。

2　瑕疵概念

旧BGB立法直後は、学説も起草者と同じく瑕疵概念については客観説を採っていたといわれる。しかし、多くの説は、四五九条一項の「契約によって前提とされた」という概念も認めるため、純粋な客観的瑕疵概念に立っていたとは必ずしもいえない。一方で、その物の性質自体ではなく、その物の使用目的を考慮するに止まるので完全な主観的瑕疵概念ともいえず、いわば主観的―客観的瑕疵概念とでもいうべきものであった。(76)

これに対し、後述する、性質保証を四五九条二項の性質保証は単なる陳述で足りると解する二分説は、主観的瑕

疵概念を採ると四五九条二項の単なる陳述との区別があいまいになるため、瑕疵概念については、「物の通常の使用に対する不適合のみが瑕疵といえ、契約によって前提とされた使用、すなわち、通常でない使用に対する不適合は瑕疵とはいえない」として、完全な客観説に立つ。また、四五九条一項の「契約によって前提とされた使用」という文言は、「瑕疵の重大性」の判断について意味を持つという(77)。一方、判例は、次節にみるように、当初はそれほど意識的に主観的瑕疵概念と客観的瑕疵概念を区別していなかったと思われる。しかし、RGによる性質保証の要件の厳格化の動きと連動して、次第に自覚的に主観的—客観的瑕疵概念を用いるようになる。

3　性質保証概念

性質保証概念について学説は、RGZ 54, 219 判決を契機として、判例の見解にしたがう説が増えていった。これらの説は、RGZ 54, 219 判決を、四五九条二項、四六三条のいずれの場合も、性質保証の要件を厳格化したものととらえ、各条のいずれにおいても、性質保証には、売主の損害担保の引受が必要であると解する説である(78)。この見解はその後も多くの説の採るところとなった(79)。

これに対して、旧ＢＧＢが立法される際、同じ「性質保証」という概念を用いて、解除、代金減額と損害賠償という異なった法律効果を導いた点を批判し、「厳格な責任には厳格な要件」という考えのもとに、この点を明確にするために、四五九条二項と四六三条とで「性質保証」の意味を異なったものとして考える説が出てきた(二分説)。すなわち、履行利益の賠償を基礎づける四六三条の「性質保証」に関しては、RGZ 54, 219 判決と同様に損害担保の引受を要求し、陳述(dictum)を排除するが、しかし、その排除された陳述(dictum)は、解除あるいは代金減額の効果しかもたらさない四五九条二項の「性質保証」に該当すると考える説である(80)。

さらに、性質保証概念自体を区別することはせず、通説のように厳格な基準も採らない説も存在していた(81)。

4　小括

以上のように、RGZ 54, 219 判決を中心とする民事第五部の一連の判決を契機として、学説は、RGの見解にしたがう通説と、性質保証を解除・減額のみを根拠づける四五九条二項の性質保証と損害賠償をも根拠づける四六三条の性質保証に区別する二分説に大きく分かれることとなった。このような対立は、既に、旧BGB起草時の委員会の多数意見対クローメのように、以前から存在していたが、RGZ 54, 219 判決以後、二分説は学説の一つの流れを形成するに至った。さらに、この二分説は、RGZ 54, 219判決によって性質保証概念から排除された陳述(dictum)をどのように扱うのか、いい換えれば、性質保証概念から陳述(dictum)を排除したことによって生じた、通常の瑕疵にも性質保証にもあたらない空白をどのように処理するのかという問題をRGに対して突きつけることになった(82)。

第六節　判例における黙示的保証の制限と主観的瑕疵概念の導入

一　序論

先にみたように、性質保証要件が厳格化されたことから生じた空白をどのように埋めるのかという二分説によって明確化された問題点について、RGZ 54, 219 判決を中心とする一連の民事第五部の判決によって性質保証概念を区別する立場を採らないことを明らかにしたRGには、黙示的保証を広く認める方法と、瑕疵概念を拡大する方法の二つの選択肢が残されていた。そしてＲＧは、原則的に、後者の方法を採ることによってその空白を埋めていった。

二　ＲＧにおける瑕疵概念の転換

一般的に瑕疵概念については、ＲＧは当初は客観説に立っていたが、(83)後述する RGZ 99, 147 判決を境に主観説に傾いたと評価するのが今日の学界の通説である。(84)しかし、必ずしもそのようにはいえないとする見解もある。初期においても RGZ 70, 82; LZ 1916, 1181 判決のように主観説に立つように見える判決も存在することから、ＲＧは、旧ＢＧＢ立法当初から主観説に立っていたと評価する論者もいれば、(85)他方で、判例は後期普通法期から一貫して客観的瑕疵概念を採っているとする論者も存在する。(86)このように、現在でもこの時期のＲＧの瑕疵概念に対する態度の評価は分かれている。以下では、瑕疵概念に対する判例の態度の変遷を明らかにしていく。(87)

１　客観的瑕疵概念を採る判例

ＲＧ一九二〇年一月一三日判決（ソロバイオリン事件）民事第二部（RGZ 97, 351）

【事実関係】

原告が、非常に良い音色で、美術的価値も高い、いわゆるソロバイオリンであるとして八千五百マルクで買ったバイオリンが、実際は、音色も良くなく、美術的価値も高くなく、価格もせいぜい七百～八百マルク程度であるオーケストラバイオリンであったとして、契約の解除を請求したものである。

【判旨】

ＲＧは、「通常の使用との相違が四五九条の意味での瑕疵と理解されねばならない」とし、「楽器がその一般的性質よりも良い性質をもっていないということは、楽器の瑕疵ではな」く、本件では、「オーケストラバイオリンは、瑕疵あるソロバイオリンではない」と述べた。(88)

2　主観的瑕疵概念を採る判例

RG一九一六年五月一九日判決(ストラディバリウス事件)民事第二部(LZ 1916, 1181 Nr. 4)

【事実関係】

本件は、真正なストラディバリウスとして買われたバイオリンが、実際には、近代の偽作であることが判明したというものである。

【判旨】

RGは、「そのバイオリンが、古く、その製作者としてストラディバリウス本人が考慮の対象となるバイオリン製造技術の全盛期のものであるか、あるいは単に最近偽造されたものであるかどうかが、バイオリンの価値にとって重大な意味を持つ」と述べ、「本物のストラディバリウスとしてバイオリンが売られた場合、偽作であることはバイオリンの瑕疵である」と判示した。(89)

3　小括

このように、「オーケストラバイオリン事件」と「ストラディバリウス事件」判決が、同じバイオリンについての判決であり、しかも同じ民事第二部の判決でありながら、瑕疵概念について、客観説と主観説に分かれたことは、この時点ではまだ瑕疵概念についてのRGの態度は定まっていなかったことを表すものといえる。この瑕疵概念についての判例の混乱は、結局は、どこまでを四五九条一項の通常の瑕疵担保責任で保護し、どこからを四五九条二項の性質保証で保護するかについての明確な基準が定まっていなかったことの現れであるといえる。

しかし、この後、判例は、以下にみるように次第に性質保証が成立しない場合には、主観的瑕疵概念によって物の瑕疵を認めていく。さらに、その適用領域についても最初は異種物の事案について、次に美術品の真贋、最終的に環境瑕疵にまで拡大していく。[90] そしてそれに呼応するかのように、ハイマン等によって判例の立場に反対する二分説が有力に唱えられていく。

三　判例の確立——主観的瑕疵概念の導入

1　異種物

RG一九二〇年六月八日判決（鯨肉事件）民事第二部（RGZ 99, 147）[91]

【事実関係】

二一四樽の「Haakjöringsköd（ノルウェー語で鮫肉のこと）」を鯨肉として売った事例において、キロあたり四マルク三〇ペニヒで、現金で、船荷証券および保険証券と引き換えに売った商品がハンブルクに到着した際、中央貿易統制公社によって没収され、即座に買い上げられた。[92] 原告は、「その商品は鮫肉であったにもかかわらず、鯨肉として売られた。それは鯨肉としてであれば没収されなかったであろう。契約に反した商品を給付した被告は、ただちに、売買代金と、中央貿易統制公社によって支払われたかなり低い買取価格との差額を返還しなければならない」と主張し、四万七千五百十五マルク九十ペニヒの支払いを求めた。一審は原告の訴えを認め、原審も被告の控訴を棄却した。

【判旨】

ＲＧは、「給付された商品が鯨肉であるという性質を欠いており、この性質について四五九条二項の意味での性質保証がなされていない場合には、その性質の欠如は四五九条一項の意味での物の瑕疵である」と述べて、主観的瑕疵概念を採用することによって、解除の請求を認めた。

２　美術品の真贋

ＲＧ一九二六年七月六日判決（リトグラフ事件）民事第二部（RGZ 114, 239）

【事実関係】

原告は、一九二四年三月末にハンストーマと署名された絵を四千ＧＭで買ったが、偽物であったという事案において、四六三条に基づいて損害賠償を請求した。

【判旨】

ＲＧは、「絵が本物であるという性質が欠けていても、それは被告によって保証されていない。明示の保証は原告によって主張されておらず、また黙示の保証も完全に排除されはしないが、しかし、稀な場合にしか認められない。…契約にしたがって前提とされた性質では、まだ、保証されたものとはみなされない」と述べて、四六三条の性質保証責任は否定した。しかし「特定の巨匠の作品として売買された絵は、その絵が真正でない場合には、四五九条一項の意味での瑕疵を帯びている」として、四五九条一項の瑕疵担保責任を認めた。

RG一九三二年三月一一日判決（ライスダールの絵事件）民事第二部（RGZ 135, 339）

【事実関係】

原告は、被告から「水辺のオーク」というJakob I.（Isaakssohn）van Ruisdael（ヤーコプ・イサークスゾーン・ヴァン・ライスダール）の肉筆画を鑑定書付きで買ったが、しかし、その絵は、「著名な画家」のJakob I. van Ruisdaelのものではなく、「あまり有名ではない」Jakob S.（Salomonssohn）van Ruysdael（ヤーコプ・サロモンスゾーン・ヴァン・ライスダール）の絵であるとして、錯誤取消および売買代金返還を求めた。

【判旨】

RGは、「瑕疵」の概念について、ハイマン、レオンハルト等の客観的瑕疵概念とレーマン、ジーバー、ヘーデマン、ヴェルナー等の通説的見解を対比的に紹介し、さらに近時の判例も後者にしたがっているとした。そのうえで、本件においては、その画家の作品として買われた絵が、その画家のものではなかった場合、常に売買目的物の瑕疵があるとして、四五九条一項の意味での瑕疵が存在することは肯定した。(93)

3　環境瑕疵

RG一九三九年一一月五日判決（眺望事件）民事第五部（RGZ 161, 330）

【事実関係】

原告は、被告から、美しい山腹が見晴らせる土地を三九五〇ライヒスマルクで買った。半年後、被告は、山腹と原告の住居地との間の後背地を取得し、原告の眺望を制限する形で建物を建てさせた。

【判旨】

ＲＧは、まず四五九条一項の瑕疵について、主観的瑕疵概念に基づき、景観上の美しい立地条件という長所の欠如は瑕疵とみなされるとして、四五九条一項の意味での瑕疵を肯定した。しかし、それでは原告の損害賠償の請求を理由づけることができなかったので、性質保証の成否を検討し、黙示的保証は法的には可能であるが、稀にしか認められないとして保証の成立を否定した。本判決は、性質の保証においては、性質の存在に対する危険の引き受け、および性質が欠如していた場合にすべての結果について責任を負うとの約束が存するとして、「売主の責任を負担する意思」を性質保証の要件として考慮することを明確にした(94)。

四　小括

1　以上みてきたように、ＲＧは、RGZ 54, 219 判決を中心とする一連の性質保証要件を厳格化する判決の結果生じた、客観的瑕疵概念によっても性質の保証によっても保護されない空白を、黙示的保証の拡大ではなく、代わりに、四五九条一項の「契約によって前提とされた使用」の適用場面を、次第に拡大していき、それによって主観的瑕疵概念を発展させることで埋めていった(95)。

2　結局、RGZ 161, 330 判決によって、性質保証概念の明確化、すなわち、黙示的保証を制限し、主観的瑕疵概念を採用するという判例理論が確立されたと評価できる。これは、まさにＲＧが、ハイマン等の批判に対して彼らの説を否定する形で答えたものといえよう。ハイマンによって確立された二分説は、ＲＧをして、RGZ 161, 330 判決によって性質保証についての判例理論を確立せしめたことをもって、その役割を終えたといえる(96)。

第七節　戦後の判例・学説の展開

一　序論

性質保証の要件として単なる陳述(dictum)と損害担保約束(promissum)の両者が混在する後期普通法期の学説をそのまま受け継いだ旧ＢＧＢの条文をより明確なものにする、学説・判例の試みは、ＲＧの RGZ 161, 330 判決において一応完結した。そこでは、ハイマン等の、瑕疵概念については客観説をとり、性質保証の要件については旧ＢＧＢの「保証」の文言を二義的に解する立場は排斥された。それに対して、四五九条二項、四六三条の性質保証にともに要件として売主の損害担保約束を要求し、そこから排除された単なる陳述(dictum)は、四五九条一項の瑕疵を主観的に解釈することによって保護するという立場が採られた。そして、戦後の連邦通常裁判所(以下「ＢＧＨ」と略記)および学説は、当初は瑕疵概念・性質保証概念についてもＲＧの見解にしたがっていた。しかし、性質保証概念については、ＢＧＨの判例において、変化が現れることになる。以下では一九六〇年代に至り、ＢＧＨによる一連の判決によって、性質保証概念がどのように変化していったのかを明らかにする。

二　ＢＧＨの黙示的保証の承認

1　先の RGZ 161, 330 判決によって確立された性質保証の成立要件は、ＢＧＨにおいてもそのまま維持された。(97)

ところが、ＢＧＨは一九六〇年代から次第に「契約交渉の全状況から売主が黙示的・推断的に保証していた」として、黙示的保証をある程度認めるようになる。[98]

2　確かに、性質保証が黙示的にもなされうるということは後期普通法時代から認められており、RGの判例においてもその点は否定されてはいなかった。[99]しかし、実際に黙示的保証が認められる場合はきわめて限定的であると解されていた。[100]ところが、次に挙げる判例を代表として、これ以後は、性質保証の成立が認められた事案は、ほとんど黙示的保証として認定されたものが大部分を占めることになる。[101]

BGH一九七二年七月五日判決(ラッカー事件)民事第八部(BGHZ 59, 158)

【事実関係】

原告によって製造されたラッカーを塗布した被告の窓枠に、原告のラッカーが原因で腐敗が生じたとして、被告は原告の売買代金債権の請求に対する反訴で、四六三条に基づく損害賠償を請求し、予備的に解除と代金減額を求めた。

【判旨】

BGHは、「判例・学説では以前から、性質は、場合によっては、旧BGB四五九条二項の趣旨において、黙示でも、あるいは推断的行態によって保証されうることが認められてきた。それに対して確かに、広告においては、一般的な宣伝でも足りず、単なる契約上前提とされた利用に対する適合性の指摘でも足りない。むしろ、売主が、当該性質の存在の担保を引き受け、したがって、当該性質が欠けている場合にはすべての結果に対して責任を負う用意のあることを認識せしめることが重要である。しかし、その際には、まず第一に売主の意思は決定的ではない。

むしろ、（原審はこの観点について十分に考慮しなかったが）どのように買主は売主のその他の行為および契約締結にいたった事情を考慮に入れて、信義誠実の原則にしたがい、取引慣行を考慮しつつ、売主の表示を解釈することが許されるのかが決定的に重要である」との一般論を述べた後、本件では、売主の表示から、買主は売主が保証する意思を有することを十分認識できたとして、黙示的保証の成立を肯定した。[102]

3　この判決を含む一連のＢＧＨの判例によって黙示的保証もある程度積極的に認めるという傾向が確立された。その際、黙示的保証の成立の判断基準として、「受領者の立場（Empfängerhorizont）」から表示者の意思表示を解釈するという理論が用いられた。[103]それによると契約の解釈には、期待しうる注意義務をもって、表示が受領者からどのように理解されうるのかが決定的であるとされる。すなわち受領者の立場から明らかとなる行為意思を表示者が有していたとしたなら発生したであろう法律効果が発生するのである。[104]もっともこの受領者の見方は客観化されている。すなわち表示者が内心で意図していたことが基準となるのでもなく、受領者が実際に理解したことが基準となるのでもない。むしろ、受領者が期待されうる注意をもって彼に認識可能なすべての事情を考慮した場合に、表示の意味として認識できるものが基準になるという。[105]このようなことからすると、ＢＧＨの見解は、結局、性質保証の帰責根拠を売主の損害担保意思と考える点ではこれまでと同じであるが、その存否の判断の際に、これまでの判例のように実際に売主が損害担保意思を有していたか否かを基準とするのではなく、「受領者の立場」の理論を用いて、買主の保護を考慮しつつ、より客観的に、その存否を判断するというものに変化したといえる。この「信義誠実の原則にしたがって、買主からみて売主が責任を負う意思をもっていると認識することが許されたか否か」という判断基準は、現在に至るまで、ＢＧＨによって維持され続けている。

三　性質保証概念の空洞化に対する批判

1　このような判例の黙示的保証の積極的承認に対して、学説のなかには、その欺瞞性を指摘するものも多い。ディーデリクセンは、法律行為概念の変化やそれと結びついた主観的要素、特に効果意思の抑制、および客観的要素としての信頼保護のより強い強調によって、性質保証も、強化された取引—消費者保護の道具に変えられたということは、判例の事案から明らかであるという。(106)

ヴァルターは、判例がその出発点を類型の作出によってごまかし、あるいは買主にとって相応しい結果を達成するために黙示的保証の制度を持ち出していると批判する。それに対し、後に述べる近時の有力説の方が、売主が責任を負うつもりのない場合にも責任を根拠づけうる点で徹底していると評価する。(107)

バウマンは、この一連の判例は、「売主が責任を負担する意思を有していることを買主が認識しえた」という「黙示的」保証のための要件が、もはや決まり文句となっていることを示しているとする。また、BGHと下級審との間に存在する判断の不一致は、現に存在する不確実性の徴候であるとする。(108)

クネップフレも、現在の判例では、性質保証はほとんど黙示的推断的なものとして認められているが、このような場合には、実際に売主が責任を負う意思を有していたがどうかを確定するのは不可能であるという。判例は、売主のもとに実際に損害を負担する意思が存在していたかどうか、あるいは少なくとも買主はそのことを承認することが許されたか否かを検討することなしに損害を負担する意思を仮定しているとする。(109)

2　以上、学説が批判するように、一九六〇年代以降の判例においては、黙示的保証の存否の判断の際に、売主の損害担保意思は、事実上、基準としての機能を果たさなくなったといえよう。すなわち、損害担保意思の解釈の方法として、「受領者の立場」の理論が強調されたことによって、売主の損害担保意思が実際に存在していたかどうかではなく、実質的には諸般の事情、すなわち売主の当該表示の趣旨、買主の信頼の有無等からより客観的に性質保証の成否が判断されるようになったといえる[110]。

3　これ以後、学説のなかでも、要件上、売主の損害担保意思を必要と解しつつ、その認定に関しては、判例と同じく、表示の受領者の立場から判断しなければならないとする通説[111]に対して、もはや、帰責根拠についても売主の損害担保意思という考えを採らず、性質保証責任を買主の信頼保護の制度と捉える説、あるいはまさに信頼責任と捉える説も有力になっていく。これらの有力説は、性質保証の存否を売主の損害担保意思の有無によって判断するのではなく、それに代わる新たな判断基準を模索しようとする。有力説は、さらに、性質保証には真摯なもしくは拘束力ある表示で十分であるとする見解[112]、買主の信頼の側面から、売主が買主の信頼を惹起したこと、すなわち買主が売主の表示を信頼することが許されたか否かを重視する見解[113]、売主の表示の側面から、買主が信頼してもよい表示を、表示の「強さ(Intensität)」[114]や特別な「濃縮(Verdichtung)」の基準によって類型化し、そのような表示があったことを重視する見解等に分かれている[115]。

四　近時の判例

フーバーによれば、近時のＢＧＨの判決について、先の「受領者の立場」の理論による性質保証の成立の判断基準は、①性質合意に類するような付随的な表示は問題とならない、②買主が表示をどのように理解しなければならないかが決定的に重要である、③たとえ黙示でも性質保証は契約の内容となっていなければならないというように、より明確化されているという。さらに、フーバーは、ＢＧＨのこの基準の背景には、買主の要保護性の考慮が隠れていることを指摘する[116]。

ＢＧＨは一九六〇年代頃から黙示的保証の認定を拡大する傾向にあり、それが学説における議論を喚起する要因ともなった。しかし、一九九〇年代に入り、ＢＧＨの判決の傾向は、その判決理由の一般論においては、従来の定式を繰り返してはいるが、実際に黙示的保証の成立を認定することはきわめてまれになっており、それまでの判決では、黙示的保証の成立が認められていたような事案でも、ほとんどが「売主の損害担保意思」がなかったとして否定されている[117]。このように、ＢＧＨはこれまで性質保証が認められてきたケースのなかで、限界事例と考えられるものについて性質保証の成立を否定することで、それまで若干恣意的であった黙示的保証の認定基準を限定しようとしているようにも思われる[118]。ただ、学説のなかには、ＢＧＨは中古車売買の事例に関しては、特殊な市場関係や売主の専門知識に対する買主の信頼等の理由から、性質保証の要件を緩和し、特別な要請、すなわち売主の損害担保意思を要求していないことを指摘するものも多い[119]。

五　小括

以上のように、有力説は、判例が、売主の損害担保意思を要件として存続させたまま、黙示的保証を緩やかに認定することに対して激しい批判を加え、瑕疵担保責任自体を再構成することを試みる。判例が、性質保証責任の帰責根拠としての売主の損害担保意思の存否を探る手段として「信義誠実の原則にしたがって、買主からみて売主が責任を負う意思をもっていると認識することが許されたか否か」という基準を用いるのに対して、有力説の多くは、より端的に、売主の保証表示自体に、性質保証の帰責根拠をみることによって、表示の「強さ」「濃縮」等の客観的な基準に基づこうとしている点が注目される。このことは、結局は、判例・通説は、ローマ法のdicta et promissa責任以来の伝統である売主の損害担保意思という構成から抜け切れていないことを示しているように思われる。このことも一因となって、第二部第一章で述べる債権法改正作業において、瑕疵担保責任規定は根本的に変更すべきことが提案されることになる。

第八節　損害賠償の範囲

性質保証責任の効果の中で最も重要なものは損害賠償請求権であることはつとに指摘されている。特に旧ＢＧＢでは、物の瑕疵担保責任の場合に、履行利益の賠償は性質保証か悪意の黙秘の場合にしか認められていなかったのでその重要性はさらに増していた。

一九四〇年代にＲＧは、起草者や従来のＲＧが採ってきた損害賠償の範囲については制限を設けないという立場を変更し、性質保証に基づく損害賠償は保証された性質の欠如から直接生じる瑕疵損害にしかおよばないとした[120]。しかし、戦後、ディーデリクセンらの批判を受け[121]、ＢＧＨは一九六八年五月二九日民事第八部判決[122]において、「性質保証が買主に障碍なく売買目的物を受領させるという目的のためだけでなく、それを超えて生じうる瑕疵結果損害から買主を守るという目的も追求している場合には、瑕疵結果損害は四六三条一文にしたがって賠償されねばならない」と述べ、性質保証が買主を瑕疵結果損害からも守る趣旨である場合には、瑕疵結果損害の賠償も認められるというように、賠償範囲を再び拡大し、これが現在の通説・判例となっている[123]。

損害賠償の証明責任については、グリューネバルトは、「保証された性質の欠如に起因する、相当因果関係のある損害を買主が立証した限りで、売主は、その損害は与えられた性質保証の範囲に例外的に包摂されていなかったということを立証しなければならない」としている。(124)

第九節　ドイツ法の総括

1　まず、性質保証の位置づけの問題については、ドイツでは後期普通法以来一貫して瑕疵担保制度の枠内のものとして位置づけられてきた。しかし、後出の第二部第一章で検討するとおり一九九二年の債権法改正草案以降は、性質保証は債務不履行の帰責性の判断基準の一つと位置づけられている。

2　次に、帰責根拠の問題については、判例は、後期普通法時代から一貫して、損害担保意思が帰責根拠であると考え、旧ＢＧＢの起草者もこの点については同じであった。しかし、学説のなかには、ラーベルのように、買主の信頼保護こそが帰責根拠であるとの考え方も存在しており、戦後のＢＧＨが、買主の信頼保護を基準とした契約解釈と結びついた形で、黙示的保証を認めたことも影響して、現在では、もはや売主の損害担保意思を帰責根拠と捉えない説も増えている。

3　さらに、帰責根拠の判断基準、すなわちどのような基準によって売主の損害担保意思を認定するのかについては、後期普通法期から旧ＢＧＢの立法当初までは、陳述(dictum)の中に売主の損害担保意思が読み込まれていた。

判例ではさらに、その陳述が契約にしたがってなされ、買主の購買の決定に影響を与えたことが重視されていた。しかし、旧ＢＧＢ立法後の RGZ 54, 219 判決以後の判例は、契約の解釈によって実際に売主が損害担保意思を有していたか否かを確定するという立場を採るようになった。一方、学説のなかには、先に述べた性質保証概念を二分する説のように、「厳格な責任には厳格な要件」のテーゼの下に旧ＢＧＢ四六三条の損害賠償を根拠づける性質保証には要件として売主の損害担保意思が必要であるが、四五九条二項の解除あるいは代金減額しか根拠づけない性質保証は単なる陳述で足りると解する説や、より一般的に性質保証責任自体に売主の損害担保意思を要求しない学説も存在していた。判例は、戦後も売主の損害担保意思を要件として堅持しているが、買主の信頼保護を基準として契約解釈と結びついた形で、黙示的保証を認めることによって、実際上はもはや損害担保意思は要件として機能していないのではないかという批判が学説からもなされている。それゆえ、学説のなかには、新たに損害担保意思ではなく、買主の信頼や表示の「強さ」等を基準とする説も現れてきている。

4　これら帰責根拠とその判断基準との関係からは、ドイツにおける性質保証の発展過程のなかで、帰責根拠の判断基準が変化することによって、性質保証責任の法的性質自体も変化してきたということがわかる。すなわち、旧ＢＧＢ立法当初は、売主の陳述の中に損害担保意思を読み込むという見解を採っていたが、これによって、性質保証責任は、売主に対する客観的な表示責任たる様相を呈していた。しかし、その後ＲＧによって損害担保意思が実際に存在していたか否かが契約の解釈によって探られるという方法が採られたことによって、性質保証責任は、瑕疵担保責任というよりもむしろ売買契約から独立した損害担保契約に近いものとなった。ところが、戦後、ＢＧＨが、客観的な契約解釈方法を用いて黙示的保証を認めるようになって、再び表示責任的傾向が強まったといえる。

5　最後に、瑕疵概念と性質保証責任の関係については、ローマ法、後期普通法、旧BGBの立法と、いずれも、客観的瑕疵概念が基本とされ、性質保証責任についてもそれほど厳格な解釈は行われていなかったため、両者の間には、緊張関係も、空白部分も生じなかった。しかし、旧BGB立法後のRGZ 54, 219判決を中心とする一連の判決によって、性質保証責任の要件が厳格に解釈されるようになったため、客観的瑕疵概念との間に空白部分が生じるようになった。これを埋めるために学説のなかには、性質保証概念を二つに区別し、その一つを単なる陳述で足りると解することによってこの空白を埋めようとするものもあったが、RGは、この見解を採らず、瑕疵概念を主観的に解釈することによって対応した。ところが、戦後に至り、社会状況の変化に伴い、それまでの厳格な性質保証責任では対応できなくなり、買主の信頼保護を基準とした契約解釈と結びついた形で、黙示的保証を認めていくようになる。ここに至って、主観的瑕疵概念と黙示的保証との間に緊張関係が生じ、学説のなかには、瑕疵概念を再び客観的に解するものや、黙示的保証ではなく、別の形で性質保証を認めようとするものも現れた。

注

（1）条文訳については、椿寿夫他編『ドイツ債権法総論』（日本評論社、一九八八）、右近健男編『注釈ドイツ契約法』（三省堂、一九九五）を参考にした。

（2）ローマ法期の瑕疵担保制度については、柚木馨『売主瑕疵担保責任の研究』一頁以下、北川善太郎『契約責任の研究』（有斐閣、一九六三）九九頁以下、半田吉信「ローマ法における瑕疵担保責任――要件を中心に――」千葉大学法経研究一三号（一九八三）一四九頁以下、同「ローマ法における瑕疵担保責任――効果を中心に――（一・二完）」千葉大学法経研究一四号（一九八三）一〇五頁以下、一五号（一九八三）三七頁以下参照。また、フランス、ドイツ、ローマ法の瑕疵担保制度と性状錯誤の関係について詳細に検討するものとして、川村泰啓「性状瑕疵保障序説（一）～（一七）」判時八六九～九四八号（一九七八～一九八〇）がある。

（3）dictumとpromissumの違いについては、柚木・前掲書四七頁注（一〇）、半田・前掲千葉大法経研究一三号七九頁注（一）参照。

（4）Max Kaser, Römisches Privatrecht, 16. Aufl., 1992, S. 198.

（5）Kaser, a. a. O., S. 198 f.

（6）Kaser, a. a. O., S. 199.

（7）この「約束」についてジンテニスは、売買目的物の特定の性質を「約束」することによって、そこからその性質について責任を負うつもりであるという特別の義務の根拠（Verpflichtungsgrund）が生じるとする（Carl Friedr. Ferdinand Sintenis, Das practische gemeine Civilrecht, 2. Bd., 3. Aufl., 1868, S. 618）。また、黙示の「約束」については、売主が、それについて責任を負うつもりで、売買目的物に特定の性質あるいは長所を付与すれば、一方的な請け合い（Versicherung）あるいは一定の推奨（Anrühmung）で十分であるという（Sintenis, a. a. O., S. 618）。

（8）Georg Friedrich Puchta, Pandekten, 1845, S. 500; Bernhard Windscheid, Lehrbuch des Pandektenrechts, 2. Bd., 9. Aufl., bearbeitet von Th. Kipp, 1906, S. 685; Heinrich Dernburg, Pandekten, 2. Bd., 5. Aufl., 1897, S. 277.

（9）Windscheid, a. a. O., S. 685; Dernburg, a. a. O., S. 277.

（10）この瑕疵は「隠れた（nicht offenbar oder nicht offenkundig）」ものである必要があった（Windscheid, a. a. O., S. 686; Puchta, G. F., a. a. O., S. 500）。ヴィントシャイトがこの点について、「瑕疵が買主に一目で分かる程度に明白ではない」と述べていることから考えて、現在の「隠れたる瑕疵」とほぼ同じものであったと思われる。また、彼は、その判断基準について、専門家を基準とするのではなく、通常人を基準とすべきであるという（Windscheid, a. a. O., S. 686 Anm. 6）。デルンブルクは、物の瑕疵とは、その使用可能性あるいは販売可能性を損なうような通常の性質との齟齬（Abweichung）をいい（Dernburg, a. a. O., S. 278）、買主の期待や前提としたことは瑕疵とは何ら関係がないという（Dernburg, a. a. O., S. 278 Anm. 10）。ジンテニスも、「買主は通常の状態を想定しえ、売主は、特別の、通常期待される状態を超える、より上質の性質についてまで責任を負う必要はない」として客観的瑕疵概念を採る（Sintenis, a. a. O., S. 616）。この点に関して、ヴァイヤースは、旧ＢＧＢにおいて保証された性質が別異に取り扱われるようになった原因は、一九世紀末に、上記のように客観的瑕疵概念を採ったことにあったとする。いずれにしろ、主観的な買主の期待の保護は、歴史的にはより強く錯誤法に委ねられることになったとする（Esser/Weyers, Schuldrecht BT, 2. Bd., 8. Aufl., 1998, S. 39）。

（11）Windscheid, a. a. O., S. 687 Anm. 10.

(12) Puchta, a. a. O., S. 500; Windscheid, a. a. O., S. 686; Dernburg, a. a. O., S. 278.

(13) Puchta, a. a. O., S. 501; Windscheid, a. a. O., S. 687; Dernburg, a. a. O., S. 279 ff.

(14) Puchta, a. a. O., S. 500; Windscheid, a. a. O., S. 686 Anm. 7; Dernburg, a. a. O., S. 277.

(15) Windscheid, a. a. O., S. 686 Fn. 7; Julius Baron, Pandekten, 9. Aufl., 1896, S. 532.

(16) Puchta, a. a. O., S. 501; Windscheid, a. a. O., S. 687; Dernburg, a. a. O., S. 281 f.

(17) Windscheid, a. a. O., S. 687.

(18) 他に同旨の裁判例としてRG SeuffA 48 Nr. 14 = JW 1892, 244 Nr. 27; RG JW 1896, 323 Nr. 23などがある。

(19) 他に同旨の裁判例としてRG JW 1897, 175 Nr. 33などがある。フロイトリングによれば、学説よりも裁判実務の方が、帰責要件としての「約束」をより厳格に解していたとする(Gabriele Freudling, Die Schadensersatzansprüche des Käufers im Gewährleistungsrecht des 19. und 20. Jahrhunderts, 1985, S. 40)。

(20) OAG Rostock SeuffA 17 Nr. 129(薬局の年間収益); RG SeuffA 40 Nr. 155(土地の賃料収入、公租公課); RG SeuffA 48 Nr. 14 = JW 1892, 244 Nr. 27(レストランにおけるビールの年間総売り上げ); RG JW 1897, 581(療養所の利用者数)等。

(21) RG JW 1896, 323 Nr. 23.

(22) RG SeuffA 40 Nr. 155; RG SeuffA 48 Nr. 14 = JW 1892, 244 Nr. 27.

(23) このような構成が、後に旧BGBの立法の際にも受け継がれ、後に見るように、性質保証の要件として損害担保約束を要求する通説と、ハイマン等の二分説との激しい対立を引き起こした(Otto Schenker, Die Zusicherung von Eigenschaften beim Kauf, 1949, S. 29)。

(24) D. 19. 1. 6 § 4; D. 19. 1. 13 § 3. これらの法文については、柚木・前掲書および半田前掲論文を参照。フルーメもこの点について、法制度が性質についての陳述に基づいて売主に責任を負わせるのであれば、それによってその陳述は損害担保約束的性格を得るという(Werner Flume, Eigenschaftsirrtum und Kauf, 1948, S. 77 Fn. 26)。

(25) Puchta, a. a. O., S. 500 Anm. b; Windscheid, a. a. O., S. 687 Anm. 2. ゾイフェルトはより明確に、「特定の性質の保証が有効であるためには、それについて契約に従った約束がなされている必要はな」く、性質保証は、売主が「その商品は特定の性質を有しているということを事実上保証することによって、黙示的にも生じうる」とする(Johan Adam Seuffert, Praktisches Pandektenrecht, 4

Aufl., 1860, 2. Bd., § 265, S. 82 Fn. 3)。これに対してデルンブルクは「売買目的物に性質が存在するとか瑕疵が存在しないと言うことを善意で述べた売主が、何ら特別の損害担保約束を行わなかったとしても、自己の言明が真実でなかった場合に、買主に対してすべての利益について責任を負わなければならないのか?」と述べ、このような見解に対して疑問を呈する(Dernburg, a. a. O., S. 278 Anm. 14)。

(26) ALRのRGに対する影響については、Christoph Seiler, Vom Allgemeinen Landrecht zum Bürgerlichen Gesetzbuch, 1996, S. 25 ff. を参照。

(27) Allgemeines Landrecht für die Preußischen Staaten von 1794, textausgabe, 1970, S. 79 ff.

(28) フェルスター／エキウスによれば、「譲渡人が確認もせずにある性質を確実に存するものと言明するような「軽率な」性質保証にも過失は存する」という(Förster/Eccius, Preußisches Privatrecht, Bd. 1, 1896, S. 500 § 85 I Note 5)。結論的には、Heinrich Dernburg, Das Obligationenrecht Preußens und des Reichs und das Urheberrecht, 1882, § 144 S. 370 ff.も同旨。

(29) Gruchot, Glossen zum Allgemeinen Land-Recht, in: Beiträge zur Erläuterung des preußischen Rechts durch Theorie und Praxis, Bd. 2, 1858, S. 308.

(30) RGZ 20, 88, 92; RGZ 34, 214, 216.

(31) ただし、専門家の場合には、例外的に、軽過失であっても「完全な利益(volle Interesse)」の賠償が課せられる。

(32) Förster/Eccius, a. a. O., S. 720 § 106 I.

(33) Neudrucke privatrechtlicher Kodifikationen und Entwürfe des 19. Jahrhunderts, 4. Bd., 1973, Bürgerliches Gesetzbuch für das Königreich Sachsen, 1863/1865, S. 109 f.

(34) Siebenhaar/Pöschmann, Commentar zu dem bürgerlichen Gesetzbuche für das Königreich Sachsen, Bd. 2, 1865, Anm. zu § 899, S. 135; Wengler/Brachmann, Das Bürgerliche Gesetzbuch für das Königreich Sachsen, Bd. 1, 1878, Anm. zu § 899, S. 373。この点についてジンテニスは、「性質の「約束」は相手方による明示かつ特別の受け入れを前提とするものではなく、取引の締結についての定めに含まれているものとみなされ、企図された契約に関する照会や事前交渉の際にもよく行われるその種の表示や約束は黙示的であっても与えられたものとみなされうる」と述べる(Carl Friedrich Ferdinand Sintenis, Anleitung zum Studium des bürgerlichen Gesetzbuches für das Königreich Sachsen, 1864, Anm. zu § 906, S. 249)。

（35）Kloß, Gewährleistung wegen Mängel oder Fehler der Kaufsache, Sächsisches Archiv für Bürgerliches Recht und Prozeß Bd. 9（1899）, S. 283 f.

（36）Sintenis, a. a. O., Anm. zu § 901 S. 248.

（37）クロスは、損害賠償の範囲について、旧ＢＧＢ四六三条、四八〇条二項とザクセン民法典九二二条とを比較し、旧ＢＧＢの場合は「不履行による損害の賠償」であるのに対し、ザクセン民法典の場合は「瑕疵ある履行による損害の賠償」であるとする。その例として例えば、危険移転時に既に鶏コレラに感染していた鶏を、健康であるとの性質保証のもとで売却した売主は、旧ＢＧＢ四六三条、四八〇条二項によれば、当該鶏の転売によって得られたであろう利益の賠償はしなければならないが、ザクセン民法典の場合とは異なり、コレラに感染した鶏によって買主の鶏にまで感染が拡大したことによる損害を賠償する必要はないとする。なぜなら、売主がもし鶏を全く給付しなかったとしても、同じように買主は転売利益を失ったであろうが、感染の拡大は生じなかったであろうからであるとする(Kloß, a. a. O., S. 306)。ただし、後にＢＧＨは性質保証に基づく損害賠償にも拡大損害は含まれうることを認めるに至った。

（38）Freudling, a. a. O., S. 95.

（39）Neudrucke privatrechtlicher Kodifikationen und Entwürfe des 19. Jahrhunderts, 3. Bd., 1973, Entwurf eines bürgerlichen Gesetzbuchs für des Königreich Bayern, 1861–1864, S. 88 f.

（40）ヘッセン草案一六四条でもバイエルン草案と同様に「明示的に保証された性質および長所(ausdrücklich zugesicherte Eigenschaften und Vorzüge)」と規定されている(Bürgerliches Gesetzbuch für das Großherzogthum Hessen, Entwüfe und Motive（1842－1853）, Bd. 5: 4. Abt.（Schuldrecht）Entwurfe und Motive von 1853/ Neu hrsg. von Werner Schubert, 1986, S. 41)。

（41）後にヤクベツキーがこのバイエルン草案を背景に、旧ＢＧＢ草案の審議の際に、性質保証について二元的構成を取ることを提案したが結局容れられなかった。

（42）H．シュロッサー、大木雅夫(訳)『近世私法史要論』(有信堂、一九九三)一五四頁以下。

（43）Neudrucke privatrechtlicher Kodifikationen und Entwürfe des 19. Jahrhunderts, 2. Bd., 1973, Dresdener Entwurf eines allgemeinen deutschen Gesetzes über Schuldverhältnisse, 1866, S. 35 f.

（44）Protocolle der Commission zur Ausarbeitung eines allgemeinen deutschen Obligationenrechtes（Eingeleitet und neu herausgegeben von

Werner Schubert), 1. Bd., 1984, S. 617 f.

(45) Protocolle, 1. Bd., S. 618.

(46) Protocolle, 6. Bd., S. 4068.

(47) 旧ＢＧＢ起草過程については、シュロッサー／大木(訳)・前掲書一五五頁以下、平田公夫「ドイツ民法典を創った人々(一)」岡山大学教育学部研究集録五六号(一九八一)六三頁以下、同「ドイツ民法典編纂過程の諸特徴」岡大法学四五巻四号(一九九六)一頁以下、石部雅亮編『ドイツ民法典の編纂と法学』(九州大学出版会一九九九)三頁以下を参照。また、性質保証に関する旧ＢＧＢの立法過程については、笠井修『保証責任と契約理論』三九頁以下も参照。

(48) Otto Lenel, Die Lehre von der Voraussetzung, AcP 74, 228.

(49) Franz Philipp Friedrich von Kübel, Recht der Schuldverhältnisse, Teil 1-Allgemeiner Teil, Abschn. I., Tit. 2. I. 3. c., 1882, S. 35, herausgegeben von Werner Schubert, Die Vorlagen der Redaktoren für die erste Kommission zur Ausarbeitung des Entwurfs eines Burgerlichen Gesetzbuches, Neudruck 1980(以下「Vorlagen」と略記), S. 415.

(50) Vorlagen, S. 415.

(51) Vorlagen, S. 415.

(52) Vorlagen, S. 417.

(53) この見解は、既にドレスデン草案の起草時においても見られる(前節参照)。

(54) この点についてキューベルを含めた起草者等がヴィントシャイトの前提論の影響を受けていたのかどうかが問題となる(Carl Crome, Die Gewährleistung wegen Abwesenheit vorausgesetzter Vorzüge der veräußerten Sache, 1892, AcP 78, 122 ff.)。当初、クローメは、草案は、無条件にヴィントシャイトの学説にしたがっており、客観的瑕疵概念よりも広い瑕疵概念を基準としていたと考えていた(Crome, a. a. O., AcP 78, 129 f.)。しかし後に、ヴィントシャイトの前提論は法律の枠組みには影響を与えたが、その核心部分は条文には入り込まなかったと考えるに至った(Crome, Die partiarischen Rechtsgeschäfte, 1897, S. 281 ff.)。ズュースは「起草者が『前提とされた性質』の文言をともなう四五九条においてヴィントシャイトの学説を想起したのではないことは確実である」という。なぜなら、「既にＡＬＲ第一編第五章三一九条は同じ表現を用いているからである」と結論づける(Theodor Süß, Wesen und Rechtsgrund der Gewährleistung für Sachmängel, 1931, S. 129, Anm. 1)。エルトマンも、旧ＢＧＢは、決して、ヴィントシャイトの前提論をそれに内包されている実務に与える悪影響と共に受け入れてはいないことは法文上明白であるとする(Paul Oertmann, Recht der Schuldverhältnisse, Buch 2., §§ 433 bis 853, 5. Aufl., 1929, S. 593)。ライヒ裁判所も RGZ 70, 82 判決において「『契約によって前提とされた使用』の文言についての説明は理由書(Motive)にも議事録(Protokolle)にも存在していないが、しかし起草者が、ヴィントシャイトの前提論を引き継ぐつもりであったという見解にはいずれにせよ賛成できない」と否定する(RGZ 70, 82, 86)。

(55) Soergel/Huber, Bürgerliches Gesetzbuch, 3. Bd., Schuldrecht II (§§ 433-515), 12. Aufl., 1991, vor § 459 Rz. 9; Peter Marburger, Die Sachmängelhaftung beim Handelskauf, JuS 1983, 3; Horst Baumann, Die Zusicherung, in: Festschrift für Karl Sieg, 1976, S. 25; Sibylle Hofer, Der Schadensersatzanspruch des Käufers bei Sachmängeln - Grundsätze, Wertungen und Konstruktionen, AcP 201, 278. 笠井・前掲書二四四頁。

(56) Jakobs/Schubert, Die Beratung des Bürgerlichen Gesetzbuchs, Band II, Recht der Schuldverhältnisse (§§ 433-651), 1980(以下「Beratung」と略記), S. 137 f.; Motive zu dem Entwurfe eines Bürgerlichen Gesetzbuches, 2. Bd., 1896, S. 228.

(57) Protokolle der Kommission für die 2. Lesung des Entwurfs des Bürgerlichen Gesetzbuches, 1. Bd., 1897, S. 687 f.; Beratung, S. 165 f. ヤクベツキーは、司法省準備委員会においても同趣旨の提案をしていたが、これに対して委員会の多数は、「特に性質保証と損害担保の引受の間を区別するのではなく、性質保証の全ての場合において、保証された性質が欠如していた場合、不履行による損害賠償が与えられるべきであるという方向性についても」第一草案三八五条は承認されたとして、ヤクベツキーの提案を退けている(Beratung, S. 165.)。

(58) Beratung, S. 126 f.

(59) Beratung, S. 164; Horst Heinrich Jakobs, Gesetzgebung im Leistungsstorungsrecht, 1985, S. 113 Fn. 241.

(60) Crome, a. a. O., AcP 78, 140.

(61) 後に、彼はここでの見解を改説している。一八九七年の彼の著書「Die partiarischen Rechtsgeschäfte」において、早くも AcP 78, 122 における見解を翻し、「AcP 78 の当時は、草案の枠組みを克服しようと努力したが、いまは、起草者の見解は正しいものと信じている」と述べ(Crome, Die partiarischen Rechtsgeschäfte, 1897, S. 281)、(旧)BGB が単なる約束された性質と損害担保約束された性質との間を区別しなかった理由は、「そのような区別は今日の実社会では実行不可能であ」り、「むしろすべての dicta et promissa が損害担保約束として解釈される」と結論づける(Crome, a. a. O., S. 288)。

(62) Crome, a. a. O., AcP 78, 135 ff.

(63) Zusammenstellung der gutachtlichen Aeußerungen zu dem Entwurf eines Bürgerlichen Gesetzbuchs, 2. Bd., Neudruck der Ausgabe 1890–Osnabrück 1967, S. 142.

(64) エメリッヒによれば、瑕疵ある物の給付の場合に、保証された性質の欠如に限り損害賠償を認めるという一見奇妙な規定によって、起草者は、零細小売業者を過大な責任リスクから護ることを意図していたとする(Volker Emmerich, Das Recht der Leistungsstörungen, 4. Aufl. 1997, S. 227)。

(65) Hofer, a. a. O., AcP 201, 278.

(66) この後も立法上の不備を指摘する声は続く。ハイマンは、四六三条を「呪うべき(unselig)条文」と表現し(Franz Haymann, Fehler und Zusicherung beim Kauf, in: Festgabe für das Reichsgericht, 3. Bd., 1929, S. 332)、ズュースも、「失敗作の(mißglückt)条文である」と批判する(Süß, a. a. O., S. 61)。

(67) このことは、プランクによるＡＬＲの立場を背景にした提案、およびヤクベツキーによるバイエルン草案の立場を背景にした提案がことごとく否決されたことに現れている。

(68) ＲＧ一九〇二年一月一〇日判決(民事第三部)(JW 1902, 145 Nr. 77)、ＲＧ一九〇二年五月一六日(民事第二部)(JW 1902, Beilage 239 Nr. 121 = SeuffA 58 Nr. 4)、ＲＧ一九〇二年六月七日(民事第五部)(RGZ 52, 1)。

(69) この点について、ザイラーは、本来、性質保証は、概念上、契約上の合意たることを要求されておらず、学説も当初はそのように解していた。それにも拘わらず、ＲＧは、ＡＬＲ及びプロイセンの当時の上級裁判所(Obertribnal)の判例の影響を受けて、旧ＢＧＢ立法以前から、四五九条一項の瑕疵は概念上は契約上の合意である必要はないが、性質保証は契約上の合意でなければならないという見解を採っており、旧ＢＧＢ立法後もその立場を引き継いだとする(Seiler, a. a. O., S. 92)。

(70) 性質保証には、主観的要件として売主の損害担保約束は不要であることをはっきりと述べるものとしては、シェーラーの見解がある(M. Scherer, Recht der Schuldverhältnisse des Bürgerlichen Gesetzbuches, 2. Buch, 1899, S. 522)。
さらに、売主の損害担保約束が不要であるとまでは明言していないが、主観的要件としても売主の損害担保約束を要求していないものとして、マティアス、エンデマン、クーレンベックの見解がある(Bernhard Matthiaß, Lehrbuch des Bürgerlichen Rechts, 1. Bd., 3. Aufl., 1900, S. 497; F. Endemann, Lehrbuch des Bürgerlichen Rechts, 1. Bd., 9. Aufl., 1903, S. 988; Ludwig Kuhlenbeck, Das

Bürgerliche Gesetzbuch für das Deutsche Reich, 1. Bd., 2. Aufl., 1903, S. 382 Anm. 6)。クローメも第一草案に対する批判を撤回し、起草者の立場にしたがったことについては前出注(61)参照。

(71) Eck/Leonhard, Vorträge über das Recht des Bürgerlichen Gesetzbuchs, 1. Bd., 1/2. Aufl., 1903, S. 448; Hermann Staub, Kommentar zum Handelsgesetzbuch 2. Bd., 6/7. Aufl., 1900, § 377 Anm. 91; Friedlich Schollmeyer, Erfüllungspflicht und Gewährleistung für Fehler beim Kauf, Jherings Jahrbücher für die Dogmatik des bürgerlichen Rechts(以下「JherJb」と略記), 49. Bd., 1905, S. 98.

(72) トゥールは、本判決に対して「保証とは、法がその正しさについて、陳述者に責任を負わせる陳述であるのに対して、ＲＧは議事録(Protokolle)一巻六八八頁とは対照的に保証に損害担保約束を見ている」と批判する(Andreas von Tuhr, Der Allgemeine Teil des Deutschen Bürgerlichen Rechts, 2. Bd., 1 Hälfte, 1914, S. 636 Fn. 185)。

(73) **ＲＧ一九〇三年一月二八日判決　民事第五部(JW 1903 Beilage 43)**

「性質保証が契約の意思表示の構成要素となるということは、性質保証の概念上の本質に属する。よって性質保証は契約の内容として買主によって求められ、売主によって与えられなければならない。したがって契約外の売主の一方的な表示では十分ではない。しかし、詳細な損害担保の引き受けは必要ない」。

(74) Hofer, a. a. O., AcP 201, 281 ff.

(75) RG Gruchot 48, 593; RG SeuffA 1904 Nr. 151; RG LZ 1911, 928 Nr. 21; RGZ 103, 77; RG Warneyer 1917, 144.

(76) ギールケ、コーバー等は、「瑕疵の判断の基準は客観的なものでなければならず、純粋に主観的な関係、願望、感情等は、問題とならない」としながらも、「そのような主観的な要素は、(旧)ＢＧＢ四五九条一項後段の『契約によって前提とされた使用』が問題となる場合にのみ、考慮される」として、主観的な事情も一定の限度で認める(Otto von Gierke, Deutsches Privatrecht, 3. Bd., 1917, S. 469; Staudinger/Kober, 2. Aufl., 1906, § 459, III 1)。しかし、その理解としては、一方的な表示では十分ではなく、契約の内容となっていることを要する、というように、どちらかというと、起草者と同じく、性質合意に近いものを想定している(v. Gierke, a. a. O., S. 469 Anm. 13; Staudinger/Kober, § 459, III 1)。これに対しシュタウプは、四五九条一項の「通常もしくは契約によって前提とされた使用を失わしめるあるいは減じる」という文言を「通常前提とされた性質の欠如」というように理解し、客観的瑕疵概念に立つことを明らかにする(Staub, a. a. O., § 377 Anm. 41)。

(77) Franz Haymann, JW 1932, 1862 ff. ヴォルフは、客観的瑕疵の例として、猟犬として買われた犬が猟犬でなかった場合には、その犬は、契約によって前提とされた性質を備えていなかったということはいえるが、瑕疵を帯びているとはいえないとする(Max Wolff, Sachmängel beim Kauf, JherJb 56,16)。ハイマンもヴォルフと同じく「通常の性質との相違のみが瑕疵を意味し、当事者の前提との相違は瑕疵を意味しない」と述べ(Franz Haymann, Fehler und Zusicherung beim Kauf, S. 318)、また、先のヴォルフの猟犬の例を引用し、完全に客観的瑕疵概念に立つ(Haymann, a. a. O., S. 319 Fn. 1 a)。ただし、レオンハルトは、瑕疵概念については、一応、客観説を採るようであるが、ヴォルフの猟犬の例は行き過ぎであるとし、その犬が狩猟ができないのであれば、それは瑕疵を帯びていることになるとし、客観的瑕疵概念を徹底していない(Franz Leonhard, Besonderes Schuldrecht des BGB., 2. Bd., 1931, S. 51)。

(78) Staudinger/Kober, § 459, IV 1 a; Ludwig Enneccerus, Lehrbuch des Bürgerlichen Rechts, 1. Bd., 2. Abt., 7. Aufl., 1920, S. 323 f. その他に、性質保証の要件として、RGZ 54, 219判決の定式にほぼ沿うものとしては、キップとプランクがいる(Windscheid/Kipp (Kipp), Lehrbuch des Pandektenrechts, 2. Bd., 9. Aufl., 1906, S. 699; Plank, G., Bürgerliches Gesetzbuch nebst Einführungsgesetz, 2. Bd., 3. Aufl., 1907, § 459 Anm. 2 a)。

(79) Philipp Heck, Grundriß des Schuldrechts, 1929, S. 269; Cosack/Mitteis, Lehrbuch des Bürgerlichen Rechts, 1. Bd., 8. Aufl., 1927, S. 558; Justus Wilhelm Hedemann, Schuldrecht des Bürgerlichen Gesetzbuchs, 2. Aufl., 1931, S. 235.

(80) Wolff, a. a. O., JherJb 56, 45 ff.; Haymann, a. a. O., S. 336; Leonhard, a. a. O., S. 51 f. この種の学説の嚆矢は、第一草案を批判したクローメの前掲AcP論文、および第二委員会におけるヤクベツキーの提案である。ホンゼルは、この学説が繰り返し主張されたにも拘わらず成功しなかった理由は、四五九条二項と四六三、四八〇条二項が同じ保証された性質という概念を用いながら、四六三条の法律効果は通常の瑕疵担保責任のそれを凌駕しているからであるとする(Staudinger/Honsell, Buch 2., 13. Bearb., 1995, § 459 Rz. 24)。エンネクツェルス／レーマンも、この区別について、条文の文言に反し疑問であるとする(Enneccerus/Lehmann, Recht der Schuldverhältnisse, 15. Aufl., 1958, S. 433 Fn. 1 a)。

(81) ズュースの見解によると、性質保証は契約の内容にも属さず、損害担保約束とも混同されず、四五九条一項のそれと完全に一致する瑕疵担保責任本来の場合であるという。RGが性質保証は契約の構成要素でなければならないというテーゼから出発していることは、保証された性質に対する責任の法的根拠を完全に見誤っているという。性質保証は、買主が性質保証に基づいて高額な、すなわち保証された性質に見合った代金を提供したことに依拠するという(Süß, a. a. O., S. 183 ff.)。同様の見解にトゥールの説がある。トゥールは、性質保証とは約束ではなく事実についての陳述であり、そのような性質保証が売主に対して履行利益の賠償まで負わせうるのは、まさに、売主は法に基づいてその陳述の正しさについて責任を負わねばならないからであるという(v. Tuhr, a. a. O., S. 635 Fn. 179)。

(82)　ニクリッシュは、RGが性質保証概念を厳格に解釈したために法の欠缺が生じたとする。それを二分説は、性質保証概念を二分することによって埋めようとしたとする(Fritz Nicklisch, Die Schadensersatzhaftung für Eigenschaftszusicherung im Werkvertragsrecht und deren Einschrankbarkeit durch Allgemeine Geschäftsbedingungen in: Festschrift für Beitzke, 1979, S. 96)。

(83)　ザイラーは、旧BGBは「契約にしたがって前提とされた」という文言からして、条文上、主観的瑕疵概念を採っていたにも拘わらず、RGが当初、客観的瑕疵概念を採っていたのは、ALR一九三条と当時のプロイセンの上級裁判所の判例を継受したためであるとする(Seiler, a. a. O., S. 38)。

(84)　MünchKomm/Westermann, § 459 Rz. 10; RGRK/Mezger, 2. Bd., 2. Teil, 12. Aufl., 1978, § 459 Rz. 5; Staudinger/Honsell, § 459 Rz. 18; Karl Larenz, Lehrbuch des Schuldrechts, 2. Bd., Besonderer Teil, 1. Halbband, 13. Aufl., 1986, § 41 I a.

(85)　Soergel/Huber, vor § 459 Rz. 21 und Fn. 1.

(86)　Robert Knopfle, Der Fehler beim Kauf, 1989, S. 271.

(87)　以下で紹介するRG判例については、磯村哲『錯誤論考――歴史と論理――』(有斐閣、一九九七)八〇頁以下において詳細な検討がなされている。

(88)　本判決は、RGの客観説の証左としてよく引用されるが、これに対しフーバーは、本件は、買主は売主と何ら特定の性質について合意しておらず、主観的瑕疵概念にしたがっても物の瑕疵は存在していない事案であるとする(Soergel/Huber, vor § 459 Rz. 21 Fn. 7)。フルーメもこの点について指摘する(Flume, a. a. O., S. 113 Fn. 10)。他に客観的瑕疵概念を採った判例としては、RGZ 67, 86がある。

(89)　この他に主観的瑕疵概念を採った判例としては、RGZ 70, 82; RGZ 87, 237がある。

(90)　瑕疵概念について、この点を指摘するものとして、北川善太郎「ドイツ判例法における瑕疵担保(一)」民商法雑誌四六巻三号(一九六二)四五七頁以下がある。

(91)　本判決については、円谷峻『比較財産法講義』(学陽書房、一九九二)五〇頁以下も参照。

(92) 当時ドイツは、第一次世界大戦の戦時統制経済下にあり、とりわけ、軍事に関係する原材料および製品の輸入の振興と輸出の抑制は厳格な監督下に置かれた。一九一六年一一月には、鮮魚も含めた魚の輸入は全て中央貿易統制公社（Zentral-Einkaufsgesellschaft mbH）を通すことになり、魚の自由な輸入は不可能となった。しかし、鯨は魚ではなく哺乳類であるので、鮮魚の取引を規制する規制の対象外であり、それだけに鯨肉を扱うことは多くの利益が見込まれた。本件の輸入業者はそこに目をつけ、ノルウェーから鯨肉を輸入しようとしたが、実際は鮫肉であったため、商品がハンブルクに到着した際、中央貿易統制公社によって没収された。原告に支払われた買取価格が非常に低額であったのも、それが統制価格であったからである（Albrecht Cordes, Der Haakjöringsköd-Fall, Jura 1991, 352 f.）。このように本事案において、原告が錯誤並びに瑕疵担保責任を主張したのは、鮫肉が鯨肉に比べて価値が低かったからではなく、輸入しようとした商品が輸入規制にかかるものであったからである点に留意する必要がある。

(93) 本判決において、ＲＧは、前述した瑕疵概念についての学説における通説とハイマン等の二分説との争いについて、ハイマン等の客観説は採らず、通説の立場に立つことを明確にした。そして、これは性質保証の要件についても通説的立場に立つことを暗示しているものとも読める。果たして、ＲＧは、RGZ 161, 330 判決において、性質保証の要件についても売主の損害担保約束を要求する判例理論を確立した。他に、美術品の真贋に関して主観的瑕疵概念を採った判決には RGZ 115, 286 がある。

(94) 本判決については、笠井・前掲書四六頁以下も参照。

(95) クネップフレは、通説が客観的瑕疵概念から主観的瑕疵概念へと変化していった理由として、判例が黙示的・推断的保証を通常は認められないとしたことが大きな意味を持つという。判例はそのような厳格な解釈のため、（客観的瑕疵にも、性質保証にも当てはまらない）例外的な場合には、性質保証を認める代わりに、主観的瑕疵概念の意味の瑕疵を認めたとする（Knopfle, a. a. O., S. 166）。

(96) ただし、トゥールらによってスイス債務法に移植された二分説は、後に通説としての地位を確立するに至る（本書第一部第四章第三節参照）。

(97) ＢＧＨ一九五八年二月一一日判決（トレーラー事件）民事第八部（BB 1958, 284）
本件は、一五トンの積載能力があると表示されたトレーラーの売買の事案であり、ＢＧＨは RGZ 161, 330 判決を引用し、責任を負うとの売主の表示が必要であるとしたが、本件ではそのような表示は存在していなかったとして性質保証の成立を否定した。

同様の判例として、BGH BB 1964, 147; BGH BB 1963, 1115 等がある。

(98) Staudinger/Honsell, § 459 Rz. 148 f. 藤田寿夫『表示責任と契約法理』(日本評論社、一九九四)一四二頁。BGHが黙示的保証を認め始めた理由は定かではないが、その背景には、ドイツにおいて消費社会が発達し、買主保護の要請が次第に高まる一方で、常に要件として売主の損害担保約束を要求すると、ほとんど性質保証が成立する場面がなくなり、買主保護に欠ける事態が生じてきたということ等があったと思われる。

(99) RGZ 103, 77; RG JW 1910, 748 Nr. 5; RG LZ 1914, 674 Nr. 4; RG SeuffA 77, 282 Nr. 180.

(100) RGZ 114, 239; RGZ 161, 330.

(101) BGHの黙示的保証に関する判例については、藤田・前掲書一四一頁以下参照。

(102) この他に黙示的保証を認めた代表的な判例としては、BGHZ 48, 118; BGH NJW 1975, 1693 等がある。

(103) このような見解は、学説においては、以前から主張されていた。ラーベルは、性質保証の認定の際に実際に売主の責任を負うつもりであるとの内部的な意思が探求される必要はないとし(Ernst Rabel, Das Recht des Warenkaufs, 2. Bd., 1958, S. 149)、性質保証の責任の基準は、合理的な買主が売主の表示を信頼することが許されるか否かであるとする(Rabel, a. a. O., S. 152)。同旨 Erman/Böhle-Stamschräder, 3. Aufl., 1. Bd., 1962, § 459, 10 c; Staudinger/Ostler, 11. Aufl., 2. Bb., 2. Teil, 1955, § 459 Rz. 60 a.

(104) Hans Brox, Allgemeiner Teil des Bürgerlichen Gesetzbuchs, 20. Aufl., 1996, S. 72.

(105) Bernd Rüthers, Allgemeiner Teil des BGB, 10. Aufl., 1997, S. 145 f.

(106) Uwe Diederichsen, Die Deckung des Produktehaftpflichtrisikos im Rahmen der Betriebshaftpflichtversicherung, VersR 1971, 1082.

(107) Gerhard Walter, Kaufrecht, 1987, S. 154.

(108) Baumann, a. a. O., S. 22.

(109) Knopfle, a. a. O., S. 139 ff.

(110) ヴェスターマンも、「受領者の立場」からの解釈によって、客観的な責任基準が形成され、そのもとではもはや売主の明確な責任意思は強調されていないと説く(MünchKomm/Westermann, § 459 Rz. 56)。ヴァルターは、この点について、判例は、このあいまいな定式によって、売主の専門知識や買主の経験のなさという事情を考慮することができるようになり、それによって、少なからず売主の責任意思が擬制されるという(Walter, a. a. O., S. 162)。

(111) Staudinger/Honsell, § 459 Rz. 124. 同旨 Larenz, a. a. O., § 41 I b; Esser/Weyers, a. a. O., § 5 II 2 c; Flume, a. a. O., S. 76 ff.; MünchKomm/Westermann, § 459 Rz. 52, 55; Palandt/Putzo, 56. Aufl., 1997, § 459 Rz. 15; Reinicke/Tiedtke, Kaufrecht, 5. Aufl., 1992, S. 102 f.; Dieter Medicus, Schuldrecht II–Besonderer Teil, 7. Aufl., 1995, § 74 IV 2.

(112) Peter Marburger, JuS 1983, 3; Knöpfle, a. a. O., S. 162.

(113) Jakobs, a. a. O., S. 134. 采女博文「ヤーコプスの債務不履行論(二)」鹿児島大学法学論集二四巻一号(一九八九)三三頁。同旨 Roman Christoffel, Die Garantie im Rahmen kaufrechtlicher Sachmängelgewahrleistung, 1984, S. 79. これに対しヴァルターは、買主のもとでの信頼要件(Vertrauenstatbestand)の承認は擬制であることが多いので、この説は誤っていると批判する(Walter, a. a. O., S. 162)。

(114) Klaus Herberger, Rechtsnatur, Aufgabe und Funktion der Sachmängelhaftung nach dem Bürgerlichen Gesetzbuch, 1974, S. 126 f.; Baumann, a. a. O., S. 22 ff.; Rolf Bockler, Die Entwicklung der Zusicherung in der Rechtsprechung des Reichsgerichts und Bundesgerichtshofs, 1987, S. 69.

(115) これらの説に対してフーバーは、トートロジーやパラフレーズに陥っていると批判し、重要性の基準は性質保証と性質合意との区別には役に立たないとする(Soergel/Huber, vor § 459 Rz. 81)。またヴェスターマンも、そのような表示の特別の意味を基準とする見解は、具体的な契約から離れた考察であるかのような印象を受けるという。そして、あらゆる性質言明に保証が存在するという見解は、法の趣旨に反し、保証された性質が欠如した際の加重された責任効果とも矛盾するとして新説を批判する(MünchKomm/Westermann, § 459 Rz. 56)。

(116) Soergel/Huber, vor § 459 Rz. 84, § 459 Rz. 178 f.

(117) 最近の黙示的保証の成立が否定されたＢＧＨの判例としては、BGH NJW 1996, 1337(新車の燃費についての陳述)、BGH NJW 1995, 1673(絵の原作者についての陳述。本件は、ＢＧＨ(NJW 1993, 2103)が性質保証を認定したにも拘わらず、再上告審で否定したものである)、BGH MDR 1992, 127(実験素材の無菌性についての陳述)等がある。

(118) 一例としては、性質保証の成立を認めたBGHZ 128, 111の事例では、買主があらかじめ売買目的物の特定の性質が買主にとって重要であり、かつ買主の購買の決定にとって決定的であるということを強調していたことを重視している。

(119) Reinicke/Tiedtke, a. a. O., S. 92; Klaus Tiedtke, Die Bedeutung der Klausel „Zusicherungen?“ und ihre handschriftliche Antwort „keine“,

DB 1992, 1562; Hans Brox, Besonderes Schuldrecht, 19. Aufl., 1993, S. 40; Peter Schlechtriem, Schuldrecht–Besonderer Teil, 4. Aufl., 1995, S. 57; Peter Greulich, Die stillschweigende Zusicherung von Eigenschaften beim Kauf, in: Festschrift fur Wassermann, 1985, S. 694. エメリッヒは、この点について、中古車売買の事案で、特に買主保護が要請される理由は、約款規制法の適用のない中古車売買では、依然として、車の瑕疵に対する責任の書式にしたがった排除が許されているからであり、それゆえ、判例は、権衡を図るために、約款によって制限できない性質保証に対する責任を広く認めるのであるという(Emmerich, BGB–Schuldrecht–Besonderer Teil, 8. Aufl., 1996, S. 34 Rz. 46)。

(120) RG, Urteil vom 13. 11. 1940 – II 45/40, Deutsches Recht 1941, 637, 638.

(121) Uwe. Diederichsen, „Schadensersatz wegen Nichterfüllung"und Ersatz von Mangelfolgeschäden, AcP 165 (1965), S. 150 , 155 ff.

(122) BGHZ 50, 200.

(123) 瑕疵担保責任の効果についてはさしあたり、高橋眞「ドイツ瑕疵責任法における積極的契約利益・消極的契約利益・完全性利益の区別」奥田昌道ほか編『現代私法学の課題と展望下』林良平先生還暦記念(有斐閣、一九八一)一六五頁以下、半田吉信「ドイツ民法における瑕疵担保責任の効果――狭義の損害の賠償を中心に――」千葉大学法学論集一〇巻三号一頁以下を参照。性質保証責任の損害賠償の範囲については、藤田・前掲書一八九頁以下、笠井・前掲書六四頁以下を参照。

(124) Erman/Grunewald, § 463 Rz. 13.　反対、Soergel/Huber, § 463 Rz. 64; Walter, § 5 II 6 a dd.

第三章　性質保証責任と免責条項の関係について

第一節　問題の所在

現代社会においては、実際問題として、多くの商品に免責条項が付されているのが実状である。典型的なものとしては、販売店が電気製品に添付する保証書などに、「お買いあげの時から一年以内に生じた故障については無料で修理し、それ以後は有料となります。本製品の故障、または使用によって生じた直接、間接の損害についてはその責任を負いません」などの文言が挿入されていることがよくある(1)。この種の条項がいかなる効力を有するかについては争いがあるが、少なくとも瑕疵担保責任、債務不履行責任は排除・制限できるものと解する立場が有力であろう(2)。また、瑕疵担保責任に限って見ても、瑕疵担保責任の要件論・効果論自体については盛んに議論されてきているが(3)、こと瑕疵担保責任と免責の関係に至っては、民法の瑕疵担保規定は任意規定であるから、条項による排除も有効であるとするのみで、必ずしも十分に議論が尽くされてきたとはいえない状況にある(4)。しかし、このような条項の効力を一般的に認めると、買主の、商品から生じた損害をその商品の売主に対して請求する道を、まったく閉ざしてしまうことにもなりかねない。そのような事態はやはり妥当ではなく、何らかの形で、買主が売主に対し

て損害賠償あるいはその他の救済を請求する方途を残すべきであろう。(5)

これに対しては、約款規制の側面から当該免責条項の不当性を検討し、買主の保護を図るという方向からの検討がなされてきた。(6) しかし、それだけでは十分ではなく、「免責条項を破る(schlagen)(7)」ような責任類型を見いだし、それを買主救済の手段として確保するという方向からの検討も必要になるものと思われる。そのような責任類型のひとつとして考えられるのが性質保証責任である。しかし、日本法においては、これまで性質保証責任に関して、もっぱらその損害賠償を基礎づける側面が重視されてきており、その「免責条項を破る」側面については議論の積み重ねがない。そこで、本書では、後期普通法の時代からこの性質保証責任と免責条項の関係について判例・学説の議論の蓄積があり、さらにその議論を受け継ぐ形で、約款規制法の中に性質保証責任と免責条項の関係を明文で規定したドイツ法を手がかりにこの問題を検討していく。(8) 以下では、ドイツ法における「性質保証は免責条項を破る」という法理の形成過程をたどり、どのようにしてこのような原則が生まれたのか、さらには、リーディングケースとなったいくつかの判例およびその判例を成文化した約款規制法の制定過程の検討を通して、日本法においてもこのような考えを取り入れることが可能かどうかを検討する。

第二節　ドイツ法

ドイツ法においても、契約自由の原則から、瑕疵担保責任を、さらに性質保証責任を個別の合意によって排除することは原則的に認められている。(9)

しかし、性質保証責任は瑕疵担保責任の中でも特殊な性格を有しており、(10) 通説によれば、売主の損害を担保する意思に基づく特別の責任と位置づけられているので、それを合意あるいは約款によって再び排除することは果たして許されるのかが問題となる。(11)特に、約款と性質保証責任との関係は既に後期普通法時代から議論されてきている。

一　後期普通法

1　学説

テールは、売買において「現状有姿(wie zu besehen)」との条項が売主によって付されている場合に、買主が商品を検査できない若しくはできたとしても行わなかったとき、又は実際に検査を行ったが後に性質保証と適合しないということがわかったときでも、買主は売主の性質保証を信頼することが許されるので、たとえ「現状有姿」との条項があったとしても、売主は責任を負わねばならないという。(12)これに対して、ハナウゼクは、この点をそのように一般化することはできないという。もっとも彼は、個別的な場合においては、当事者が「現状有姿」との条項を適用するにもかかわらず、売主の性質保証に対する責任を排除しないつもりである場合もありうるということは認めている。(13)

2　判例

このようなテールとハナウゼクの論争を受けてライヒ裁判所(以下「RG」と略記)は次の判決においてハナウゼクの立場に立つことを明らかにした。

RG一八八三年四月二一日判決　民事第一部(RGZ 9, 111 ff.)

【事実関係】

被告は、ユトレヒトで行われた本と銅版画の競売の際に、いくつかの作品を購入したが、その後、その本が不完全であったためその受領と支払いを拒絶した。その本の完全性は競売のカタログにおいて損害担保(garantieren)されていた。そのカタログには、「条件」の項目のもと、「目録において別段の定めがなされていない限り、すべての作品は完全に保証されている。しかしながら、理由の如何にかかわらず、競売の後は、いかなる返品も認められない。」との文章が含まれ、また、競売の前に読み上げられた売主約款には「斡旋(Zuweisung)の時点からは、明らかになったすべての瑕疵や損害は買主の負担となる。」との文章が含まれていた。

この規定に基づいて、被告の受領の拒絶は第一審、第二審において理由のないものとされ、上告は同じ理由で棄却された。

【判旨】

物の売却、特に競売の際、その物の一定の性質が保証され、しかし「現状有姿」との条項又は同じ趣旨の定めによって、物の検分が許され、かつ物の検分の際に認識可能であった瑕疵について売主は何ら責任を負わないということを取り決める場合、買主に契約締結の際にその性質の不存在が知られていないときには、テールのいうような、いかなる条項も顧慮せずに売主は物の保証された性質について責任を負うということを、一般原則であると評価することはできない。むしろハナウゼクがいうように、一定の性質の保証は、「現状有姿」との条項に対する例外あるいは制限を意味するのではなく、契約締結の際の当事者の意図は、保証された性質が存在しているかどうかという問題について検分を決断し、検分の際に認識可能であった瑕疵を後になってもはや主張しないという趣旨であるという考えも同様に可能である。

3　このように、この時期には、性質保証と免責条項が衝突するという問題が生じるということは認識されてはいたが、一部の学説を除いて、いまだ「性質保証は免責条項を破る」という法理が形成されるにはいたっておらず、そのような免責条項の効力を厳格に解釈するというにとどまっていた。

二　旧BGB立法後

部分草案三六条
譲渡された物についての責任は、それが契約によって排除されている場合には、消滅する。しかし、同時に、譲渡人が故意に黙秘していた瑕疵を理由として、譲受人には損害賠償請求権が与えられる。

第一草案三九六条
(一)　瑕疵に基づく譲渡人の責任は、契約によって拡大、制限もしくは排除されうる。
(二)　譲渡人が瑕疵を認識しかつ譲受人に対して黙秘していた場合には、排除又は制限は無効となる。

第二草案四一二条
譲渡人が瑕疵を悪意で黙秘していた場合には、物の瑕疵に基づく瑕疵担保責任についての譲渡人の義務を排除又は制限する合意は無効となる。

旧BGB四七六条
売主の物の瑕疵に基づく瑕疵担保責任を排除又は制限する合意は、売主が瑕疵を悪意で黙秘している場合には無効

である。(14)

１　旧ＢＧＢの起草の際には、瑕疵担保責任の排除の問題については、部分草案三六条が定めていた。この部分草案三六条が、第一草案三九六条、第二草案四一二条を経て旧ＢＧＢ四七六条となった。(15) 性質保証責任との関係については、第一委員会における部分草案三六条についての審議の際に、「保証された性質が欠如している場合には、責任の排除が無効となるとの誤解を避けるために、草案と一致して、保証された性質が欠如している場合と保証されてはいない性質が欠如している場合との間は区別されない。保証された性質が欠如している場合に、性質保証と責任の排除とがある意味で互いに相容れないと言うことは明らかである」との決議がなされている。(16) このことはとりもなおさず、旧ＢＧＢの起草者が、責任の排除との関係で、性質保証責任を他の瑕疵担保責任とは区別せず、ともに排除可能であると考えていた、すなわち、「性質保証は免責約款を破る」という法理を認めていなかったことを意味している。

旧ＢＧＢ立法後、学説は、この問題をもっぱら旧ＢＧＢ四七六条の中で扱っており、保証されている性質の欠如を知りつつ悪意で黙秘していた場合にも旧ＢＧＢ四七六条の適用があると述べている。(17) しかし、これは性質保証と免責条項の問題を直接的に論じているものとはいえず、悪意の黙秘が生じる一事例として扱っているに過ぎない。むしろ学説の大勢は「性質保証は免責条項を破る」という法理には否定的であった。(18)

一方で、性質保証責任と免責条項との関係を問題としている判例も存在していた。それらの判例は、責任排除は一般的に許されないわけではないが、性質保証責任も含めた一般的な瑕疵担保責任を排除あるいは制限する条項がある場合には、それは拡大して解釈されてはならず、慎重な審査が必要であるとする。その理由としてそのような排除が認められれば性質保証はその取引社会における価値を失うことを挙げ、性質保証責任をも排除する意図である場合には、その旨を明記しなければならないとするもの[19]、当事者が一方では性質保証を主張しながら他方ではその責任を排除することを合意するということは考えにくいということを挙げるものもある[20]。このようにこの時期の判例においては、性質保証責任と比較して免責条項の効力を若干弱めようとする考えを窺うことができる。

２　戦後に至っても、判例は、原則として保証された性質の欠如に対する免責も許されるものとみなしてきた[21]。学説でも、一部のコンメンタールにおいて、先のＲＧの判決について、保証された性質に対する責任にもおよぶ免責条項は特に厳格に解釈されるという記述がみられるにすぎなかった[22]。

しかし、次に紹介するBGHZ 50, 200（以下「一九六八年判決」と称する）をリーディングケースとして、連邦通常裁判所（以下「ＢＧＨ」と略記）は約款による瑕疵担保責任排除が性質保証の内容と矛盾する場合そしてその限りで、責任排除は保証された性質の欠如に対する売主の責任に影響を与えないと考えるに至った。

三　一九六八年判決以後

ＢＧＨ一九六八年五月二九日判決　民事第八部（BGHZ 50, 200）[23]

【事実関係】

室内装飾を業とする被告は、顧客から天井板をはめ込む仕事を請け負い、そのために、原告から天井板とそれを接着するための接着剤を購入した。しかし、この接着剤は原告の説明に反して、当該天井板の接着には適合していなかった。被告は、原告の売買代金請求に対して剥がれた天井板を修補するために要した費用との相殺を主張した。

一審は訴えを棄却した。原審は訴えを認めた。被告の上告は、原判決の破棄差戻に至った。

【判旨】

免責条項に関して、ＢＧＨは、性質保証の趣旨がまさに買主を瑕疵結果損害から守るというものである場合に免責条項が有効とされるのであれば、「性質保証はその内容が空疎なものとなり、あらゆる実際上の意義を喪失してしまうであろう。しかし、売主は、信義誠実の原則により、彼が契約の申込において約束したことを、その約款に免責条項を挿入することによって無効にすることは許されない。そのような条項は何ら法的効力を認められえない」と判示して、免責条項の法的効力を認めなかった。(24)

この判決の他にも同じような理由付けによって免責条項の効力を否定する判決が続いた。(25)しかし、他方で、ＢＧＨは一九六八年判決以後も、免責条項を有効とする判決も出している。

ＢＧＨ一九七〇年七月九日判決　民事第七部(BGHZ 54, 236)

【事実関係】

原告は被告から熱交換器(Wärmeaustauscher)を買ったが、それが十分な性能を示さなかったため、原告は顧客に対して別の機械を給付しなければならなくなった。原告は、当該熱交換器が、被告が契約において保証した性質を示さなかったとして、二万五千五百五十八マルク八八ペニヒの損害賠償を求めた。これに対し被告は、契約の際に送付された給付約款における免責条項を持ち出してきた。これに対し原告は、被告は信義則上そのような免責条項を援用することはできないと主張した。一審は、原告の請求を一部認容し、七九二一マルク三〇ペニヒの売買代金の返還は認めたが、その余の訴えは棄却した。原審は原告の控訴を却下した。原告の上告は認められなかった。

【判旨】

ＢＧＨは、「一九六八年判決では、接着能力に瑕疵があった場合に接着剤の値段よりも遙かに多額の損害賠償が問題となるという特殊事情があった。当該事案では原告は解除権を有しており、機械の代金は主張されていた損害額よりも極端に低いわけではなかったので、原告は約款によって事実上無権利の状態に置かれるわけではない」として免責条項の効力を認めた。(26)

四　学説

このように判例においては、一応、一九六八年判決によって、性質保証と矛盾する免責条項を無効とするということが明確にされ、それに従う判決も出されているが、他方で、BGHZ 54, 236 判決のように、免責条項を有効とする判決も同時に存在している。これら、免責を無効とする判決と有効とする判決が混在することに対して、学説では二通りの評価がなされている。

1　この一連の判決によって免責条項による性質保証責任の排除が否定されたことを積極的に評価する見解

シュミット・ザルツァーは、一九六八年判決によって大きな転換がもたらされたという。ただし、ＢＧＨは、同じ免責条項を無効とする場合でも、当該製品から生じる瑕疵結果損害が問題となる場合と、当該製品の瑕疵損害のみが問題となる場合、さらに種類物の全製品に構造的な瑕疵が生じている場合とではその取扱いを異にしているという。(27)

ホンゼルは、判例が性質保証責任の免責も原則として許されるとする立場を放棄したことは歓迎されるべきであ

るという。(28)

ヴェスターマンも、ＢＧＨによって用いられた、性質保証があるにもかかわらず、免責によって買主が事実上無権利の状態に置かれるかどうかとの基準は、つじつまの合わないこと(Ungereimtheit)を避けることができると評価する。(29)

2　原則として約款による排除は認められており例外的に認められない場合があるとする見解

タムは、まさに約款においてある種の責任排除は許されるというのが原則であり、例外的に性質保証が買主(注文主)を瑕疵結果損害から守るという目的を有しているという「特別な場合」にのみその有効性が否定されるという。(30)

ヘンセンも、ＢＧＨは原則として保証された性質に対する責任の排除も認めているとし、ただし、性質保証が買主の拡大損害までも守る趣旨である場合にはその排除は許さないという。(31)

このように一九六八年判決以後の一連の判決について、「性質保証は免責条項を破る」という法理を一般的なものとして認めるのか、それとも、性質保証の趣旨が買主を瑕疵結果損害から守るものである場合にのみ例外的に認められるものなのかについては、学説の評価は分かれている。

確かに、BGHZ 54, 236 判決に代表されるように、一定の場合には性質保証を排除する条項も有効とする判決も存在している。しかし、これは先の一九六八年判決と矛盾するものと見るべきではない。そもそも、性質保証の趣旨が瑕疵結果損害から買主を保護することにも及ぶ場合にはそれを排除する免責条項は原則として無効である。それは、性質保証の趣旨が瑕疵結果損害の保護にまで及んでいる場合には損害賠償が買主の唯一の救済方法である場合が多いからである。ただし、特に買主が無権利な地位に置かれなければ、すなわちその他の点で買主に十分な補償措置がとられていれば[32]、性質保証を排除する条項も有効となることがある。このように、これら一見矛盾するかのように見える諸判決は、基本的には買主が無権利の状態に置かれるかどうかという点を、免責条項が無効となるかどうかのメルクマールとしているといえる。すなわち、性質保証の趣旨が瑕疵結果損害にまで及んでいる場合に、その責任を免責条項で排除することは、「買主を無権利の状態に置くことになる」と認めた点に一九六八年判決の意義が見いだされる[33]。

五　約款規制法の立法

予備草案八条【評価の余地のない禁止条項】

普通取引約款において次のものは常に無効である。

一〇号

売買、請負又は製作物供給契約において、保証された性質を欠くことに基づくＢＧＢ四六三条、四八〇条二項および六三五条による買主又は注文主の損害賠償請求権を排除する条項。

約款規制法

第一一条【評価の余地のない禁止条項】

普通取引約款において、次のものは常に無効である。

一一号（性質保証責任）

売買、請負又は製作物供給契約において、保証された性質を欠くことに基づくＢＧＢ第四六三条、第四八〇条二

項および第六三五条の約款使用者に対する損害賠償請求権を排除し、又は制限する条項。(34)

　このようなBGHの立場は、一九七六年に制定された約款規制法（以下「AGBG」と略記）の一一条一一号に受け継がれることとなった。(35) しかし、BGHの見解がそのまま採用されたわけではなく、すでに予備草案の段階から、判例の立場よりもさらに広範な保護を買主に与える立場が採用されていた。(36) すなわち、起草者の手になる理由書によれば、旧BGB四六三条、四八〇条二項、六三五条に従い顧客に与えられる保証された性質の欠如に基づく損害賠償請求権の約款による排除は、常に不適当なものと見なされねばならず、さもなければ、性質保証はあらゆる実際上の意義を失ってしまうとする。さらに、BGHのように約款が無効となる場合を性質保証の趣旨が瑕疵結果損害に及んでいる場合に限定することは事態適合的ではないとし、その理由として、瑕疵損害、瑕疵結果損害を含めたすべての損害は、売主／請負人が性質保証によって引き受ける通常の契約上のリスクに含まれるからであるとする。(37) 基本的にはこのような考えの下に、最終的にAGBG一一条一一号が立法化された。以上のように、AGBG一一条一一号の起草趣旨は、BGHよりも約款が無効となる場合を広くとらえ、性質保証の趣旨が瑕疵結果損害にまで及んでいるか否かに拘わらず、性質保証責任を約款で排除すること自体、買主を無権利の状態に置くことに他ならないと考え、そのような約款を絶対的に無効となるものとしたのである。(38)

六　まとめ

　これまでのドイツ法の検討から明らかになった点をまとめ、ついで日本法の示唆を行う。

1　ドイツ法の展開

後期普通法の時代には、性質保証責任と約款との関係が問題とはされていたが、テールのように「性質保証は免責条項を破る」という法理は一般的ではなく、むしろそのような場合には約款の解釈を厳格に行うという見解が主流であった。旧ＢＧＢが起草される際にも、起草者は「免責条項は性質保証と相容れない」との立場をとっており、性質保証を排除する特約も原則として有効と考えていた。その一方で、ＲＧ判例の一部には約款の解釈が厳格になされねばならない理由として、そのような排除が認められれば性質保証が取引社会において有している価値を失うということを挙げるものがあることが注目される。

戦後に至っても、学説のなかには免責条項に対する性質保証の優越性を認めるものもあったが、ＢＧＨは原則として条項による性質保証責任の排除は認められるとの立場をとり続けていた。しかし、一九六八年判決によって、その立場に変化がもたらされたといわれている。確かに、一九六八年判決もすべての場合に性質保証を排除する免責条項が無効となると判示したわけではなく、性質保証の趣旨が瑕疵結果損害からの保護に及んでいる場合、あるいは買主にその他の十分な権利が留保されていない場合という限定されたものであった。それは、免責条項を無効とする理由付けが、買主にとって、解除もしくは追完給付が無意味である場合に、性質保証責任に基づく損害賠償請求権まで奪ってしまうと、買主はまったく保護を受けない状態に陥ってしまうというものであることから生じる当然の帰結であったといえる。しかし、それ以外にも、免責約款を無効とするという判断を支える、より一般的な理由付けとして、「あらゆる場面で免責条項が有効とされてしまうと、性質保証という制度が取引社会において有する存在意義がまったく失われてしまう」、あるいは「売主がいったん買主に与えた性質保証を約款に免責条項を挿入することで再び奪うことは信義誠実の原則に反する」、などが持ち出されていた。これらの点に鑑みれば、確かにBGHは、免責条項が無効となる場面を限定してはいるが、その背後には一貫して「買主を無権利の状態に置いてはならず」、「そのためには性質保証責任自体が免責条項によって無に帰せしめられてはならない」、すなわち「性質保証責任は免責条項を破る」という法理の存在を読みとることができよう。(39) さらに、この原則は、AGBGが制定される際、起草者たちによって承認されるところとなった。AGBGの起草者は、従来の判例の限定的な立場の背後にある性質保証責任を条項で排除すること自体が性質保証を意味のないものにしてしまうという、より一般的な理由付けの方を重視し、AGBG一一条一一号において、性質保証責任を排除する条項は絶対的に無効である旨定めた。

2　日本法への示唆

以下では、免責条項に対して優越する地位を「性質保証」に与えて買主保護を図るという考えについて、日本法においてもそのようなことが可能であるのか、可能であるとすれば、これまでのドイツ法の検討からどのような点が参考になるのか、および日本法においてこの点についてどのように考えていくべきなのかを検討する。

確かに、旧BGBの瑕疵担保責任は日本のそれと異なっており、損害賠償請求権が性質保証か悪意の黙秘の場合にのみ与えられるという特殊性があるので、そのまま日本法に持ち込むわけにはいかない。(40) 特に、BGHの判例が性質保証の趣旨が買主を瑕疵結果損害から保護する点に及んでいる場合にのみ免責条項の効力を無効としていたということもそのような特殊事情に負っているところが大きいといえる。(41) それゆえ、一九六八年判決以後、一連のBGH判決によって形成された、性質保証を排除する条項が無効となるか否かのメルクマールが、直ちに日本法においても参考となるかどうかは慎重な検討を要する。

しかし、すでに日本法においても、「性質保証責任」についての議論はかなりなされており、また、その「性質保証」に特別の役割を与えようとする見解も存在することを鑑みれば[42]、ドイツと日本とでは債務不履行責任・瑕疵担保責任について構造上の違いはあるにせよこれらドイツ法における性質保証と免責条項の関係についての検討は、今後、日本法において「性質保証責任」を検討する際にも、その瑕疵概念を拡大する効果、損害賠償を与える効果の他に、免責条項を排除できるかどうかについても併せて検討する必要性を示唆するものと思われる。

具体的には、売主が一方において性質保証をしながら、他方で責任を排除するような条項を挿入する場合、性質保証責任からすると一種の矛盾行為として信義則を根拠にこれを無効と解する余地もあるのではないだろうか[43]。

さらに、このように免責条項に対して優越する地位を「性質保証」に認めることによって、日本法における「性質保証」という概念が、単に瑕疵概念の拡大や、損害賠償を基礎づけるという役割だけでなく、免責条項からの買主の保護の一手段としての役割も担うことができるものと考える。

この「性質保証は免責条項を破る」という法理を認めた上で、免責条項が無効となるのは性質保証の趣旨が瑕疵結果損害に及んでいる場合に限るのか、それとも一般的に無効と考えるのか、また、BGHの判例においては、買主に解除権や修補権などの権利が留保されていれば免責が有効となる場合があったが、日本法においても買主にどのような権利が留保されておれば、十分な補償措置が講じられていたとして免責が有効となるのか、については今後検討する必要がある。

以上、本節では、性質保証責任と免責条項の関係について考察をすすめてきた。次節ではさらに、AGBG制定後の判例の分析を行う。

第三節　中古車取引における性質保証と免責条項の関係

一　問題の所在

売主が商品について特定の性質を保証したにもかかわらず、その一方で、「一切の責任を負わない」などの条項を挿入した場合に、自己の責任を免れることが許されるのかどうか、という問題がある。この点について、ドイツでは判例が、「性質保証は免責条項を破る」という法理を形成し、ＡＧＢＧ一一条一一号に明文化された。(44) これによって、原則として前述のような性質保証責任を排除する条項は無効となることが明確となった。このような原則が確立されると、買主にとっては性質保証責任を追及できる場面が広がり有利であるが、他方で、売主の側にしてみれば、自らの商品についての説明が性質保証と認定される危険性が常に存在することになる。現にドイツでは、後述するように中古車取引の領域において、実際にそのような状況が生じている。これに対して、中古車販売業者は、あらかじめ契約書の中に自らの保証意思を留保する趣旨の文言を挿入することで性質保証の成立自体を防ぐことを試みている。このように、性質保証責任を排除・制限する条項は無効であるとの原則が確立されている中で、売買契約において、売主が、性質保証責任を留保しつつ、それを基礎づけるかのような行為をすることが許されるのか、あるいは、性質保証責任を留保する旨の文言をあらかじめ挿入しておくことで、完全にその責任から免れることができるのであろうか。このことは、性質保証責任について明文の規定を持たない日本法においても、売主の責任を留保する文言をいかに解釈するのかという点において問題状況は共通するものがあるといえる。そこで、本節では、ドイツ法において、買主保護を目的とした「性質保証は免責条項を破る」という法理が確立された後、それが運用されていく中で、逆に売主の側からそれに対抗するために挿入された様々な留保的文言と、その有効性が争われた判例及びそれに関する学説を検討する。以上の検討を基に、単に性質保証と免責条項の関係に止まらず、広く性質保証責任の成立とそれを阻害する事由との関係について日本法に対する一定の示唆を得たい。

二　ドイツ法

ドイツ法においても、性質保証責任と排除・制限条項の関係は、様々な取引の類型において問題とされているが、本節では特に、中古車取引の領域における性質保証表示と責任制限的文言の関係を考察の対象としたい。その理由として、中古車取引は、美術品取引と並んで、性質保証責任と排除・制限条項の関係がＡＧＢＧ制定以前から盛んに議論されてきた領域であり、さらに、近時、この問題について、ドイツの連邦通常裁判所（以下、「ＢＧＨ」と略記）が注目すべき判決を出していること等が挙げられる。また、後述するように、中古車取引では、ＡＧＢＧ制定以前から、一般的な瑕疵担保責任排除が許されており、それが慣行となっていた。そのような状況下では、特に、性質保証責任と排除・制限条項の関係がより重要な課題となって議論されてきているというのも理由の一つである。(45)以下では、まず、中古車取引を舞台に繰り広げられた、消費者と中古車販売業者の間の攻防を見ていくことにしよう。

1　中古車取引における性質保証

ドイツにおける中古車取引の領域では、以前から瑕疵担保責任排除は広く行われており、かつ、それはＢＧＨによって繰り返し有効なものとして認められてきた。(46) このことは、ＡＧＢＧが制定された際、瑕疵担保責任の排除・制限を禁じる一一条一〇号の適用が中古品には認められなかったことにも現れている。(47)

このように完全に瑕疵担保責任の排除が許されている中古車取引の領域において、瑕疵ある中古車を購入し被害を受けた買主を保護する手段の一つとして、売主の悪意による黙秘もしくは性質保証を立証することが重要な意味を持ってきた。(48) 実際、ＢＧＨは、他の領域とは異なり、(49) 中古車取引の領域に限って、特に黙示的、推断的な性質保証の認定に際し、売主の損害担保意思の存在を厳格に要求せず、緩やかな基準で性質保証の成立を認めている。(50) 具体的には、中古車の走行距離、登録日付、排気量やエンジン出力、車の型式等の重要な性質に関して売主が表示を行うと、原則として四五九条二項の意味における性質保証と解釈される。(51) ＢＧＨはその根拠を、中古車取引の特別の市場関係、売主が中古車販売業者である場合には買主が売主に寄せる信頼に求めている。しかし、その背後には、悪意の黙秘の認定が困難な場合には、買主保護の要請から、性質保証を幅広く認めることで、免責条項を排除することが必要であるという思想が見られる。(52) フーバーの言葉を借りれば、判例は「黙示的性質保証」という法概念を、約款による免責のコントロールおよび制限のための道具として用いているという。(53)

2　中古車販売業者の苦悩

しかし、このＢＧＨによる性質保証責任の拡大によって、中古車販売業者は大きなディレンマに陥ることとなった。すなわち、売主の立場としては、一方で、目的物である中古車の性能について説明しなければ中古車の販売は促進できない。他方で、説明した性能がその中古車に備わっていなかった場合、当該説明が性質保証であると認定されると、その性能が備わっていなかったことから生じた損害の賠償責任を負わされることになる。(54) 一九六〇年代以前であれば、ＢＧＨは性質保証の認定に慎重であったがゆえに、かなり明確な保証をしなければ、性質保証が認められる危険性は少なかったが、最近のＢＧＨによる基準の引き下げによって、その危険性は増大した。(55)

そのような状況に置かれた中古車販売業者の取りうる道はただひとつ、性質保証をしないことであった。すなわち、顧客を満足させる説明を行いつつ、その説明が性質保証と解釈されないように売買契約書式を工夫することであったが、この綱渡りはなかなか成功しなかった。(56)というのも、「性質保証は免責条項を破る」という法理が確立する以前であれば、たとえ、売主の説明が性質保証であると認定されたとしても、約款に、「一切の損害担保責任を負わない」もしくは「何らの性質保証責任も負わない」などの条項が存在していれば売主は責任を免れることができた。ところが、BGHZ 50, 200 判決、並びにＡＧＢＧの制定によって、そのように明確に性質保証責任を排除・制限する条項は原則として無効とされることになったがゆえに、そのような条項を挿入してももはや無意味となった。(57)そこで、中古車販売業者は、性質保証責任から発生した損害賠償請求権を直接的に排除するのではなく、「契約締結の際になされた買主に対する売主のどのような説明も性質保証ではない」というように、「自分はたとえ説明をしたとしてもそれによって性質保証をするつもりはない」という責任の留保をあらかじめ宣言し、損害賠償請求権が発生する前に性質保証自体の成立を未然に予防するような条項を挿入するようになった。(58)

これに対しては学説の側は、たとえ、そのような条項があったとしても、それがＡＧＢＧの適用を受ける約款である場合には、ＡＧＢＧ一一条一一号により無効となり、(59)また、ＡＧＢＧの適用を受けないような条項であったとしても、売主が性質保証をしている限り、保証した性質の存在については責任を負うつもりであるということになり、同時に条項を援用して責任を免れることは自己矛盾行為となり許されない、とその効力を否定する。(60)

しかし、次節で述べるジャガー事件判決によって、判例の流れが大きく変わることになる。

3　判例の展開

（1）ジャガー事件

BGH一九九一年一〇月一六日判決　民事第八部（NJW 1992, 170）

【事実関係】

原告は、一九八八年に自動車ディーラーである被告から、一九八五年に製造された中古のジャガーXJS3,6クーペを買った。その際、被告が車を売り出した広告および契約書には、「最初の登録日　一九八八年五月（„Erstzulassung Mai 1988“）」と記載されていた。この日付は、当事者の契約交渉の際に提示された鑑定人の鑑定書にも記載されていた。しかし、その車は一九八五年六月三日にすでに登録されていた。原告はこの事実を知った後、売買契約の解除並びに売買代金の返還を求めた。被告は、売買契約において瑕疵担保請求権は排除されており、さらに、売買契約書にあらかじめ印刷されていた「性質保証？（„Zusicherungen?“）」の欄の後ろに、手書きで「なし（„keine“）」と記入していたので、一九八八年五月五日に初めて登録されたという車の性質も保証していなかったと抗弁した。原審は、そのような被告の抗弁にもかかわらず、「すでに、新聞広告に『最初の登録日　一九八八年五月』との記載があり、さらに、被告は一九八五年製造ということをすでに知っていたにもかかわらず、三年落ちの中古車に高い値段をつけている場合には、原告は、広告における記載だけでなく、とりわけ、被告の専門知識に鑑みて、契約書に繰り返し記載されていることを拘束力のない広告としてだけでなく性質保証として理解していたということは明らかであった」という理由付けで、当該中古車は一九八八年五月に初めて登録されたということを被告は原告に性質保証しており、契約書面に「性質保証？」「なし」の記載が存在するということは「最初の登録日　一九八八年五月五日」の記載を性質保証と解釈することを妨げないと判示し、原告の訴えを一部認容した。被告上告。

【判旨】

ＢＧＨは、原審の見解は法的検討に耐えられないと非難する。ＢＧＨは、被告が最初の登録日付を中古車の性質として四五九条二項の意味で保証するつもりであったかどうかの判断について、本件において、売買契約書に記載されたメモ「性質保証?」「なし」が決定的な意味を有するという。被告は性質保証を与えるつもりは全くないということをはっきり表明しており、最初の登録日付の正しさの性質保証もする用意はないということが明確に認定できるという。そのような解釈が可能な理由として、ＢＧＨは、「性質保証?」「なし」の記載は、個別契約的表示が問題となっているのであり、ＡＧＢＧ(三条乃至五条、九条及び一一条一一号)の規定は問題とならないこと等を挙げ、訴えを破棄差戻した。

本判決はそれまでは不可能と考えられていた、中古車取引における性質保証責任の排除を認めたものとして大きな反響を呼び起こした。

４　学説

バイヤーは、ＢＧＨの見解に反対し、原審の考えるように、「性質保証?」の欄の「なし」の記載は、契約書に記載されていないその他の性質保証は存在していないということの指摘と解され、支配的な見解によれば売買を決定する要素である最初の登録日付についての言明から、もし「なし」の記載がなければ認められていたであろう性質保証としての性格を奪い、再び単なる性質言明に限定してしまうという結果を生ぜしめることにはならないという。その上で、売主が通常であれば性質保証と理解される最初の登録日付についての言明から性質保証としての性格を奪うつもりであれば、売主は一点の疑いもないほどにその点を明確に指摘しなければならないとする。[61]

ティートゥケもバイヤーと同様に、BGHの見解を次のように批判している。そもそも売主は、AGBGが適用されるか否かにかかわらず、保証された性質に対する彼の責任を排除できないということを認識しているはずであり、それゆえに、売主はこの点についての責任を排除できないという。一方、買主は「最初の登録日　一九八八年五月五日」との条項に性質保証を見いだし、それによって保護されることを前提とするであろうし、決して、BGHが考えるように、「性質保証?・」「なし」の記載が性質保証責任を排除するということは考えないとする。もしそのような結論を正当化したければ、売主は性質保証の拒絶を明示的に表示しておくべきであったという。そして、中古車の買主はこれまで性質保証責任の成立に対して高いハードルが課せられていなかったことによって保護されてきたが、今後、このBGHの判断を受けて、売主が性質保証についての質問をあらかじめ契約書に印刷しておき、それに続く空欄に手書きで「なし」と記入すれば、買主はもはや性質保証による保護を受けることができなくなってしまうという点を懸念する。最後に、手書きで記載された「なし」は車の性質の保証が成立するのを妨げないとし、そのような「なし」の条項は制限的に解釈されねばならないと結論づける。そして、これとは反対のBGHの見解は、保護する必要のある買主の利益を正当に評価していないと批判する。[62]

ヘンセンも、BGHの見解に反対し、あらかじめ印刷された「性質保証?・」の欄の後ろに「なし」と記入したとしても、それだけで推断的な性質保証の成立が否定されるわけではないとし、むしろ、「なし」の語は本件の場合、単に、契約から判明すること以上の性質保証はしないという意味にすぎないという。[63]

以上のように学説の多くは本判決に対して批判的である。その批判の背後には、ティートゥケのいうように、今後このような契約書式が普及すると、売主が「性質保証?・」「なし」とさえ記入すれば性質保証責任を排除できることになり、買主の保護を図ることができなくなるという懸念があったものと思われる。[64]

これに対して、実務家たちは当然のことながら本判決に対して好意的である。

エッゲルトは、まず、「性質保証？」「なし」の記載がＡＧＢＧの適用を受ける約款であるかどうかの問題に対して、たとえ「性質保証？」の質問があらかじめ印刷されていたとしても、それには個別的な答えがなければ何ら意味をなさないということが決定的であるという。つまりその質問はペンディングの状態であり、答えが「なし」以外にあり得ないほどには拘束的ではないゆえに約款として位置づけることができないという。[65] さらに、学説から主張された、「性質保証？」「なし」を「新たな性質保証は絶対に行わない」という意味で限定的に解釈する見解に対しては、不自然で、一方的に買主の利益の保護に傾いているとする。それゆえ、個別契約上の責任排除及びそれに比肩しうる表示は、解釈の段階（一三三条、一五七条）に属しており、解釈に関するあらゆる事情は、包括的に考慮されねばならないという。さらに、中古車販売業者にとって、自動車の状態および性質についての情報を黙示の性質保証として解釈されることをはっきりと拒否することは、法的保護に値する権利であり、経済的合理性の要請するところであると述べて本判決の結論を支持する。[66]

５　小括

本判決において、原審とＢＧＨで判断が分かれた理由は、「性質保証？」「なし」の記載の意味である。原審は、最初の登録日付についての表示の解釈を行い、売主がその性質を保証する意思を有していたと判断し、その上で、「なし」の記載が性質保証責任の成立を阻却するのかどうかの判断を行っている。すなわち、原審は、売主の最初の登録日付の表示と、「性質保証？」「なし」の記載とをひとまず分ける。そのうえで、最初の登録日付の表示が性質保証の表示と解釈されるのであれば、それと対立する「なし」の記載は、従来の判例の準則である「性質保証は免責条項を破る」という法理に照らすと、性質保証の表示と抵触すると解したと考えられる。学説の中にも原審の立場に好意的なものも多く存在する。(67)

これに対してＢＧＨは、そもそも出発点から原審とは考えを異にしていた。ＢＧＨは、「なし」の記載はＡＧＢＧの適用を受けない個別契約的な合意であるととらえた。売主の性質に関する表示も、「性質保証？・」「なし」の表示もすべて性質保証の成立を判断する契約の解釈の対象とした。この立場では、本件において、性質保証の排除を意図する条項は存在していないということになる。あるのは、売主の性質に関する表示と性質保証はしないという意思の表明だけということになり、その結果が性質保証責任の否定に至るのは自ずと明らかであったといえよう。しかし、このＢＧＨの立場については、学説から、無制限に買主の利益が侵害されるおそれがあるとの批判が出されている。

三　直接的な限定文言を含む契約表示と性質保証

性質保証責任を免責する条項の効力は、ＡＧＢＧ制定以前は判例によって一部その効力が否定され、ＡＧＢＧ制定後はその一一条一一号によって無効とされている。しかし、一九九一年のＢＧＨ判決（ジャガー事件(68)）は、売買目的物に関する表示から性質保証を基礎づける意思を除去するような条項（具体的には「性質保証？・」「なし」）を売主が挿入することによって性質保証責任を免れることを認めた。すなわち、予め契約条項によって売主の表示を性質保証意思の存在しない売買目的物についての単なる情報に限定してしまうのである。(69)これ以後、意図的に売主の表示を単なる知識の表明のみに限定する条項の問題性がより一層意識されるようになった。免責条項による責任の直接の制限から、表示の意味内容の制限に問題の局面が移ったといえる。

1　判例

契約書に含まれている売主の表示を限定する文言と性質に関する表示の関係が問題となる類型として、情報元の指摘（Quellenhinweisen）と知識の表示（Wissenserklärung）をここでは取り上げる。情報元の指摘とは、契約書の中に中古車のデータを売主が記入する際、「…によれば…という性質がある」という形式の記載をする場合である。知識の表示とは、「私の知る限りでは、…である」という形式の記載をする場合である。このような記載を契約書の中に挿入することで、従来であれば当然に性質保証が認定されていたであろうような事案であっても、性質保証の成立が否定されたいくつかの判決がでている。以下、二つのＢＧＨ判決の検討を通じてこの問題を概観することにしよう。

（1）　情報元の指摘（Quellenhinweisen）

ＢＧＨ一九九七年六月四日判決　民事第八部（NJW 1997, 2318）（コブラレプリカ事件）

【事実関係】

高級車、特にスポーツカーとクラシックカーを被告会社は取り扱っていた。被告会社のもとで「コブラレプリカ」を七万三千マルクで原告は取得した。その注文票には約款が含まれており、その七号では、瑕疵担保責任が一般的に排除されていた。しかし、性質保証責任については言及されていなかった。注文票の、自動車の個別技術的な点に関する記載箇所に「車検証の記載によるキロワット数（ＰＳ）（„Kilowatt (PS) lt. Fz-Brief“）」という欄が予め印刷されていた。その欄の「キロワット」の語が消され、手書きで「三〇〇」という数字が書き込まれていた。車検証にはエンジン出力として二二〇キロワットと記載されており、それは約三〇〇PSに相当した。しかし、実際には一九七PSのエンジン出力しか示さなかった。原告は、重大な瑕疵の黙秘もしくは保証された性質の欠如に基づいて七万三千マルクの返還を被告に求めた。一審は、注文票に含まれている出力数についての記載は性質保証であるとして訴えを認めた。これに対し原審は原告の請求を棄却。原告の上告は棄却された。

【判旨】

BGHは、その市場の特殊性に鑑みて中古車取引では性質保証の要件を緩和してきた従来の判例をまず確認し、それはPS数の記載についてもあてはまるとした上で、次のように判示した。「車検証によると(lt. Fz-Brief)」のように制限的な文言は四五九条二項の意味における性質保証を否定する方向に働く。すなわち、記載について明示的に一定の情報元を売買交渉の枠内で関連づける被告のような者は、その情報元からの記載を引用し、その際に、自己の知識は問題となっていないということをそれによってはっきりと表明している。それゆえ、そのような制限的な文言は、通常は、何ら性質保証ではないとの留保のもとでの表示以外の何物でもない。確かに、「車検証によると」のような制限的な文言があったとしても、個別的に特別の事情に基づいて、明示もしくは黙示で表示された性質保証の認定がすべての場合に最初から排除されるというわけでは必ずしもない。しかし、「車検証によると」のように制限的な文言に不満があれば、エンジン出力その他の技術的データの明示の性質保証を買主は売主に要求できたはずである。買主がそれをしなかったのであれば、信義誠実の原則に従って、売主が記載の正しさについて責任を負うであろうということを買主は前提とすることはできない。すなわち、「車検証によると三〇〇PS」の文言では、平均的な買主の観点からすると性質保証は排除される。それゆえ、疑わしい場合には四五九条一項の意味における単なる性質の言明が前提とされねばならない。制限的な文言にもかかわらず買主が性質保証を根拠づけるのであれば、特別に付け加わった性質保証を肯定する事情を主張立証しなければならない。本件において原告はそのような事情を主張していなかったとしてＢＧＨは上告を棄却した。

本判決に対してティートゥケは次のように述べる。本件において「車検証によると」の文言がもしなければ、中古車取引におけるＢＧＨの判例の準則通りに性質保証の成立が認められたであろう。しかし本件では「車検証によると」という制限的な文言が付加されており、それによって被告はその責任を原則として制限するつもりである。要するに、車検証に「三〇〇ＰＳ」という記載があることについてだけ責任を負うつもりであり、その記載が正しいということについての危険まで引き受けるつもりは被告にはなかった。その一方で、常に、「車検証によると」の文言が売主の性質保証を否定するという結論に至るわけではないということをＢＧＨは強調しており、個別の事案の特別な事情があれば逆の結論にも至りうる。以上の点を踏まえてティートゥケは本判決の結論自体には賛成する。(70)

（２）　知識の表示（Wissenserklarung）

ＢＧＨ一九九八年五月一三日判決　民事第八部（MDR 1998, 900）（ＢＭＷ事件）

【事実関係】

被告中古車ディーラーは、一九九六年五月一二日に、中古のＢＭＷを二万五百マルクで原告に売った。一九九六年五月一一日に同じ契約書式を用いて被告自身はその中古車を一万七千五百マルクで取得していた。被告によって用いられた契約書式には「FORMULARTEXT: ADACGEPRÜFT（ドイツ自動車連盟認定契約書式）」というスタンプが契約文章全体の上に斜めに押されていた。その契約書には、「自動車は――以下に挙げられている性質保証を除いて――すべての瑕疵担保責任の排除の下に売られている。」という太字の文章が部分的に下線によって強調されて挿入されていた。それに続いて、「一・売主は以下のことを性質保証する…一・五．売主が知る限りで（„soweit ihm bekannt"）、その車の全走行距離は…kmであること」という条項が通常の小さな字体で記載されていた。そこには、全走行距離数に関して、「九万二千七百三十」の数字が通常の文章の三倍の大きさで手書きで記入されていた。しかし、実際には、売買された中古車の走行距離は契約締結時では二十二万千二十二キロ以上に達していた。その市場価値は売買代金のたった半分にすぎなかった。買主はその差額を「小さな」損害賠償として求め、さらに鑑定費用二三三マルク四五ペニヒを請求した。一審は訴えを認めた。原審は、条項一・五にある「知る限りで」の文言をAGBG三条に従い契約内容とはならない不意打ち条項と見なした。(71)

【判旨】

BGHの見解は次のようなものである。本件の契約書面において繰り返し使用されている「保証する」という表現は旧BGBにおける性質保証と同じものであり、特定の性質について無過失で責任を負わねばならないという意味で――中古車取引では慣行となっている瑕疵担保責任排除に対抗するものとして――用いられている。確かに、本件における契約文書においても一般的な瑕疵担保責任排除が含まれている。しかし、そのあとに明示された売主の性質保証をこの瑕疵担保責任排除の例外として買主は同時に援用しうる。特にこの契約書式では「保証する」という表現が繰り返し使われていることから、当該性質についての責任を売主は例外的に負うつもりであるという期待を買主は抱く。非常に大きな「FORMULARTEXT: ADACGEPRÜFT」というスタンプによって走行距離についての売主の言明の正しさに対する買主の信頼はさらに高められた。しかし、本件において、性質保証を示すこれらの事情と「売主の知る限りで」の書式文は矛盾している。もしこの書式文を解釈の際の決定的な基準にするのであれば、条項一・五は単なる売主の知識の表示ということになる。そうすると、内容上その条項は何ら意味を持たなくなり、それ故に不必要なものとなる。確かに、当該条項がまったく無意味になるからといってそのような解釈が初めから排除されるわけではない。しかし、他方で、契約書面の最初の部分で強調されていた性質保証を惹起する要素はそのような条項の理解と調和しない。従って、客観的な解釈のもとでは一義的な結論は得られないので、当該条項の意味内容はＡＧＢＧ五条にしたがって確定されねばならない。ＡＧＢＧ五条によれば、約款の解釈の際、疑わしい場合には約款使用者（本件の場合被告）の不利に働くことになる。それゆえ、被告は原告に売買された中古車の走行距離数を九万二千七百三十キロであると性質保証していたことになるとＢＧＨは判示する。

本判決に対してエッゲルトは次のように述べる。特殊な事案に基づく本判決は結論において特に驚くものではない。自動車の性質についてのディーラーの情報を買主に有利に解釈する一連の判例の流れの中に本判決も位置づけることができる。しかし、悪意の黙秘を立証できない場合には、性質保証の要件を緩和するという方法によってのみ約款による瑕疵担保排除を無効にできるという誤ったイメージが本判決のこのような考えの背後には存在する。しかし、性質保証責任の要件の緩和を正当化するのにＢＧＨが用いた中古車取引における「特別の市場関係」は、既に根本的に変化してきている。さらに走行距離についての記載の評価の場合には、技術革新（電子工学）を考慮に入れる必要がある。(72)その限りでも、本判決は批判にさらされるに違いないという。(73)

2　小括

このように、売主が保証する中古車の性質やデータの記載の前に、「車検証によると」や「売主の知る限りで」のような文言が挿入されることにより、売主の述べたデータが車検証の記載どおりであれば、あるいは、売主が性質について知らなければ、全く性質保証していなかったということになる。しかし、買主の側としてはそれらの性質を売主が一般的に保証しているかのような印象を受けてしまうという点に問題がある。コブラレプリカ事件では、一般的な性質保証を買主の側でより明確に要求することをＢＧＨは求めた。これに対して、ＢＭＷ事件では、走行距離数についての性質保証をすでに売主の側でかなり明確に行っていたので、そのことと「売主の知る限りで」の文言の関係が不明確であったといえる。(74) そこでＢＧＨは、ＡＧＢＧ五条を適用することにより買主を保護したといえよう。この二つの判決の結論が異なった理由の一つがこの点に存在するように思われる。

しかし、「車検証によると」のような文言が挿入されている場合には性質保証が否定され、「売主の知る限りで」のような文言が挿入されている場合には、ＡＧＢＧ五条が適用されて性質保証の成立が認められるというわけでは必ずしもない。やはり最終的には個別の事情に基づいて判断されることになる。(75) いずれにせよ、今後は「車検証によると」や「売主の知る限りで」のような制限文言を挿入するケースの増加が予想される。このような制限文言が、債権法改正後の新しい法体系のもとでも売主の有効な免責手段となりうるのか、それとも、ＢＭＷ事件においてＢＧＨがＡＧＢＧ五条を適用して買主を救済したように、一定の場合にはそのような文言も無効とされる余地が出てくるのかについては、第二部において検討する。

注

（1）免責条項の種類は多種多様であり、本文に挙げたもの以外にも様々な様式が存在する。さらに、それらが約款使用者のどのような責任を排除する趣旨であるのかという点も重要な問題である。しかし、本章ではさしあたり本文に挙げたような、契約書に不動文字で予め印刷されており、売主の損害賠償責任などを完全に排除もしくは一部制限するものを免責条項と呼び、検討の対象とする。

（2）最近の裁判例で問題となった事例として、東京地判平成七年一二月八日判時一五七六号八三頁・判タ九二一号二二八頁は、買収された土地の代替地として売却された土地にコンクリート等の埋設物があったことは隠れたる瑕疵にあたるとしたが、分からなかった埋設物については買主の負担となる旨の瑕疵担保免除特約の存在を認め、これを主張することは信義則に反するものではないと判示した。また、運送契約に関するものではあるが、最判平成一〇年四月三〇日判時一六四六号一六二頁は、宅配便約款の責任限度額の定めの効力について、運送人の債務不履行責任だけでなく不法行為責任にも及ぶと解している。

（3）この点に関する文献は膨大な数に上る。最近のものとしては、磯村保「目的物の瑕疵をめぐる法律関係」『民法トライアル教室』（有斐閣、一九九九（初出一九九四））三〇三頁以下、森田宏樹「不特定物と瑕疵担保」星野英一編『判例に学ぶ民法』（有斐閣、一九九四）一六〇頁以下、同「債務不履行と瑕疵担保」法学教室一九三号三六頁以下（一九九六）、下森定「瑕疵担保責任論の新たな展開とその検討」『山畠正男先生他古稀記念　民法学と比較法学の諸相Ⅲ』（信山社、一九九八）一八七頁以下、潮見佳男「種類物売買と担保責任・債務不履行責任」法学教室二三〇号六〇頁以下、二三一号四九頁以下、二三二号六〇頁以下（一九九九～二〇〇〇）、同『契約責任の体系』（有斐閣、二〇〇〇）などがある。

（4）鳩山秀夫『日本債権法（各論中）』（岩波書店、一九一九）三二三頁以下、我妻栄『債権各論　中巻一』（岩波書店、一九五七）二九八頁以下、星野英一『民法概論Ⅳ（契約）』（良書普及会、一九八六）一三八頁以下、柚木馨・高木多喜男編『新版注釈民法（一四）』（有斐閣、一九九三）三六八頁以下（柚木馨・高木多喜男執筆）、内田貴『民法Ⅱ　債権各論』（東京大学出版会、一九九七）一四二頁以下。来栖三郎『契約法』（有斐閣、一九七八）一二二頁以下は、豊富な実例を挙げて瑕疵担保責任と約款の関係について詳細に述べている。また、半田吉信『担保責任の再構成』（山嶺書房、一九八六）一七九頁以下は、瑕疵担保責任と免責の問題について日本法だけでなく諸外国の法制度についても詳細な研究を行っている。

（5）来栖・前掲書一二九頁以下、加藤一郎「免責条項について」『民法学の歴史と課題』（東京大学出版会、一九八二）二三三頁。さらに、北川善太郎『債権総論（民法講要Ⅲ）第二版』（有斐閣、一九九六）一三〇頁も、メーカーの直接責任が前面に出るのと引き換えに、売主の品質責任が後退するのは望ましくないと述べている。

（6）濱上則雄「性質保証の法的性質」ジュリスト四九四号二二頁（一九七一）、石田穣『民法Ⅴ（契約法）』（青林書院、一九八二）一五四頁以下、安永正昭「保証書―メーカーと売主の責任」『消費者法講座　第二巻　商品の欠陥』（日本評論社、一九八五）九六頁以下、平野裕之『契約法〔債権法講義案Ⅱ〕』（信山社、一九九六）二七三頁以下、潮見佳男『新版注釈民法（一三）』（有斐閣、一九九六）二六六頁以下、河上正二「約款の適性化と消費者保護」『岩波講座　現代の法一三　消費生活と法』（岩波書店、一九九七）一〇一頁以下、大村敦志『消費者法』（有斐閣、一九九八）一七〇頁以下、山本敬三「不当条項に対する内容規制とその効果」民事研修五〇七号二〇頁以下（一九九九）。消費者契約法第八条によれば、事業者の債務不履行責任について、その全部を免責する条項、故意・重過失の場合にその一部を免責する条項は無効とされる。また同条二項において瑕疵担保責任についても、消費者には修補または代物請求権が最低限確保されている。そうすると、性質保証による免責条項の排除を議論する意味に乏しくなるようにも見える。しかし、後述するように、たとえば消費者に瑕疵結果損害が生じた場合などは、消費者に修補または代物請求権を保障したとしても、十分ではない場合もありうる。また、消費者契約以外の契約については、買主の保護の必要性は依然として残り、性質保証と免責条項について検討する余地は存在する。

（7）この表現は、Flume, JZ 1992, 365, 367 による。

（8）ドイツにおける免責約款および約款規制法の問題については、さしあたり、高橋弘「普通取引約款と消費者保護――西ドイツの動向を手がかりとして（一～五・完）」法律時報四七巻一〇号一〇六頁以下～四八巻一〇号八四頁以下（一九七五～七六）、広瀬久和「免責約款に関する基礎的考察」私法四〇号（一八七八）一八〇頁、河上正二『約款規制の法理』（有斐閣、一九八八）五頁以下、山本豊『不当条項規制と自己責任・契約正義』（有斐閣、一九九七）三頁以下を参照。また瑕疵担保排除条項と錯誤との関係については須田晟雄「錯誤と瑕疵担保責任の関係について（一～六）」北海学園大学法学研究三二巻一号一頁以下、三二巻二号一頁以下、三二巻三号五一頁以下、三三巻二号一頁以下、三三巻三号一頁以下、三四巻一号一頁以下を参照。また、瑕疵担保責任排除条項に関するティートゥケの論稿を紹介したものとして、石田喜久夫「クラウス・ティーツケ「給付障碍と担保責任」」京都学園法学一九九五年二・三合併号九七頁以下がある。

（9）Larenz, Lehrbuch des Schuldrechts, 13. Aufl., 2. Bd., Besonderer Teil, 1. Hb., 1986, § 41 I d; Soergel/Huber, BGB, 12. Aufl., 3. Bd., 1991,

§ 459, Rz. 190; Brox, Besonderes Schuldrecht, 20. Aufl., 1995, S. 40 ff. しかし、個別の合意による排除と性質保証との関係についても多くの問題点が存在する。たとえば、フーバーは、個別の合意であっても性質保証を排除することは自己矛盾行為にあたると解することも可能であるとする(Soergel/Huber, § 459, Rz. 190; 同旨Staudinger/Honsell, BGB, 13 Aufl., 2. Buch, 1995, § 476, Rz. 29)。しかし本章ではさしあたり約款による免責を主に取り扱う。

(10) ドイツにおける性質保証責任についてはさしあたり、藤田『表示責任と契約法理』一三一頁以下、笠井『保証責任と契約法理』一一頁以下、および本書前章を参照。

(11) たとえばドイツの判例で問題となった事例としては、売主の約款に「現状有姿」あるいは「買主は代物給付もしくは修補請求権のみを有し、売主はそれ以外の一切の責任を負わない」との条項が挿入されているにもかかわらず、売主が売買目的物の性質を保証したというものがある。「現状有姿」という条項は、直接的に売主の責任を排除・制限しようとするものではないが、後になって瑕疵が発見されたり、あるいは売主が保証した性質に適合しないことが判明した場合でも責任を問えないという点において、やはり、性質保証責任との関係が問題となる。

(12) Heinrich Thöl, Handelsrecht, 6. Aufl., 1. Bd., 1879, S. 904 ff.

(13) Gustav Hanausek, Die Haftung des Verkäufers für Beschaffenheit der Waare, 1883, S. 90 ff.

(14) 旧BGBの条文訳については右近健男編『注釈ドイツ契約法』(三省堂、一九九五)七七頁以下(木村惇執筆)を参考にした。

(15) 部分草案および第一草案の段階では、瑕疵担保責任を契約によって排除することは可能であるという点を明文で規定していたが、司法省準備委員会において削除された(Jakobs/Schubert, Die Beratung des Bürgerlichen Gesetzbuchs, Band II, Recht der Schuldverhältnisse (§§ 433–651), 1980, S. 193)。

(16) Jakobs/Schubert, a. a. O., S. 141 f. ただしモティーヴェでは、「性質保証の場合に、その責任の免除あるいは制限と性質保証がどの程度調和するのかは、事実問題である」という表現になっている(Motive I, S. 238)。

(17) Scherer, Recht der Schuldverhältnisse des Bürgerlichen Gesetzbuchs, 2. Buch, 1899, S. 557; G. Planck, Bürgerliches Gesetzbuch, 3. Aufl., 2. Bd., 1907, S. 384; Leonhard Mainz, Das Fehlen zugesicherter Eigenschaften beim Kauf einer Sache, 1909, S. 27 ff., 84 ff. しかし、クーレンベックは、「現状有姿」との条項に対して、売主の悪意と並んで、明示の性質の保証の場合に限り、この条項は売主の瑕疵担保責任を当然には排除できないと述べている(Kuhlenbeck, Die Rechtsprechung des Reichsgerichts in Beziehung auf die wichtigsten

Begriffe und Institute des Civilrechts, JW 1901, 108 f.)。

(18) Lindemann/Soergel, 1921, BGB, § 476, S. 472 は、「専門知識のある売主の、その物には瑕疵がないという客観的に正しくない性質保証によって、買主が売買の決定に至らしめられたということは、瑕疵担保責任排除を無効にはしない」と述べる。

(19) ＲＧ一九三八年五月五日判決　民事第二部(JW 1938, 1594)

事実関係の詳細は明らかではないが、薪を使用する曳き船の売買契約において、曳き船の薪の消費についての性質保証が問題となった。本件売買契約には、約款が付されており、そこでは「カタログとパンフレットの言明は、おおよその言明で何らの拘束力のないものとみなされねばならない」との条項や、「たとえこの瑕疵が損害担保に含まれるとしても、いかなる種類の瑕疵によって生じた損害に対しても責任を負わない」という条項が含まれていた。ＲＧは「確かに瑕疵担保責任の排除あるいは制限はそれ自体としては可能ではあるが、もし制限がなされたならばそのような例外的な合意を拡大して解釈することは認められない」とし、「さもなければ性質保証が取引社会において有している価値を失うことになる」という。そして「そのように保証された性質に対する広範な責任の制限が行われるというのであれば、そのことは契約条項において明示されていなければならない」と判示した。

(20) ＲＧ一九三九年七月一二日判決　民事第二部(DR 1939, 1890)

【事実関係】原告は被告から木炭によって走る曳き船を買った。その売買契約には「瑕疵によって製品に生じたいかなる損害についても、たとえその瑕疵が損害担保約束(Garantie)に含まれたとしても、どのような方法によっても責任を負わない」との条項を含んでいた。

【判旨】ＲＧは「契約法は任意法規であるので、性質保証に基づく売主の責任も、(旧)ＢＧＢ四七六条が明言しているように制限することは認められる。しかし、瑕疵担保責任の制限というものを拡大解釈するわけにはいかない。保証された性質が問題となっている限りで、それはあり得ない。なぜなら、性質保証は責任の引き受けをもとにしているので、買主が一方で性質保証を要求しつつ、他方で売主の責任を免除するということを合意することはありえないであろう。保証された性質の欠如に基づく責任の排除が認められるかどうかは、それゆえ常に特別に慎重な検討がなされなければならない」と判示した。

(21) BGH BB 1960, 1222「そのような免責はまったく許されないわけではない」。

(22) Staudinger/Ostler, BGB, 11. Aufl., 2. Bd., 2. Teil, 1955, § 476, Rz. 7a. RGRK/Kuhn, BGB, 11. Aufl., 2. Bd., 1. Teil, 1959, § 459, Anm. 29.

（23）　本判決については河上・前掲書二二五頁以下、藤田・前掲書一六二頁以下参照。

（24）　シュミット-ザルツァーは本判決から「口頭の合意から生じる約款作成者の義務を約款によって破棄することは許されない」ということが読みとれるという（Joachim Schmidt-Salzer, NJW 1968, 1622）。これに対しタムは、本判決が約款を無効とする理由として「性質保証の内容が空疎なものとなる」ということを挙げることについて、性質保証はそのような場合にも全く意義を失うわけではなく、四五九条一項の意味における瑕疵担保責任を基礎づけるという点において、依然として意義を有しているなどの批判を加え、本判決に反対している（Manfred Thamm, Ausschluß des Schadensersatzanspruchs beim Fehlen zugesicherter Eigenschaften in Allgemeinen Geschäftsbedingungen, BB 1968, 1136）。

（25）　**ＢＧＨ一九七一年一一月二四日判決　民事第八部（NJW 1972, 251）**

【事実関係】被告は原告から飼料を購入したがその飼料がバクテリアに汚染されていたため子牛が死ぬなどの被害を受けた。被告はその損害賠償請求権と原告の手形債権との相殺を申し立てた。両当事者間で取り交わされた約款では、買主には代金減額か瑕疵担保解除権が与えられるのみで、損害賠償請求権は排除されるとの条項が含まれていた。

【判旨】免責条項についてＢＧＨは、飼料法では、売主が売買目的物の性質について沈黙するときには、売主はその性質を保証するものと見なすとの条項が含まれており、もし、当事者の合意によって性質保証が排除されるのであれば、買主は飼料法によって与えられる唯一の救済方法を奪われることになり、法の趣旨に反するとして免責条項の効力を認めなかった。この判決については、藤田・前掲書一四二頁以下も参照。

本判決以外にも、BGHZ 59, 158（ラッカー事件）、BGH NJW 1976, 43（浄水設備事件）が「性質保証は、買主（注文主）をあらゆる危険および損害から守るという目的を有していた」との理由で約款による免責を認めなかった。

（26）　同旨の判決として BGH NJW 1974, 272「保証された性質の欠如に対する請負人の責任も原則として約款で排除されうる」、BGH BB 1974, 1137「免責条項が許されないということは、むしろ買主が性質の保証によってまさに瑕疵結果損害から守られるべきであるという特別の場合にしか認められない」、BGHZ 63, 369（美術品の競売約款における免責条項の有効性を肯定）などがある。

（27）　つまり、買主に瑕疵結果損害が生じている場合には、たとえ買主に解除権や追完給付権が残っていても、瑕疵結果損害にまでその趣旨が及んでいる性質保証責任が排除されると、買主は当該製品以外の法益の損害については無権利の状態に陥ってしまう。

しかし、当該製品の瑕疵損害のみが問題となる場合には、そのようなことは生じない。一方、種類物の全製品に構造上の瑕疵が生じている場合には、たとえ瑕疵結果損害が生じていなくとも、買主にとって既に追完給付は無意味であるから、性質保証責任が排除されれば買主は無権利の状態に陥る。ただしこの場合に解除権が留保されていれば、買主は無権利の状態におかれることはないので、免責条項は有効である(Schmidt-Salzer, BB 1972, 1160)。

(28) Staudinger/Honsell, § 476, S. 582 f.

(29) MünchKomm/Westermann, BGB, 3. Aufl., 3. Bd., 1995, § 476, Rz. 17.

(30) Thamm, Haftungsbeschränkungen in Lieferbedingungen für das Fehlen zugesicherter Eigenschaften, NJW 1976, 225 f.

(31) Ulmer/Brandner/Hensen, AGB-Gesetz, 8. Aufl., 1997, § 11 Nr. 11, S. 914 f.

(32) 例えば、給付物自体の価値が高く、給付物の価値と瑕疵結果損害の間にそれほど大きな差がないことから、買主には解除あるいは塡補給付がなされれば十分である場合(BGHZ 54, 236; Thamm, a. a. O., NJW 1976, 225 f.)、あるいは買主にその他の点で十分な法的救済(修補、その不履行の場合には解除および代金減額)が留保されている場合(Soergel/Huber, § 459, Rz. 138)などがある。約款規制と補償措置の関係については、野田和裕「約款の内容規制と約款全体・契約全体との関連性」広島法学二一巻一号八七頁以下参照。

(33) ハーガーも、ＢＧＨは当初、悪意の黙秘の概念の拡大によって不当な免責条項を排除しようと試みたが、悪意の証明の困難性が障害となり、もう一つの手段である、性質保証責任を拡大する方向に向かったという点を指摘する(Günter Hager, Zulässigkeit von Freizeichnungsklauseln in Gebrauchtwagenhandel, NJW 1975, 2276)。

(34) 条文訳は、石田喜久夫編『注釈ドイツ約款規制法』(同文館、一九九八)二四九頁(梶山玉香執筆)を参考にした。

(35) ここで、ＡＧＢＧの起草過程に深く立ち入ることは紙幅との関係上不可能である。この点については別稿に譲りたい。

(36) 基本的にはこの予備草案が、第一次参事官草案八条一〇号、政府草案九条一一号を経て、最終的にＡＧＢＧ一一条一一号となった。ただし、予備草案の段階では、責任を『排除』する約款のみを無効としていたが、第一次参事官草案から『制限』する約款も無効とするとの修正が加えられている。

(37) 性質保証責任の排除に関しては、作業グループの予備草案、第一次参事官草案、政府草案の理由書の部分はほぼ同一である。Vorschläge zur Verbesserung des Schutzes der Verbraucher gegenüber Allgemeinen Geschäftsbedingungen, 1974, S. 79; Referentenentwurf

eines Gesetzes über Allgemeine Geschäftsbedingungen, DB Beilage Nr. 18/74, S. 17; Entwurf eines Gesetzes zur Regelung des Rechts der Allgemeinen Geschäftsbedingungen（AGB-Gesetz）, BT-Drucks 7/3919.

（38）　Erman/Hefermehl, 9. Aufl., 1993, § 11 Nr. 11 AGBG, Rz. 1. 前掲『注釈ドイツ約款規制法』二五〇頁（梶山玉香執筆）。

（39）　さらに注目されるべき点は、この原則の形成がＢＧＨが黙示的保証を広く認め出す時期と符合していることである（特に一九六八年判決や、BGHZ 59, 158（ラッカー事件）などは、ＢＧＨが黙示的保証を認め出したリーディングケースとしてもよく引用される）。これはおそらく買主を瑕疵結果損害から守る手段として性質保証責任を活用するためには、約款による排除を制限しなければその実効性が失われてしまうという考慮が働いたものと思われる。

（40）　性質保証責任の効果の問題についてはさしあたり、半田吉信「ドイツ民法における瑕疵担保責任の効果――狭義の損害の賠償を中心に――」千葉大学法学論集一〇巻三号一頁以下を参照。

（41）　これは、一九六八年判決が、性質保証責任が瑕疵結果損害の賠償にも及ぶことを認めたリーディングケースでもあるということに端的に現れている。

（42）　本書第一部第一章第一節参照。

（43）　加藤・前掲二三三頁は、悪意の売主の免責を排除する民法五七二条の趣旨は類似の場合に類推適用されてもよいとする。ホンゼルも、性質保証は悪意と同視され、旧ＢＧＢ四七六条に従って悪意と同じように免責条項を排除するという（Staudinger/Honsell, § 459, S. 449 f., § 476, S. 583）。

（44）　本章第二節参照。

（45）　フーバーは、中古車取引の領域においては、四六三条一文の性質保証の損害賠償責任を基礎づける側面は脇役であり、むしろ約款による免責を排除する点にその中心的な役割があるという（Soergel/Huber, 12. Aufl., 1991, vor § 459, Rn. 92; § 459, Rn. 308）。

（46）　BGH NJW 1966, 1070; BGH NJW 1969, 1391; BGH NJW 1975, 1693; BGHZ 74, 383, 386; Christoph Eggert, Zu den Versuchen von Verkäufern gebrauchter Kraftfahrzeuge, der Zusicherungshaftung zu entgehen, DAR 1998, 45. マンフレート・レービンダー（高橋弘訳）「ドイツ売買法における製造者及び販売者の保証」『市民法学の形成と展開（下）』磯村哲先生還暦記念論文集（有斐閣、一九八〇）所収一二八頁以下、河上・前掲書四〇二頁も参照。

（47）　この点については、石田喜久夫編『注釈ドイツ約款規制法』二一四頁以下（今西康人執筆）を参照。

(48) 悪意による詐欺は、旧ＢＧＢ四七六条によって排除・制限が禁じられており、性質保証は判例法理およびＡＧＢＧ一一条一一号によって、新品、中古品の区別を問わず、排除・制限が禁じられている。詳しくは本章第二節参照。

(49) 確かに、一九七〇年代から八〇年代の前半にかけて、ＢＧＨはかなり緩やかに性質保証を認定する傾向があった。しかし、九〇年代に入り、売主の過失の有無に関わりなく、保証された性質が存在しなかった場合には、それから生じたすべての結果に対して責任を負わせるという性質保証の効果に鑑み、その認定に際して慎重な態度で望むことが要請されるとして(BGHZ 128, 111; BGH NJW 1996, 836)、中古車取引以外の領域ではほとんど性質保証の成立を認めない傾向にある(前章第七節参照)。

(50) 確定判例。BGHZ 74, 383; BGHZ 87, 302; BGHZ 103, 275; BGHZ 122, 257. Klaus Tiedtke, Zur Rechtsprechung des Bundesgerichtshofs auf dem Gebiete des Kaufrechts-Teil 1, JZ 1997, 869 も参照。もっとも、ローシェルダースによれば、改正後の新ＢＧＢのもとでは――特に消費者売買が存在する場合には――、買主は旧法下よりも明らかにより大きな保護を享受するので、以上のような判例法理はもはや維持され得ないという(Dirk Looschelders, Die neuere Rechtsprechung zur kaufrechtlichen Gewährleistung, JA 2007, 673, 677)。

(51) さしあたり、Staudinger/Honsell, a. a. O., § 459, Rn. 159 を参照。例えば、ＢＧＨは、中古車ディーラーが中古車の販売票上に排気量やエンジン出力などを記入していれば、かれはそのデータが正しいということを性質保証していると判示している(BGH ZIP 1981, 383, 384)。

(52) この点については前章第七節四を参照。ラインキング／エッゲルトは、このような思想に対して、近年は自動車取引業界のイニシアチブによって、買主の保護が著しく改善されてきており、今では損害担保可能な中古車にはすべて損害担保を付して売らなければならなくなっていること、さらに、今日の買主は、多くの専門誌やメディアによってかなり啓蒙されており、驚くほど良質の情報を知っていることなどを挙げて反論する(Reinking/Eggert, Der Autokauf, 6. Aufl., 1996, S. 582, Rn. 1651)。

(53) Soergel/Huber, § 459, Rn. 308 Fn. 21. これに対して、エッゲルトらは、免責条項を排除するためには、四五九条二項の性質保証が必要となるというイメージは誤ったものであり、性質保証でなくとも性質合意であれば、ＡＧＢＧ四条に基づいて、免責条項に優越することは可能であると批判する(Reinking/Eggert, a. a. O., S. 582, Rn. 1649; Eggert, a. a. O., DAR 1998, 45)。

(54) 山本豊・前掲書二三頁以下参照。

(55) Eggert, a. a. O., DAR 1998, 45.

(56) Eggert, a. a. O., DAR 1998, 45.
(57) この「性質保証は免責条項を破る」との原則の形成過程については、本章第二節参照。
(58) 美術取引の分野において、すでに、ＢＧＨはこのような条項の有効性を認めていた。ヨウレンスキー事件判決(BGHZ 63, 369)において、「カタログの記載は何ら四五九条の意味における性質保証ではない」という競売約款の有効性を認め、性質保証を否定した。これに対しロッヒャーは、ＢＧＨはこの判決によって性質保証責任に対する約款による免責の有効性を認めたのではなく、ただ単に、美術取引という特殊な事例において、自己名義だが他人の勘定の場合に、黙示の性質保証を否定したにすぎない、という(Horst Locher, JZ 1975, 417, 419)。
(59) Peter Greulich, Die stillschweigende Zusicherung von Eigenschaften beim Kauf, in: FS Wassermann, 1985, S. 691; Reinicke/Tiedtke, Kaufrecht, 6. Aufl., 1997, Rn. 568; Tiedtke, DB 1992, 1562.
(60) Tiedtke, DNotZ 1991, 673, 678; ders., DB 1992, 1562. また、ヴァーグナーによれば、直接的に性質保証責任を排除するような条項ではなく、相対的に損害賠償請求権の発生を防ぐような条項であっても、もしそのような条項がなければ性質保証責任が成立していたのであれば、やはり事実上の性質保証責任の排除になるという。それゆえそのような条項はＡＧＢＧ七条(潜脱禁止)に抵触し、同法一一条一一号によって無効となるという(Joachim Wagner, Zur Zulässigkeit von Klauseln, nach denen Angaben bei Vertragsschluß keine zugesicherten Eigenschaften sein sollen, DB 1991, 2325, 2327)。ＡＧＢＧ七条については、前掲『注釈ドイツ約款規制法』八四頁以下(中田邦博執筆)を参照。
(61) Walter Bayer, EWiR § 459 BGB 1/92, 147.
(62) Tiedtke, DB 1992, 1563 f. このほかに本判決の評釈として、Werner Flume, JZ 1992, 365 f. がある。
(63) Ulmer/Brandner/Hensen, AGB-Gesetz, 8. Aufl., 1997, § 11 Nr. 11 Rn. 9.
(64) エッゲルトによれば、本件のように中古車売主に有利なＢＧＨの判決が出されたにもかかわらず、取引上慣行として用いられる契約書式は――消費者保護団体からの懸念に反して――全面的に改訂されることはなかったという(Eggert, a. a. O., DAR 1998, 46)。
(65) エッゲルトも、「四六三条の性質保証は決して行いません」というような包括的に書式化された条項は、ＡＧＢＧ一一条一一号および一一条一五ａ号に違反しているという(Eggert, a. a. O., DAR 1998, 46)。約款と個別的合意の問題についてはさしあたり河上・前掲書一三七頁以下を参照。

(66) Eggert, a. a. O., DAR 1998, 45 ff.

(67) Bayer, a. a. O., S. 148; Tiedtke, DB 1992, 1564.

(68) BGH NJW 1992, 170.

(69) 通説によれば性質保証には売主の損害担保意思が要件とされているため、売主の単なる知識の表明はなんら性質保証ではないことになる(MünchKomm/Westermann, 3. Bd., 3. Aufl., 1995, § 459 Rn. 56; Staudinger/Honsell, 2. Buch 13. Aufl., 1995, § 459 Rn. 130)。詳しくは、藤田・前掲書一三一頁以下、笠井・前掲書三六頁以下、本書第一部第二章等を参照。

(70) Klaus Tiedtke, EWiR § 459 BGB 2/97, 779 f. 本判決に対する評釈としてはこのほかに、Volker Emmerich, Zusicherung im Gebrauchtwagenhandel („Cobra Replica-Urteil“), JuS 1997, 1040 f. がある。

(71) ＡＧＢＧについては、石田喜久夫編『注釈ドイツ約款規制法』を参照。

(72) Christoph Eggert, EWiR § 459 BGB 1/98, 636. さらにエッゲルトは、最近の自動車の距離計はコンピューターによって制御されているものがほとんどであり、その「操作」はほとんどの場合何の痕跡も残さない。不正操作は自動車の鑑定人でさえ確定することはできないという。それゆえ、鑑定人ですら検証不可能である以上、売主にはもちろんできない。ということは距離計の操作の問題は買主の側のリスクということになるという(Eggert, a. a. O., DAR 1998, 45 ff.)。

(73) Eggert, a. a. O., EWiR, 636. レンツ／レンツも次のように述べてＢＧＨの態度を批判する。ＢＧＨは、約款によって合意された瑕疵担保責任排除をＡＧＢＧには抵触しないものと判断し、時として約定の免責も「経済的合理性の要請」と呼ぶ一方で、推断的な性質保証を認定する際にはその要件を緩和する方向にある。このようなＢＧＨの態度は首尾一貫しない。このようなことは瑕疵担保責任を排除しつつ中古車を売る売主が、その中古車の性質についての単なる記載、さらには単なる宣伝によって、推断的な性質保証を迂回的に強制される危険性をはらんでいると批判している(Lenz/Lenz, Die Eigenschaftszusicherung beim Gebrauchtwagenkauf, MDR 1998, 1007)。

(74) エッゲルトによれば、ＢＭＷ事件では、自動車ディーラーである被告が、全走行距離についての情報を「性質保証」の衣で包み、他方で、「知る限りで」という書式文によって、単なる知識の表明という印象を与えた、という点に矛盾があるとＢＧＨは見たという(Eggert, a. a. O., EWiR, 635 f.)。

(75) 下級審においても、事案によって結論は異なっている。本文で挙げた二つのＢＧＨ判決とは事案が類似しておりながら、それぞれ結論を異にするＯＬＧ判決が存在している。情報元の指摘についてはＯＬＧナウムブルク一九九七年三月一〇日判決が、契約書に「走行距離計の表示どおり(„lt. Tacho")」と売主が記入していた事案において、「走行距離計の表示どおり」という文言が売主の表示を制限するかどうかについては問題にせず、単にそれが車の走行距離の性質保証を意味するのかどうかについてだけ判断した。結論において、車の走行距離計の上のキロ数とその車の全走行距離とは一致しているということをその記入によって売主は推断的に保証していたと判示した(OLG Naumburg MDR 1997, 1926)。知識の表示についてはＯＬＧハンブルク一九九七年六月一九日判決が、当該中古車が自己の所有であった期間については事故損害のなかったことを売買契約書において売主は性質保証しており、さらにそれ以前の期間については、「売主の知っている限りで」は大きな損傷は存在しないということを性質保証していたが、実際には、その車はすでに重大な損傷を受けていたという事案において、あくまで期間および自らの認識に関連づけて限定的に売主は性質保証しており、包括的な性質保証は存在していなかったとして原告の訴えを退けた(OLG Hamburg DAR 1998, 72)。

第四章　スイス債務法における性質保証責任論の系譜

第一節　スイス債務法（ＯＲ）の瑕疵担保規定——ドイツ旧民法典（旧ＢＧＢ）との比較

まず初めに、スイス債務法の物の瑕疵担保責任の構造を概観してみよう。(1) その際、売主に無過失責任を課す根拠として性質保証責任を位置づける類型の代表格である旧ＢＧＢ(2)との比較を通して、単に瑕疵概念を拡張する役割のみを性質保証に与える類型に属するスイス債務法の瑕疵担保責任の特質を明らかにする。

旧ＢＧＢとの共通点としては次のものが挙げられる。

（1）　特定物に、保証された性質が欠けている、又は目的物の価値若しくは前提とされた使用に対する適合性を著しく減じる又は失わせる瑕疵(3)が存する場合には、買主に、瑕疵担保解除又は代金減額請求権が与えられる（ＯＲ一九七条、二〇五条、旧ＢＧＢ四五九条、四六二条）。

（2）　種類物の場合にはさらに代物給付も認められる（ＯＲ二〇六条、旧ＢＧＢ四八〇条）。

（3）　原則として瑕疵担保責任を排除する合意は有効であるが、売主が瑕疵の存在について知っていたにもかかわらずそれを買主に告げなかった場合には無効となる（ＯＲ一九九条、旧ＢＧＢ四七六条）。

（4）買主がすでに認識していた瑕疵については、売主は免責され、認識可能であった瑕疵については、その不存在を売主が保証していない限り責任を負わない（ＯＲ二〇〇条、旧ＢＧＢ四六〇条）(4)。

これに対して、旧ＢＧＢと大きく異なる点は次の二点である。

（5）商人ではない通常の買主にも目的物の検査および瑕疵の通知義務が課せられている（ＯＲ二〇一条）。

（6）売買契約が解除された場合には、原状回復の一環として、性質保証、単なる瑕疵の区別なく、訴訟費用、維持費、修補費用、直接損害の賠償請求が認められる（ＯＲ二〇八条二項）。さらに売主に帰責性があればこれ以外の損害（間接損害）の賠償も請求できる（ＯＲ二〇八条三項、九七条）。

以上のように、スイス債務法では旧ＢＧＢと同様に性質保証責任が規定されており、直接損害に限定されてはいるが、契約が解除された場合には性質保証に基づいて損害賠償を請求することもできる。しかし、その位置づけは旧ＢＧＢとは全く異なっており、単なる瑕疵の場合も性質保証の場合も効果は基本的に同じであり、性質保証には純粋に瑕疵概念を拡大する役割しか与えられていない(5)。

次節では、まず、起草過程を辿ることによって、スイス債務法の性質保証責任の条文上の系譜を明らかにしよう。

第二節　スイス債務法の起草過程

一　総論

1　一八八一年旧債務法（aOR）の起草⑥

全スイスの私法典の統一の最初の試みは、ヘルヴェティア共和国時代に始まり、その後も法統一の努力は続けられたがなかなか成功しなかった。一八六二年にヴァルター・ムンチンガー⑺は、連邦内閣（Bundesrat）から統一的な商法典を起草することを委託された。彼は翌一八六三年に草案を提出した。しかし、その審議の過程で、より一般的な共通債務法を起草した方がよいという意見が次第に広がってきた。

一八六八年の「一般的なスイス債務法の起草を連邦内閣に求める」カントン協議会の決議に基づいて、一八六九年に連邦内閣は、ムンチンガーに債務法草案の起草を委託し、さらに、専門委員会⑻を設置し、同委員会に草案の審議を依頼した。一八六九年に、ムンチンガーは債務法の総則と売買契約法のみの暫定草案を起草した。しかしこの草案は極少数部しか印刷されなかった。一八六九年一〇月の委員会でこの草案が審議され、委員会の決議に基づいて、ムンチンガーが完全な草案を仕上げた。この草案は一八七一年に印刷され、各委員に配布された（第一草案（ムンチンガー草案））。ムンチンガーは、この草案の商法および手形法の部分については、彼自身の手になる商法典草案を、その他の部分については一八六六年のドレスデン草案、フランス民法典、チューリッヒ私法典をベースにしていた。

しかし、この作業は、再び強くなってきたより広範囲の法統一を求める声によって妨げられた。すでに一八六八年の法曹家大会（ゾロトゥルン）では、盟約の方法では実現できなかった民法と民事訴訟法の統一を求めていた。そのためには憲法の改正が必要であり、再び手間のかかる憲法改正作業が開始した。その間、ムンチンガーの草案の審議は停止したままであった。しかし、一八七二年五月一二日に両院において新しい憲法改正の提案が否決されたため、同年一〇月から再び委員会の審議が開始された。一八七三年四月二三日にムンチンガーが急逝した後は、ハインリッヒ・フィック[9]がそのあとを引き継いだ。しかしながら、再び憲法改正の動きが始まったため、さしあたり改正作業は中断した。そして一八七四年四月一九日に憲法が改正され、連邦に「商法、手形法を含む債務法」の立法権限が与えられた[10]。

一八七五年七月に、一八七一年草案および委員会の審議に基づいて、フィックはドイツ語による草案を起草した（第二草案（フィック草案））。草案は直ちに出版された。その翌年、ジュネーブのグスタフ・フィックの翻訳によるフランス語版が出された。

一八七五年草案の審議のために拡大専門委員会[11]が設置された。一八七六年の五月と秋に開かれた委員会の審議に基づいてあらたな草案が起草され、一八七七年二月の終わりに公表された（第三草案）。この草案は、連邦司法省長官によって、各カントン政府と高等裁判所、スイスの法学部、国内外の法律家に意見照会と共に送付された。寄せられた意見をもとに検討した結果、草案を基本的に作り直すことになった[12]。

委員会は、フランス語版とドイツ語版の草案を確定した。この草案は一八七九年一一月二七日に連邦内閣の報告書（Botschaft）[13]と共に連邦合同議会（Bundesversammlung）に提出され、「スイス債務法典および商法典」のタイトルで公表された（最終草案）。

この草案の審議については全州議会(Ständerat)が優先権を有していた。このために全州議会は委員会を設置した。委員会は一八八〇年初頭に作業を開始し、議員から出された修正提案を集め、検討を行った。そして、一八八〇年五月三一日に議会に報告し、議会は同年六月九日に審議を開始し、同月一八日までに審議を完了した。国民議会(Nationalrat)の方も委員会を設置した。委員会の運営は全州議会と同じ方法で行われ、委員会の報告は一八八〇年一一月に議会に提出された。議会での審議は同年一二月一日から一八日まで続いた。しかしながら、これらの委員会の調査および議会における議論では、さまざまな点で草案の再度の検討と修正が望ましいことが指摘された。そして主として、時効法、動産物権法、株式会社法、用益賃貸借法、使用賃貸借法についての章が連邦内閣に差し戻された。

連邦内閣はハインリッヒ・フィックと、アルプレヒト・シュナイダーの協力のもと、新しい草案を作り直した。この草案は、フランス語とイタリア語に翻訳された。

草案は、再度の文言の修正を経た後、「債務法についての連邦法」というタイトルで、一八八一年五月二八日に、連邦内閣の報告書と共に議会に提出された。債務法草案は両院の審議を経た後、一八八一年六月一四日に連邦合同議会において可決成立した。同法は、レファレンダムの期間を経た後、一八八三年一月一日に連邦内閣によって施行された。

2　旧債務法の改正による一九一一年債務法(OR)の成立(14)

一八九三年にすでにオイゲン・フーバーは、債務法を特別法としてこのまま存続させるのか、それともスイス民法典(ZGB)の中に組み込むのか、あるいはZGBに適合させるために改正するのかの問題を提起していた。その後も各界から債務法をＺＧＢに統合すべきであるという意見が相次ぎ、ついに、一九〇一年に連邦司法・警察省は債務法の適合と改正の問題を検討するための専門委員会を設置した。この委員会は一九〇四年に開催された。すでに一九〇三年に債務法改正のための草案を起草していたフーバーはそこでは報告者として働いた。この委員会によって作成された「債務法および施行法の添付によるスイス民法典草案の補充に関する法案」が連邦内閣によって一九〇五年三月三日付の報告書と共に連邦議会に提出された。この草案は、完全に改正された債務法をＺＧＢの中に組み込むことを提案していた。しかし、それに続く全州議会と国民議会の審議では、ＺＧＢの立法が終わるまで債務法の改正作業は延期すべしとの意見が通った。一九〇八年三月一九日に連邦司法・警察省によって拡大専門委員会が設置された。委員会の草案は一九〇九年六月一日に連邦内閣によって報告書と共に連邦議会に提出された。委員会による予備審議を経た後、一九〇九年から一九一〇年にかけて、全州議会と国民議会が草案を審議した。債務法の第一節から第二三節の部分はＺＧＢに編入し、第二四節から第三三節の部分は特別法として存続させるという専門委員会の提案に反して、連邦議会は、全債務法をＺＧＢの第五編として編入することにした（ただし条文は第一条から始まる）。草案は一九一一年三月三〇日の連邦議会において、全会一致で可決され、レファレンダムの期間を経た後、一九一二年一月一日に「民法典の補充に関する連邦法（第五編、債務法）」として施行された。

二　各論

続いて、性質保証並びに物の瑕疵に基づく損害賠償請求権について定めた条文を中心に、その起草過程についていま少し詳しくみてみよう。[15]

1　諸外国の瑕疵担保責任規定の立法例

まず初めに、ムンチンガーが暫定草案を起草する際に主に参照したとされている、[16] フランス民法典、チューリッヒ私法典、ドレスデン草案の物の瑕疵担保責任規定をみることにしよう。

一八〇四年フランス民法典[17]

第一六四一条
　売買の目的物に隠れたる瑕疵あるに因り其の物の用方に適せざるとき、又は買主が瑕疵を知りたるときは買受けず又は代金を減額して支払うべかりし程に用方を減少せしむるときは、売主は其の瑕疵に付て担保の責に任ず。

第一六四五条
　売主が目的物の瑕疵を知りたるときは、買主に対し受取りたる代金の外総ての損害を賠償する責に任ず。

第一六四六条
　売主が目的物の瑕疵を知らざりしときは買主に対し代金の返還及売買に因り生じたる費用のみを返還するを要す。

一八五五年チューリッヒ私法典[18]

第一四一四条
　売買目的物の約束された又は前提とされた性質の欠如を理由にしてだけでなく、黙秘された性質の欠如も理由として、売主は買主に担保を与えなければならない。[19]

第一四一六条
軽微な瑕疵は、別段の合意がある場合を除き、買主に対して何らの瑕疵担保上の請求権を与えない。取引において通常の売主による商品の宣伝は必ずしも当然に、特定の優れた性質についての真摯な約束と見なされうるものでもない。(20)

第一四一七条
瑕疵が明白な場合もしくは取引の際に容易に発見できるものであった場合には、瑕疵が売主の不誠実な態度に起因する場合にのみ売主は責任を負う。

第一四二一条
解除訴権は次のような効果を有する。売主は目的物の返還を受け、売買代金を返還し、さらに売主の不履行のために買主が被った損害を賠償しなければならない。(21)

一八六六年ドレスデン草案(22)

第一七二条
有償契約によって物を譲渡する者は、保証された性質についてだけでなく、当該目的物が危険移転時に、ラント法が他の時点を定めている場合にはその時点において、目的物の価値又は通常の若しくは契約によって前提とされた使用に対する適合性を失わせる又は著しく減じるような瑕疵を有していないことについても、取得者に対して責任を負う。譲渡人は、瑕疵の存在を認識していたかどうかに関わりなく責任を負う。

第一七三条
一七二条に掲げられたもの以外の瑕疵については、契約締結時に譲渡人がその不存在を保証していた場合に限り責任を負う。目的物の推賞の為の単なる宣伝は性質保証とはみなされない。全ての瑕疵について責任を負うつもりであるとの一般的な約束は、疑わしい場合には、一七二条に掲げられた瑕疵に限定される。

第一七四条
（一）　契約締結時に譲受人が認識していた瑕疵について譲渡人は責任を負わない。譲受人は認識していなかったが、通常の注意を尽くせば認識していたはずの瑕疵については、其の瑕疵が何人によっても認識されたに違いなかったか、又は譲受人が専門家である場合に限り認識されたに違いなかったかどうかに関わりなく、譲渡人はその不存在を保証していた場合に限り責任を負う。
（二）　譲渡された個別の目的物の検査が不可能であるか、取引界においては通常ではない程の量の目的物が譲渡された場合には、売主の責任は瑕疵の明白性によってではなく、譲受人が瑕疵を認識していたということによってのみ排除される。

第一八七条
解除又は減額請求権とならんで、譲受人が目的物の瑕疵を悪意で黙秘していた場合には、詐欺に基づく完全な損害賠償請求権を有し、保証された性質が存在していない場合には、契約の不履行に基づく完全な損害賠償請求権を取得者は有する。

では次に、これらの既存の立法例を参考にして、ムンチンガーがどのように債務法を起草したのかをみていこう。

2　旧債務法の瑕疵担保責任規定の起草

（1）　ムンチンガーによる暫定草案の起草

前述したように、ムンチンガーは、債務法の草案の起草に先立って、商法典草案を起草していた。彼が一八六三年に起草した暫定商法典草案においては、二一八条以下に売買目的物の瑕疵担保責任に関する規定が置かれていた。

一八六三年暫定商法典草案(23)

第二一八条
　売主は、売買目的物の約束された又は前提とされた性質の欠如並びに黙秘された瑕疵を理由として、買主に対して担保を与えなければならない。

第二二〇条
　軽微な瑕疵は、別段の合意がある場合を除き、買主に対して何らの瑕疵担保上の請求権を与えない。取引において通常行われる売主による商品の宣伝は必ずしも当然に、特定の優れた性質についての真摯な約束と見なされうるものでもない。

第二二一条
　瑕疵が明白な場合もしくは取引の際に容易に発見できるものであった場合には、瑕疵が売主の不誠実な態度に起因する場合にのみ売主は責任を負う。

第二二四条
　解除訴権は次のような効果を有する。売主は目的物の返還を受け、売買代金を返還し、さらに売主の不履行のために買主が被った損害を賠償しなければならない。

条文の構造および文言から明らかなように、一八六三年の暫定商法典草案は、チューリッヒ私法典の一四一四条以下の規定をそのまま受け継いで起草されている(24)。
これに対し、一八六九年の暫定草案の段階では、内容的にかなりの修正が加えられている。

一八六九年暫定草案㉕

第二三三条
（一）　売主は、保証された性質についてだけでなく、目的物が価値若しくは前提とされた使用に対する適合性を失わせる又は著しく減じるような瑕疵を有していないことについても、買主に対して責任を負う。売主は瑕疵を認識していなかった場合であっても責任を負う。
（二）取引において通常行われる売主による商品の宣伝は必ずしも当然に拘束力ある性質保証と判断されうるわけではない。

第二三六条
売買契約の時点で買主が認識していた、又は通常の注意を尽くせば認識したはずの瑕疵について、売主は、その不存在を保証していた場合にのみ責任を負う。

第二四五条
売買契約が瑕疵を理由に解除された場合、買主は収益、果実及びその他の利得と共に目的物を返還しなければならない。他方、売主は、支払われた売買代金に利息を付して返還し、さらに追奪によって買主に生じた全ての損害を賠償する義務を負う。二三〇条の損害賠償に関する規定はこの場合に準用される。

一八六三年の暫定商法典草案から一八六九年の暫定草案にかけて行われた重要な修正点としては次の各点が挙げられる。

(1) 性質保証について

性質保証に関しては、一八六三年暫定商法典草案二一八条では「約束された性質(vergesprochenen Eigenschaften)」という文言であったものが、暫定草案二三三条では、「保証された性質(zugesicherten Eigenschaften)」となっている。これはドレスデン草案一七二条の文言に倣ったものである。さらに瑕疵概念については、暫定商法典草案二一八条では単に「前提とされた性質」となっていたものが、暫定草案二三三条では「価値あるいは前提とされた使用に対する適合性を失わせるもしくは著しく減じるような瑕疵」というようにより詳細に規定されている。これも、フランス民法典一六四一条、ならびにドレスデン草案一七二条の影響を見て取ることができよう[26]。

(2) 認識可能な瑕疵についての売主の免責について

明白な瑕疵に関する暫定商法典草案二二一条は、チューリッヒ私法典一四一七条を手本にして、瑕疵が明白であるか取引において容易に発見可能である場合には、売主の態度が不誠実ではない限り免責されるという構造であった。これに対し、暫定草案二三六条では、買主が認識していたか、あるいは通常の注意を尽くせば認識可能であった瑕疵については、売主がその不存在を保証していなければ免責されるという構造となっている。両条を比較してみると、暫定商法典草案では、売主の免責の対象となる瑕疵の基準が、客観的な明白性あるいは発見可能性であったのに対し、暫定草案では、買主の主観的な認識あるいは認識可能性となっている。また、売主が責任を負わされる場合として、暫定商法典草案は「売主の不誠実な態度」を挙げるのに対して、暫定草案では「性質保証」を挙げており、さらにドレスデン草案にならって「通常の注意を尽くせば」という文言が入っている。このように、文言的に比較してみると、明らかにチューリッヒ私法典を手本に起草された暫定商法典草案とは異なり、暫定草案はドレスデン草案に近い形となっている。しかし、免責の構造をみると、ドレスデン草案では、買主にすでに認識されていた瑕疵については絶対的な免責事由となっているのに対し、暫定草案では、買主が瑕疵をすでに認識していた場合であっても、その不存在を売主が保証していれば免責されないという構造となっている。このように買主に既知の瑕疵についても売主の絶対的な免責事由としないという構造は、チューリッヒ私法典、およびそれに基づく暫定商法典草案のそれと軌を一にする。以上のことから、暫定草案は、文言的にはドレスデン草案に倣いつつ、構造的には依然としてチューリッヒ私法典の影響が残っているといえよう。

(3)　宣伝文句と性質保証の区別について

宣伝に関する暫定草案二三三条二項は、その文言からも明らかなように、チューリッヒ私法典一四一六条に基づいて起草されている。[27] この部分はのちに当然のこととして削除されることになるのであるが、宣伝と性質保証の区別の問題は学説・判例においてその後も尾を引くことになる。

(4)　損害賠償について

さらに、暫定草案二四五条では、解除の場合の売主の義務として、全ての損害の賠償責任を定めている。本条と対応するドレスデン草案一八七条では明文で性質保証並びに悪意の黙秘の場合にのみ完全な損害賠償請求権を認めるという構造を採っているのに対し、チューリッヒ私法典一四二一条では解除の効果の一つとして不履行に基づく損害賠償を定めている。このことからも本条はチューリッヒ私法典の影響のもとに起草されたといえるであろう。

このように、一八六三年の暫定商法典草案の段階では、一八五五年のチューリッヒ私法典の引き写しであった瑕疵担保規定が、一八六九年の暫定草案では、その基本部分については、一八六六年のドレスデン草案の影響を強く受けている。しかし、その他の部分については、チューリッヒ私法典の影響も色濃く残っている点を指摘することができる。

(2) 暫定草案以降の修正

一八七一年第一草案(28)

第二六〇条
（一）売主は、保証された性質についてだけでなく、目的物が価値若しくは前提とされた使用に対する適合性を失わせる又は著しく減じるような瑕疵を有していないことについても、買主に対して責任を負う。売主は瑕疵を認識していなかった場合であっても責任を負う。
（二）取引において通常行われる売主による商品の宣伝は必ずしも当然に拘束力ある性質保証と判断されうるわけではない。

第二六二条
売買契約の時点で買主が認識していた、又は通常の注意を尽くせば認識したはずの瑕疵について、売主は、その不存在を保証していた場合にのみ責任を負う。

第二七一条
売買契約が瑕疵を理由に解除された場合、買主は収益、果実及びその他の利得と共に目的物を返還しなければならない。他方、売主は、支払われた売買代金に利息を付して返還し、さらに追奪によって買主に生じた全ての損害を賠償する義務を負う。二五七条の損害賠償に関する規定はこの場合に準用される。

一八七五年第二草案(29)

第二四五条

（一）　売主は、保証された性質についてだけでなく、目的物が価値若しくは前提とされた使用に対する適合性を失わせる又は著しく減じるような瑕疵を有していないことについても、買主に対して責任を負う。売主は瑕疵を認識していなかった場合であっても責任を負う。

（二）　取引において通常行われる売主による商品の宣伝は必ずしも当然に拘束力ある性質保証と判断されうるわけではない。

第二四七条

売買契約の時点で買主が認識していた、又は通常の注意を尽くせば認識したはずの瑕疵について、売主は、その不存在を保証していた場合にのみ責任を負う。

第二五五条

売買契約が瑕疵を理由に解除された場合、買主は収益、果実及びその他の利得と共に目的物を返還しなければならない。他方、売主は、支払われた売買代金に利息を付して返還し、さらに瑕疵ある物の給付によって買主に生じた全ての損害を賠償する義務を負う。二四二条の損害賠償に関する規定はこの場合に準用される。

一八七七年第三草案(30)

第二四五条
売主は、保証された性質についてだけでなく、目的物が価値若しくは前提とされた使用に対する適合性を失わせる又は著しく減じるような瑕疵を有していないことについても、買主に対して責任を負う。売主は瑕疵を認識していなかった場合であっても責任を負う。

第二四七条
売買契約の時点で買主が認識していた瑕疵について売主は責任を負わない。買主が通常の注意を尽くせば認識したはずの瑕疵については、売主がその不存在を保証した場合に限り責任を負う。

第二五五条
売買契約が瑕疵を理由に解除された場合、買主は八一条、八二条の定めに従い収益及び果実と共に目的物を売主に返還しなければならない。他方、売主は、支払われた売買代金に利息を付して返還し、さらに瑕疵ある物の給付によって買主に生じた損害を賠償する義務を負う。その他の点については二四二条の規定が準用される。

一八七九年最終草案(31)

第二五九条
売主は、保証された性質についてだけでなく、目的物がその価値若しくは前提とされた使用に対するその適合性を失わせる又は著しく減じるような瑕疵を有していないことについても、買主に対して責任を負う。売主は瑕疵を認識していなかった場合であっても責任を負う。

第二六一条
売買契約の時点で買主が認識していた瑕疵について売主は責任を負わない。買主が通常の注意を尽くせば認識したはずの瑕疵については、売主がその不存在を保証した場合に限り責任を負う。

第二六九条
売買契約が解除された場合、買主は収益及び果実と共に目的物を売主に返還しなければならない。他方、売主は、支払われた売買代金に利息を付して返還し、さらに瑕疵ある物の給付によって買主に直接生じた損害を賠償する義務を負う。その他の点については二五七条の規定が準用される。

暫定草案以降の重要な修正点としては次の各点を挙げることができる。

(1)　性質保証に関して

性質保証に関する暫定草案二三三条は、その後、一八七一年第一草案二六〇条、一八七五年第二草案二四五条、一八七七年第三草案二四五条、一八七九年最終草案二五九条を経て、一八八一年に旧債務法二四三条として可決成立した。

この間の重要な文言の修正としては、第二草案二四五条二項の「取引において通常行われる売主による商品の宣伝は必ずしも当然に拘束力ある性質保証と判断されうるわけではない」という文言が、一八七七年の第三草案二四五条の段階で削除されたことが挙げられる。これについて、起草に加わっていたシュナイダーとフィックは、その

注釈書において、この部分は、当然のこととして削除されたと述べている。(32)

(2)　認識可能な瑕疵についての売主の免責について

買主に認識可能であった瑕疵について定める暫定草案二三六条は、一八七一年第一草案二六二条、一八七五年第二草案二四七条、一八七七年第三草案二四七条、一八七九年最終草案二六一条を経て、一八八一年に旧債務法二四五条として可決成立した。

この間の大きな修正点としては、一八七七年の第三草案の段階で、買主がすでに認識していた瑕疵の場合と、通常の注意を尽くせば認識できた瑕疵の場合を分けたことである。すなわち、一八七五年の第二草案までは、チューリッヒ私法典に倣い、買主が瑕疵を認識していたか、又は認識可能であった場合でも、売主が性質保証をしていれば責任を負わされた。しかし、第三草案の段階では、買主がすでに認識していた瑕疵については絶対的な免責事由となり、通常の注意を尽くせば認識できた瑕疵についてのみ、性質保証があれば責任を負わされるという構造となった。これは前述したように、暫定草案の段階で、文言上はドレスデン草案に従いつつ、構造的にはチューリッヒ私法典の影響が残っていたものが、構造的にもドレスデン草案と一致するものとなったとみることができる。

(3)　損害賠償について

物の瑕疵を理由とする損害賠償請求権に関する暫定草案二四五条は、その後の一八七一年第一草案二七一条、一八七五年第二草案二五五条、一八七七年第三草案二五五条、一八七九年最終草案二六九条を経て、一八八一年に旧債務法二五三条として可決成立した。

この間の大きな修正としては次の点が挙げられる。

①一八七一年の第一草案二七一条の段階では「…追奪によって買主に生じた…」となっていたものが、一八七五年の第二草案二五五条では「…瑕疵ある物の給付によって買主に生じた…」と修正されている。

②一八七五年の第二草案二五五条の段階では、「…全ての損害を賠償する…」となっていたものが、一八七七年の第三草案の段階では「全て」の部分が削除されて、単に「…損害を賠償する…」となった。

③一八七七年の第三草案二五五条の段階では単に「…買主に生じた損害…」となっていたものが、一八七九年の最終草案二六九条では、「直接」の文言が挿入され、「…買主に直接生じた損害…」と修正されている。

このように、当初は、物の瑕疵から生じた損害を全て売主に賠償させるという構造であったものが、最終的に直接損害にまで限定されている。

一八八一年旧債務法(33)

第二四三条
売主は、保証された性質についてだけでなく、目的物がその価値若しくは前提とされた使用に対するその適合性を失わせる又は著しく減じるような瑕疵を有していないことについても、買主に対して責任を負う。売主は瑕疵を認識していなかった場合であっても責任を負う。

第二四五条
売主は、売買契約時に買主が認識していなかった瑕疵について責任を負わない。買主が通常の注意を尽くせば認識したはずの瑕疵については、売主は、その不存在を保証していた場合に限り責任を負う。

第二五三条
　売買契約が解除された場合、買主は収益及び果実と共に目的物を売主に返還しなければならない。他方、売主は、支払われた売買代金に利息を付して返還し、さらに瑕疵ある物の給付によって買主に直接生じた損害を賠償する義務を負う。その他の点については二四一条の規定が準用される。

三　旧債務法の瑕疵担保責任規定の改正

一九〇五年草案(34)

第一二三二条
（一）　売主は買主に対して、保証された性質についてだけでなく、目的物がその価値若しくは契約上前提とされた使用に対する適合性を失わせる又は著しく減じる瑕疵を有していないことについても責任を負う。
（二）　売主は瑕疵を認識していなかった場合にも責任を負う。

第一二三四条
（一）　売買契約の時点で買主が認識していた瑕疵について売主は責任を負わない。
（二）　買主が通常の注意を尽くせば認識したはずの瑕疵については、売主がその不存在を保証した場合に限り責任を負う。

第一二四五条
（一）　売買契約が解除された場合、買主はその間に得た利得と共に目的物を売主に返還しなければならない。
（二）　売主は支払われた代金に利息を付して返還し、さらに瑕疵ある物の給付によって買主に直接生じた損害を賠償する義務を負う。

（三）　損害の、その他の点については、追奪担保責任に関する規定（一二三〇条）が準用される。

一九〇九年草案(35)

第一二三二条

（一）　売主は買主に対して、保証された性質についてだけでなく、目的物がその価値若しくは契約上前提とされた使用に対する適合性を失わせる若しくは著しく減じる、実体的瑕疵又は法律的瑕疵を有していないことについても責任を負う。

（二）　売主は瑕疵を認識していなかった場合にも責任を負う。

第一二三四条

（一）　売買契約の時点で買主が認識していた瑕疵について売主は責任を負わない。

（二）　買主が通常の注意を尽くせば認識したはずの瑕疵については、売主がその不存在を保証した場合に限り責任を負う。

第一二四五条

（一）　売買契約が解除された場合、買主はその間に得た利得と共に目的物を売主に返還しなければならない。

（二）　売主は支払われた代金に利息を付して返還し、さらに全部の追奪担保の規定に従い、訴訟費用、その他の費用、瑕疵ある物《（ママ）》の給付によって買主に直接生じた損害を賠償する義務を負う。

（三）　買主は、自己に帰責性のないことを立証しない限り、前項以外の損害を賠償する義務を負う。

旧債務法の改正の際に行われた瑕疵担保責任規定の修正の経緯は次のようなものである。

瑕疵担保責任に関する条文については、性質保証について定めていた旧債務法二四三条が、一九〇五年草案一二三二条、一九〇九年草案一二三二条を経て、現行債務法一九七条となった。買主に認識可能な瑕疵に関する旧債務法二四五条は、一九〇五年草案一二三四条、一九〇九年草案一二三四条を経て、現行債務法二〇〇条となった。また、損害賠償請求権について定めた旧債務法二五三条は、一九〇五年草案一二四五条、一九〇九年草案一二四五条を経て、現行債務法二〇八条となった。

修正点としては、一九〇九年草案の段階で、瑕疵の種類について「実体的瑕疵(körperliche Mängel)」だけでなく「法律上の瑕疵(rechtliche Mängel)」も物の瑕疵となるということを明記したことが挙げられる。この点について、一九〇九年の連邦内閣の報告書は、「一二三二条において、売買目的物の瑕疵担保責任は、実体的瑕疵のためだけでなく、法律上の瑕疵のためにも起草されていることは明白である。例えば、特許権の瑕疵や使用権限の法律上の制限などがこれにあたる」と述べている(36)。

さらに、損害賠償請求権に関する重要な修正点として、一九〇九年草案一二四五条第三項において、直接損害以外の損害についても、売主に帰責性があれば賠償する義務があることを明記した点を挙げることができる。

一九一一年現行債務法(37)

第一九七条
(一)　売主は、保証された性質についてだけでなく、目的物がその価値若しくは契約上前提とされた使用に対する適合性を失わせる若しくは著しく減じる、実体的瑕疵又は法律的瑕疵を有していないことについても、買主に対して責任を負う。
(二)　売主は瑕疵を認識していなかった場合にも責任を負う。

第二〇〇条
(一)　売主は、売買契約時に買主が認識していなかった瑕疵について責任を負わない。
(二)　買主が通常の注意を尽くせば認識したはずの瑕疵については、売主は、その不存在を保証していた場合に限り責任を負う。

第二〇八条
(一)　売買契約が解除された場合、買主はその間に得た利得と共に目的物を売主に返還しなければならない。
(二)　売主は支払われた代金に利息を付して返還し、さらに全部の追奪担保の規定に従い、訴訟費用、その他の費用、瑕疵ある物の給付によって買主に直接生じた損害を賠償する義務を負う。
(三)　売主は、自己に帰責性のないことを立証しない限り、前項以外の損害を賠償する義務を負う。

第三節　性質保証責任論の展開

前号において明らかにされたスイス債務法(ＯＲ)の瑕疵担保規定の成立過程を踏まえ、以下では、スイスの学説における性質保証責任の法的性質および瑕疵担保の際の損害賠償責任、並びに免責条項との関係に関する議論をやや詳細に見ていこう。

一　性質保証責任の法的性質

1　債務法立法後の学説

債務法の立法後のスイスの学説はドイツ法の強い影響下にあった(38)。しかも、当時のドイツの通説の影響を強く受け、性質保証は法律行為上の意思表示としての損害担保の引受でなければならないと解する見解が支配的であった(39)。

オーザーの見解

オーザーは、一九一五年の注釈書において、性質保証の法的性質について「損害担保(Garantie)の引受が性質保証として理解されなければならず、性質の言明では必ずしも十分ではない」とする。その一方で、性質保証は買主によって契約の構成要素として受容される必要はなく、それゆえ契約が要式契約であったとしても、性質保証自体はその方式を踏む必要はないとする(40)。

ベッカーの見解

ベッカーも一九三四年の注釈書において、「性質保証は法律行為上の表示であり、それゆえ、買主に向けられたものでなければならないが、それ自体、売買契約に取り込まれる必要はない」とする。その例として、第三者に送付された売主のパンフレットも性質保証の根拠として買主は援用することができるという(41)。

また、性質保証は明示でも黙示でもよく、要式契約の場合であっても、性質保証自体は定められた方式で表示される必要はなく、不動産売買の場合であっても、口頭の性質保証も拘束力を持つという。その理由として、不動産取引において方式を強制するのは取引の安全と契約当事者を軽率から守るためであるが、不動産売買の際の性質保証についていえば、この要請は動産売買の場合と比してさほど高いわけではないということを挙げる[42]。

さらに、性質保証は、法律行為上の表示として、真摯に意図されたものでなければならず、この点で購買意欲を惹起するが文字通りには理解してはならない一般的な宣伝と区別されるとする[43]。

これに対して、当時ドイツにおいてヴォルフやハイマン等によって有力に主張されていた二分説に依拠して[44]、より端的に、性質保証は売主の単なる言明でも責任を生ぜしめる法定の責任であるとの見解を主張したのがトゥールである。

フォン・トゥールの見解

トゥールは、一九二四年のスイス債務法総則の教科書において、断片的ではあるが、性質保証の法的性質について次のような見解を示した。

彼は、法的行動（Rechtshandlungen）を、①意思表示（Willensäußerungen）、②観念の表示（Vorstellungsäußerungen）、③知覚の表現（Gefühlsäußerungen）、に分類する。そして、ＯＲ一九七条の性質保証を観念の表示の一例として位置づける[45]。トゥールによると、「性質保証はしばしば意思表示として、すなわち給付の約束として理解される」が、これは「論理的誤謬に基づいている」[46]という。特定物の売買の場合には「性質保証は約束（Versprechen）ではなく、それに基づいて売主に瑕疵担保責任が発生する言明（Aussage）である」という。[47] しかし、要式契約の場合の性質保証の方式性については、ドイツの通説に従い、契約が要式行為の場合には、その方式を踏まない性質保証は責任を発生させないとする。[48] さらに、トゥールは、性質保証と買主の購買の決断との間の因果関係の問題についても、当時のドイツにおける学説に依拠して、「性質保証と買主の契約締結の決断との間の因果関係は必要ない」とする。[49]

このトゥールの見解は、当時の支配的見解に反して、損害担保の引受がなくとも単なる言明でも性質保証となりうることを示唆した点で、後の学説に大きな影響を与えた。

2　法定責任説の通説化

トゥールがスイスに導入したドイツにおける二分説の枠組みを、理論的に法定責任として構成したのが、連邦裁判所判事のシュタウファーであった。

シュタウファーの見解

シュタウファーは、一九四四年の論文において、まず、性質保証責任に関して、OR一九七条は旧BGB四五九条と構造的に一致することを理由に、性質保証の法的性質を明らかにする際にはドイツの判例・学説の比較が有益であるとする。そして、当時のドイツでは、性質保証を契約の構成要素として構成する支配的見解と、ローマ法に依拠して単なる言明でも性質保証となりうるとするハイマン等の少数説の対立があったことを紹介する。一方、スイスにおいても、ハイマン等の少数説を継受したトゥールの説と、ドイツの通説に依拠するオーザー等の折衷説の対立があるとし、シュタウファー自身は、性質保証の起源はローマ法にあり、できるだけそれに依拠しなければならないとする。そう考えると、オーザー等の説は法論理的に難点があり、トゥールの説く単なる一方的な『言明』で十分であり、それによって法的に意味のある性質保証が認められるとする。(50) そして、性質保証の法的性質については次のようにまとめる。「ＯＲ一九七条の性質保証のもとでは、一定の要件、すなわち一定の画定された売主の観念の表示（あるいは言明）が存在する場合に生じる、最終的に信義則に帰着する法定責任が問題となる」(51)。

さらに、性質保証は契約の構成要素ではないという立場を前提とするなら、土地の売買の場合に、性質保証が法によって定められた方式に従っていなくても責任を基礎づけるということは自然な帰結であるとする。(52) ここでは彼は、完全なドイツの学説の継受を目指すトゥールとは異なり、スイスにおける取引慣行を考慮した解釈を行う。もちろん彼も、意味のない宣伝はＯＲ一九七条の性質保証とはなり得ないことを前提とする。重要なのは、性質保証が買主の売買の決断に影響を与えたことであるという。「経験則及び取引における信義則に従い、まさに包括的な意味で購入するという決断、あるいは具体的な条件で購入するという買主の決断に影響を与えることのできる真摯な性質保証が重要である(53)」とする。さらに経験則上一般的に当該性質保証は買主の意思決定に決定的な影響を与えるものである場合には、因果関係の証明責任は売主に転換されるとする。(54)

以上のようにシュタウファーは、性質保証の法的性質についてはトゥールの見解に従っている。その一方で、性質保証の方式の問題、買主の購買の決断に対する因果関係の問題については、ドイツ法の完全な輸入を目指すトゥールとは袂を分かち、スイスの取引慣行を考慮した、独自の解釈理論を提示したといえる。

3　連邦裁判所によるシュタウファーの見解の受容

シュタウファーによって確立された性質保証の法定責任としての理解は、次に掲げる判決において連邦裁判所の容れるところとなった。

連邦裁判所一九四五年九月二五日判決　民事第一部（BGE 71 II 239）

【事実関係】

原告は被告から中古車を七千二百八十フランで買った。中古車の距離計は約四万二千五百キロを示していた。実際にはその車は、約十万キロも走っていた。原告は売買契約の解除を求めた。原告は訴えを理由づけるために、とりわけ、その車は距離計が示す四万二千五百キロ以上は走っていないということを被告は性質保証していたということを主張した。原告は、これらの事情は原告にとって極めて重要であり、走行距離数の多い車は原告にとって問題外であるということを強調していた。

ベルン州の商事裁判所は訴えを棄却した。連邦裁判所は事件を原審に差し戻した。

【判旨】

連邦裁判所は、性質保証の法的性質に関して、次のように述べて、全面的にシュタウファーの見解に従うことを明らかにした。

「性質保証の場合には、経験則上、包括的にあるいは具体的な条件で購入するという買主の決断に決定的な影響を与えるような因果関係が推定される。その場合、問題となっている事案において性質保証は買主にとって実際に意味のあるものではなかったという反証によってこの自然な推定を崩すことは売主の義務である。その他の点では、

ＯＲ一九七条の性質保証のもとでは、契約の構成要素が問題となるのではなく、むしろ、一定の要件、すなわち一定の画定された観念の表示あるいは言明が存在する場合に生じる、最終的に信義誠実の原則に帰着する法定責任が問題となる」。

以上の一般論を前提として、本件事案においては、中古車売買の際には走行距離は通常は重要な意味を持つので、買主が性質保証の存在の証明に成功すれば、性質保証と買主の購買の決断との間の因果関係の存在が推定されると判示した。

連邦裁判所一九四七年一〇月二八日判決　民事第一部(BGE 73 II 218)

【事実関係】

被告は、訴外Ａの仲介で、チューリッヒのラファター通り一一の家屋を売り出した。被告はその土地を相続によって取得していた。訴外Ａは申込書に見積書、収益見込書、物件明細書を添付した。物件明細書にはとりわけ地下室と各階の許容積載重量についての言明が含まれていた。その後、被告はその土地を訴外Ｂに売却した。訴外Ｂは、所有権移転時まで、契約に基づくすべての権利義務を任意の第三者に委ねる権利を留保していた。それに従って、一九四二年六月二三日付で原告は訴外Ｂの代理人となった。それに基づいて、同日、不動産登記が行われた。契約書では、天井の強度については言及されていなかったが、条項二では瑕疵担保責任が一般的に排除されていた。

天井の許容積載重量が実際には訴外Ａによって見積もられた値よりもかなり低かったことを理由に、一九四二年一一月二〇日に原告は建築技師の鑑定書に基づいて瑕疵責問を行った。その結果、原告は被告に、天井の補強のための費用の賠償を求めた。チューリッヒ地裁並びにチューリッヒ高裁は原告の訴えを認容した。被告は連邦裁判所に上告した。

【判旨】

連邦裁判所は、「譲渡された建物の天井の許容積載重量についての言明が、必要な方式を踏んでいなかったとしても、あるいは契約の構成要素として被告の義務負担意思がなかったとしても、有効にＯＲ一九七条の性質保証となるのかどうか」という争点について、方式性の問題については、「単に口頭で与えられた性質保証は、それが相手方当事者の決断に因果関係的な意義がある限りで、方式が必要な法律行為の場合であっても拘束力を有するということを、連邦裁判所はBGE 63 II 79においてすでに明らかにしている」として、無方式の性質保証も有効であることを承認した。さらに、性質保証の法的性質については、一般論において、言語学的にみれば「die zugesicherten Eigenschaften」という文言は、単なる観念の表示よりも、義務負担意思によって裏打ちされた表示と見る方が適当であるにもかかわらず、そのような限定的な解釈は、沿革および法論理的な考察によれば許されないという。その理由として、ＯＲ一九七条の性質保証はローマ法のdictumに起源を有するということがトゥールとシュタウファーによって明らかにされていることを挙げる。債務法の立法者が、ＯＲ一九七条の文言を選択することによって、明確にローマ法から離れようとしていたのであれば格別、そのような立法者意思が確認されない以上、そのような結論は取りえないとして、単なる言明でも性質保証となりうるとした。

以上の一般論を前提として、前掲のBGE 71 II 239と同様に、本件においても、性質保証と買主の購買の決断との間の因果関係は推定されるとし、被告の反証も成功していないとした。また、瑕疵担保責任排除条項についても、性質保証責任の免責に関しては、売主が責任を排除する意思を有し、それが買主にとって認識可能であったかどうかが検討されなければならないとする。そして、本件においても、売主は信義則上買主に誤解が生じないように条項を明確化すべきであったにもかかわらず、その点が不十分であったとして、排除条項の効力を認めなかった。以上の理由から連邦裁判所は被告の上告を棄却した。

4　法定責任説の通説化

トゥールによってスイスに持ち込まれ、シュタウファーによって理論的に確立された法定責任説は、その後、連邦裁判所の容れるところとなり、さらに、信頼理論と結びつく形で理論的に整備され、通説としての地位を確立していった(55)。では次に、シュタウファーの見解を理論的により精緻化したイェッギの見解をみてみよう。

イェッギの見解

イェッギは一九五〇年の論文で、シュタウファーの見解を容れた前述の二つの連邦裁判所の判決を出発点に据え、性質保証の法的性質についての判例の立場に対して考察を加える。その際、法の解釈とは区別されるところの「事実の探求」が必要であるとする。この方法論に基づいて、特定物売買の性質保証について検討する。まず彼は、特定物売買における売主／買主の表示は、意思表示（Willensäußerungen）であると同時に観念の表示（Vorstellungsäußerungen）であるとする。そして売主の表示を二つのグループに分ける。第一のグループは、売買目的物の性質に関する記述（例えば「この時計のケースは純金製である」）が存在する場合には、このような付加的な記述は、記述された性質が確実なものとして評価されるか、それとも真実らしいとしか評価されないかによって区別され、前者のみが性質保証となるとする。第二のグループは、売買目的物が記述に適合した性質を備えていない場合に売主がどのような行動をとるのかということに関わるものである。この種の表示は次の三つに分類されうる。①そのような可能性が存在することは何らの効果ももたらさない、②契約を解消する、あるいは代金を減額する、③売主は特別の給付を行う（例えば、修補、代物給付、損害賠償）。これらは法律的には①責任の排除、②法律上の瑕疵担保、③損害担保の引受、と呼ばれるものである。しかし、性質保証をする者は、その性質が存在していない可能性については初めから排除している。したがって、責任の排除、瑕疵担保、損害担保の引受が表示される場合には、それは常に性質保証ではなく、単に表示どおりの効果が実現されるに過ぎない。ということは、性質保証は、第一のグループの記載された性質が確実なものとして評価される付加的な記述にしか存在しないことになる。以上の検討から、イェッギは、性質保証の法的性質について、「性質保証は観念の表示である。売主はそれによって、一定の売買目的物に関連する事実を所与のものとみなしていることを認識せしめる。詳しく言うとそれは特別の観念の表示、すなわち知識の表明である」と結論づける。(56)

ただし、性質保証が契約の構成要素となるかどうかについては、契約の内容として、当事者の「事実」に対するイメージを契約内容に取り込むかどうかにかかってくるとする。そして、結論的には、性質保証は観念の表示であるが、契約の内容に取り込まれうるとの立場を取る。(57)

このように、イェッギの見解は、性質保証は観念の表示で足りるとする点では法定責任説と同じであるが、それが契約の内容をも構成しうるとする点で異なっている。

この後も法定責任説は、学説の中で通説として支持されていく。(58)

ケラー／レルチャーの見解

ケラー／レルチャーは一九八〇年の売買法の教科書において、今日の通説は判例と共に、性質保証を単なる観念の表示とみなしており、彼もこの見解に従うとする。その理由は次のようなものである。もし、契約上の給付義務を承認するのであれば、そもそも売主はこの損害担保約束に基づいて常に責任を負わされることになり、ＯＲ一九七条は単に宣言的な意味しか持たないことになる。しかしそれはＯＲ一九七条の趣旨ではあり得ない。「保証された性質に対する責任の法律上の根拠は、常に法にあり契約にはない」という。そして、性質保証が契約の構成要素とならず、単に観念の表示であるがゆえに、要式契約の場合でも、性質保証はなんら方式を踏む必要がないとする。ただし、因果関係については、「性質保証によって買主が売買の決断を惹起させられたかどうかという主観的な基準は、あまり重要視される必要はない」とする。「むしろそれに従って買主は売主の観念の表示を信頼することが許されるところの信義誠実の客観的原則が唯一決定的である。すなわち、観念の表示が売買の決断に因果関係を有していたかどうかということは無関係である。従って、保証された性質のみが事実上欠如している場合には、売主は、売買の決断に対する性質保証の因果関係が欠如している場合でも物の担保責任を負わなければならない」として因果関係を性質保証の要件とすることを否定する。(59)

5　契約責任説の有力化

このように、判例によって支持された法定責任説は通説としての地位を確立したかに見える。しかしその一方で、性質保証は契約の内容を構成するとの説（契約責任説）も有力に主張されている。

メルツの見解

メルツは一九五〇年の論文において、シュタウファーの見解に依拠した連邦裁判所の判例を「極めて疑問である」と批判する。そして、「責任を根拠づける売主の性質保証を実際に契約の構成要素として理解するということは、信頼理論に基づいて契約締結の際に、信義誠実の原則に従い一方当事者の法律行為上の表示から相手方当事者によって理解することが許されたもののすべてを契約の内容とせしめる法秩序に、本質的により適合する。買主は売主の性質保証に拘束力ある意味を付与してよく、実際付与しているのでそしてその限りで、これは売買の合意の対象となる」として契約責任的構成を明らかにする。(60)

メルツは「買主が売主の表示をどのように理解することが許されたか」を売主の表示の解釈の基準とする点で、ドイツの黙示的性質保証の認定基準と軌を同じくしている。これによれば、売主の側の主観的な意図に左右されることなく、買主の側からの解釈によって性質保証を肯定することができ、まさに買主の信頼を保護することができる。

メルツの信頼理論に基礎を置く契約責任説をより詳細に論じ、集大成したのがギーガーであった。

ギーガーの見解

ギーガーは、一九八〇年の注釈書において、性質保証の法的性質については、「規範的に意図されている意味での性質保証は、売主の側からの売買目的物の積極的な性質の存在あるいは消極的な性質の不存在の主張、すなわち、信頼原則に従って拘束力を与えられた、主張された性質を示す目的物を給付するという売主の意思表示である」とする。[61]シュタウファーとそれに従う判例に対しては、「単純な要件の不必要な複雑化」というラーベルの言葉を引用して批判する。そして、ＯＲ一九七条の性質保証とローマ法上の dictum を結びつける彼らの見解は、沿革的に見て説得力のあるものではなく、ローマ法の dictum と promissum の二元性を見落としていると批判する。さらに、「立法者が明確に性質保証を promissum に限定していたということが証明されない以上、そのような立場を前提とすることができない」という判例の理論も、今日ではそのような厳格な主観的-歴史的解釈は一般的に受容されている解釈原則によって否定されており、そもそも、立法者意思を探る資料が不毛であると切り捨てる。[62]

そして、前出のメルツの見解を引用し、たとえ契約責任的構成を取ったとしても、買主の側からする売主の表示の解釈を基準にすれば、買主の信頼の保護も達成できるとする。その上で、「ＯＲ一九七条の性質保証は法律行為上の損害担保引受である。性質保証は、信頼原則に従って拘束力ある売主の、売買目的物の主張された積極的性質の存在について責任を負うという意思表示を含んでいる。その結果、売主は、売買目的物の前提とされた性質の場合のように重大な瑕疵についてのみ責任を負うのでなく、売主の損害担保引受に基づいて売買目的物の性質保証の内容とのすべての相違に対して責任を負う」とする。[63]

性質保証と宣伝の区別の問題については、文字通りに受け取れない宣伝や、通常は一顧だに値しないような一般的な宣伝は性質保証ではないとする。ただし、より正確な言明で一般的な表示を補充する場合には、ＯＲ一九七条の性質保証としての拘束力を有するようになるとする。結局、性質保証か宣伝かは、「個別事例において信頼原則が決定する」のであり、従って、「買主が取引慣行における信義則に従って売主の表示をどのように理解することが許されたか、そしてどのように理解しなければならなかったのかが決定的である」とする。[64]

無方式の性質保証の有効性の問題については、結論として、取引慣行並びに実生活上の要請から、無方式の性質保証の有効性を認める。しかし、契約的構成を採る以上、その論拠については、法定責任説のように、「性質保証は観念の表示であるから無方式でもよい」ということはいえず、より一般的に要式規定の趣旨および目的から導く。すなわち、不動産売買の際に公正証書による契約が要求されるのは（ＯＲ二一六条一項、ＺＧＢ六五七条一項）[65]、①軽率な契約締結からの当事者の保護、②契約の正確性の要請、③土地登記に対する確実な基礎の創出、という三つの目的からであり、無方式の性質保証を認めたとしても、この三つの目的が無に帰せしめられることはないということを理由とする。[66]

さらに通説・判例が性質保証の要件として求める性質保証と買主の購入の決断との間の因果関係については、「性質保証が売買契約締結の動機かあるいは単なる刺激かどうか、性質保証が売買代金に影響を与えたかあるいは買主が性質保証を単に歓迎すべき売買の仕上げとして受け取っていたのかどうかということはおよそ意味がない。むしろ、性質保証の有効性は、その内容が売買契約の要素を形成していることに依拠している。それは客観的な基準に基づいてそして信頼原則に依拠して次のような問によって審査されなければならない、『買主は売主の言明を法的に拘束力のある性質保証と見なすことが許されたか?』。性質保証によって買主が売買の決定に向かって動かされたかどうかという主観的基準は決定的ではない。確定することが困難な、裁判官によって訴訟の過程において初めて突きとめられうるような、法的安定性を非常に損なう『主観的な評価基準』が基準とされてはならない」として、要件としての因果関係を否定する。[67]

二　損害賠償

スイス債務法では、瑕疵担保責任の構造上、効果に関しては、性質保証の特殊性はほとんど存在していない。性質保証の効果としてとりわけ注目されている損害賠償請求権についても、スイス債務法では単なる瑕疵の場合と同様に契約が解除された場合には直接損害の賠償が認められるのみである。間接損害の賠償は売主が無過失の証明に失敗した場合に認められるに過ぎない。

しかし、少なくとも性質保証に基づいて買主は結果的に「直接損害」を請求できるのであり、この場合の直接損害とはどこまでの損害なのか、さらに売主に過失がある場合に認められる間接損害とはどのように区別されるのか、についてスイス債務法の学説・判例を明らかにすることは重要であるように思われる。また、結果責任としての瑕疵担保の効果である直接損害とは別に、間接損害が認められる場合の売主の過失はどのようなものが想定されているのかについて、スイス債務法の判例・学説を検討することは、今日の日本法における瑕疵担保責任・債務不履行責任に関する議論にも資するものと思われる。

以下ではこれらの問題点に重点を置いて判例・学説の展開を見てみよう。

1　直接損害と間接損害の区別について

前述したように、物の瑕疵担保に関しては、ＯＲ二〇八条二項において瑕疵ある物の給付から直接生じた損害の賠償が、同条三項においてそれ以外の（間接）損害の賠償が認められている。二項の直接損害の賠償は結果責任であり、三項の間接損害の賠償は過失責任である(68)。このような直接損害と間接損害の区別は、普通法における因果関係理論にその起源を有し(69)、旧債務法下では、債務不履行の際の損害賠償の範囲を定めた一一六条、権利の瑕疵の損害賠償を定めた二四一条、物の瑕疵の損害賠償を定めた二五三条に存在していた。旧債務法下の判例は、損害賠償の一般規定である一一六条一項(70)が不履行による損害賠償を契約時に予見可能な直接損害に限定していたことを受けて、二五三条の物の瑕疵による直接損害についても、通常の因果の経過に従えば瑕疵ある給付の直接の結果として予見可能な損害について売主は責任を負うと解していた[71]。

しかし、一九一一年の現行債務法への改正の際に、旧一一六条自体不要であるとして削除され、債務不履行の一般規定における直接損害と間接損害の区別は姿を消した[72]。ゆえに、直接損害と間接損害の区別は現行債務法において、権利の瑕疵の損害賠償に関する一九五条と物の瑕疵の損害賠償に関する二〇八条に残るのみである[73]。

(1) 学説の概観

直接損害と間接損害の区別の基準に関する学説は大きく分けて次のように分類されうる[74]。

【消極的／積極的契約利益基準説】

学説の大多数は、直接損害と間接損害の区別の基準として、まず第一に、消極的契約利益(信頼利益[75])と積極的契約利益(履行利益[76])の対概念を用いる。すなわち、原則として、ＯＲ二〇八条二項の直接損害の場合には消極的契約利益(全部あるいはその一部)の損害が問題となり、ＯＲ二〇八条三項の間接損害の場合には積極的契約利益の損害が問題となると考える。

しかし、さらに内部では消極的契約利益の枠内における直接損害の確定について【完全対応説】と【一部対応説】が対立している。

【完全対応説】

この説の論者は、消極的契約利益の全てが直接損害となると解する。OR一九五条一項／二〇八条二項は、契約の解消にともなう損害賠償という性格を有しており、その論理的帰結として、直接損害は全ての消極的利益を含むとする。(77) 逆に、逸失利益は積極的契約利益に含まれるので間接損害として賠償されるとする。(78) しかし、これに対しては、消極的利益には逸失利益は含まれないという前提自体が誤っており、実際には、締結されなかった他の取引に基づく逸失利益も直接損害として賠償される可能性があるとの批判もなされている。(79)

【一部対応説】

この説の論者は、消極的契約利益の一部のみが直接損害となるとする。OR二〇八条二項は結果責任を定めた条文であることに鑑み、可能な限り抑制的な限定をおこなうのが妥当であると主張する。彼らによると、消極的契約利益には逸失利益も含まれており、【完全対応説】では、結果責任を定めるOR二〇八条二項によって売主が逸失利益の賠償責任まで負わされることになり、これは売主の責任を不当に拡大することになるとする。それを避けるために、消極的契約利益の一部のみが直接損害として賠償されるべきであるとする。(80) しかし、消極的契約利益内において、どのような損害費目が直接損害に含まれ、あるいは間接損害に含まれるのかについての基準は【一部対応説】の論者によって異なり、大きく分けて【逸失利益排除説】と【因果関係基準説】に分かれる。

【逸失利益排除説】

この説の論者は、積極損害（damnum emergens）と逸失利益（lucrum cessans）の区別を用いる。彼らは、消極的契約利益をさらに、積極損害と逸失利益に分類し、直接損害は、積極損害に限られ、間接損害は、逸失利益並びに積極的契約利益を含むとする。(81)

【因果関係基準説】

この説の論者は、瑕疵ある給付と損害の間の因果関係の強弱によって区別する。すなわち、彼らは、直接損害と間接損害の区別は本来普通法上の因果関係理論にその起源を有し、また、文言上も「直接生じた損害」となっていることから、決定的な区別の基準は、損害事実と損害の間の因果関係の強度(因果連鎖の数)であるとする。この考えに従えば、契約侵害の直接の結果ではない逸失利益はもはや直接損害には属し得ないことになる。さらに、【逸失利益排除説】の論者とは対照的に、必ずしも全ての積極損害が直接損害として顧慮される必要もない。因果関係の弱い積極損害は直接損害として賠償する必要はないことになる。(82)

間接損害については、【消極的／積極的契約利益基準説】内では、全積極的契約利益と解することについて争いはない。その理由として、間接損害の賠償は契約侵害に基づいており、それゆえ、契約侵害の賠償の効果として、買主は全積極的契約利益の賠償請求権を与えられるとする。(83)

以上の【消極的／積極的契約利益基準説】に対しては、次のような少数説が対立している。

【積極的契約利益基準説】

この立場は、原則として直接／間接損害とも積極的契約利益から出発し、その内部で直接損害と間接損害を区別する。この見解の代表者であるベッカーは、OR一九五条、二〇八条の損害賠償は、契約侵害としての性質を有しているとし、直接／間接損害の規定と過失ある契約侵害の法律効果を結びつける。すなわちOR九七条一項の積極的契約利益を損害賠償の範囲と考える。(84) ベッカーはその例として、瑕疵を帯びた機械が給付された場合の操業停止による直接損害を挙げる。例えば、操業停止の結果働くことができなくなった従業員の賃金も直接損害に含める。ただし、逸失利益は直接損害に含まれないとする。(85)

【消極的契約利益基準説】

この立場は、原則として直接／間接損害とも消極的契約利益から出発し、その内部で直接損害と間接損害を区別する。例えばシューピガーは、OR二〇八条二項／三項の損害賠償が、瑕疵担保解除による契約の解消的性質を有していることに鑑み、OR二〇八条二項／三項の直接損害と間接損害は、消極的契約利益に限定されるという見解を主張する。しかし、同時に、彼は、消極的利益の中には、積極損害(damnum emergens)と逸失利益(lucrum cessans)が共に存在するとの立場をとる。その上で、積極損害を直接損害、逸失利益を間接損害とする方法も考えられるが、実際問題として、直接損害と間接損害を明確に区別する基準を見いだすことは不可能であるとする。結局は、個別具体的に、瑕疵ある売買目的物の結果生じた損害を算定することを許す基準が裁判官に与えられるとする。そして、OR二〇八条二項／三項によって裁判官に委ねられた基準は、おそらく、瑕疵ある売買目的物の給付と生じた損害の間の相当因果関係の強度との関連によっても具体化されうるという。(86)

(2) 瑕疵結果損害の問題

瑕疵結果損害が、直接損害あるいは間接損害のいずれに分類されるのかという問題についても説が分かれている。この点について、ギーガーは、ＯＲ二〇八条二項の結果責任は、瑕疵結果損害も含む全積極的損害を包摂するとする。(87) これに対し、ケラー／レルチャーは、売買目的物の瑕疵と、生じた損害の間の因果関係の距離を基準に定められるという。すなわち、瑕疵の直接の結果として生じた瑕疵結果損害は、売主が無過失であっても直接損害として賠償されなければならない。これに対し、瑕疵ある物の給付よりも損害の発生の因果の連鎖が遠い場合には、間接損害が存在しており、売主は自己の無過失を立証すれば責任を逃れることができるとする。(88) 逆にホンゼルは、瑕疵結果損害は、瑕疵損害とは対照的に、二項の直接損害には包摂されず、三項の間接損害に包摂されるとする。その理由として、契約法における不完全履行ないしは付随義務の侵害に対する損害賠償については過失が要求されていること、また、製造物責任法は、製造者と輸入業者にしか無過失責任を認めていないのに、自ら製品を製造していない無過失の売主に瑕疵結果損害について結果責任を負わせることは妥当ではないこと等を挙げる。(89)

2 間接損害を根拠づける売主の過失について

ベッカーは、間接損害の賠償を基礎づける売主の過失については、瑕疵の認識は必ずしも当然に過失とはならないとする。しかし、もし、買主が瑕疵を認識していたならば目的物を購入しなかったであろうということを売主が予測しなければならなかった場合にはこの限りではないとする。その例として、目的物の真正を売主が詐欺的に保証した場合を挙げる。さらに、場合によっては、一定の性質を保証し、容易にその性質の検査が可能である場合、あるいは、危険が存在し、それゆえ正確性をチェックする必要性が存在する目的物が扱われている場合のような、

いわゆる検査義務が存する場合もそれに当たるとする。(90)

これに対し、ギーガーは、売買目的物の瑕疵を売主が認識していた場合には、売主に開示義務がある限りで、常に過失と認定されなければならないとする。この他に、過失が認定される場合として売主の検査義務の違反を挙げる。(91)

条文から明らかなようにこの過失については売主側が無過失の立証を行わなければならない。

三　免責条項との関係

スイス債務法においても、ドイツあるいは日本と同様に、原則として瑕疵担保責任を排除する条項も有効であり、売主が悪意で瑕疵を黙秘した場合に限り免責条項は無効となる（OR一九九条）。性質保証についても、売主が性質の不存在を認識しつつ、性質保証を行った場合に限り悪意の黙秘となりOR一九九条が適用されるのが原則である。しかし、それを越えて、判例・学説においては、性質保証と同時になされたその免責は自己矛盾行為となると解されてきた。(92)

1　判例

連邦裁判所は、一九四五年一二月一八日の未公刊の判決（BGE 73 II 218 において引用）において、保証された性質に対する免責の承認を、法理論に基づいて否定した。その理由は、性質保証によって一定の性質に対する損害担保を引き受け、かつ同時に、そこから発生する法律効果を瑕疵担保の免責条項によって再び破棄することはできないというものであった。これに対して前出の連邦裁判所一九四七年一〇月二八日判決（BGE 73 II 218）では、先の未公刊の一九四五年判決の論理は、売主の損害担保意思に基づく性質保証にのみ当てはまり、単なる観念の表示あるいは言明による性質保証については、免責は論理的に極めてあるうることであるとされた。ただし、売主が免責条項によって責任を免れるつもりであるならば、信義則上、そのような免責条項は誤解がなされないように明示されなければならないとされた(93)。

2　学説

以上のような判例理論に従う説も多い(94)。レルチャーも、基本的には判例の立場に賛同しつつ、なお、保証された性質が欠如している場合に瑕疵担保責任の免責を主張することが権利濫用的に信義則と抵触しないかどうかが検討されなければならないとする。すなわち、彼は、性質保証の目的は保証された性質が欠如している場合に売主の責任を根拠づけることにあり、売主がそのような責任に対する免責条項を援用することが許されるならば、まさに売主の責任の根拠付けという性質保証責任の意義が失われるとする。それゆえ、このような免責条項の援用は自己矛盾行為となり権利濫用と見なされるとする(95)。

これに対しギーガーは、契約責任説の立場から、判例理論を「内容的に矛盾しており、それ自体完結的な体系を破壊するものであり、不一致と法的不安定性をもたらすものである」と批判する。彼は、そのような誤りの原因は、観念の表示を要素とする性質保証責任の構築に存するとする。そして性質保証を、目的物の主張された性質の存在に対して責任を負うという売主の拘束力ある意思表示として解釈するならば――連邦裁判所が先の未公刊の一九四五年判決において正当に確定したように――、保証された性質に対する瑕疵担保責任の完全な排除は法理論上あり得ないという(96)。

以上のように、学説においても、性質保証責任の完全な免責は自己矛盾行為となり無効と解する見解が支配的であるといえる。他方、性質保証責任の一部の免責については、ほとんどの学説はその有効性を認める。(97)

第四節　学説の展開のまとめ

一　条文上の系譜

スイス債務法における瑕疵担保責任ならびに性質保証責任の条文上の系譜からは、次の点が明らかになる。要件については、売主が瑕疵担保責任を負う場合として、保証された性質の欠如並びに目的物の価値あるいは使用適性を失わせる若しくは減じる瑕疵の存在を挙げていることから、ドレスデン草案の影響を強く受けていることを指摘できる。

他方、効果については、性質保証並びに悪意の黙秘に不履行に基づく損害賠償責任を結びつけるドレスデン草案の立場を採らず、解除の効果の一つとして売主の損害賠償責任を認めるチューリッヒ私法典の影響を色濃く残していると言える。

このように、瑕疵担保の要件については、ドレスデン草案およびそれを継受した旧ＢＧＢとその系譜を同じくしつつ、効果については、旧ＢＧＢからは一線を画し、チューリッヒ私法典に連なる系譜を有するといえよう。

二　性質保証の要件

このような条文上の系譜にも関わらず、債務法立法直後の学説は、もっぱらドイツ民法の学説を移植することに腐心していた。オーザー、ベッカー等は当時のドイツの支配的見解の影響を受け、性質保証は売主による損害担保の引受であるとの見解を採った。他方、トゥールは、当時のドイツの少数有力説であったヴォルフ、ハイマン等の説の影響を受け、単なる観念の表示でも法の定めによって性質保証となり責任を基礎づけると主張した。これがシュタウファーによりローマ法の歴史的解釈と結びつけられ、次第に有力になり、ついには判例の容れるところとなった。しかし、近時においても、ギーガーを代表として、損害担保意思を要件とする説も依然として有力である。

このように現在に至るまで、性質保証の要件に関する議論は決着していない。なぜ、ドイツにおいては既に克服されたヴォルフ、ハイマン等の二分説の流れを汲む説が、スイスでは依然として通説としての地位を保っているのか。その理由は、先に述べた条文上の系譜に存する。そもそも、旧ＢＧＢの瑕疵担保責任はその構造上、性質保証は売主の履行利益の損害賠償責任と直結していた。それゆえ、売主の責任の不当な拡大を防ぐため、性質保証は売主が損害担保の意思を有している場合に限定されるべきであるとの説が通説となった。これに対し、スイス債務法は、条文の構造上、性質保証を売主の履行利益の賠償責任に直結させるという構成は採っていない。また、起草者の意思も必ずしも明確ではない。このような事情から、スイス債務法においては、売主の責任の拡大という問題を顧慮する必要がなく、ドイツ法と比べて比較的自由に性質保証の法的性質及びその要件を議論できる状況にあったといえる。売主の責任の限定はむしろＯＲ二〇八条二項の直接損害の範囲の限定によって行われることになる。

三　性質保証の法的構成

ドイツにおいては旧ＢＧＢの立法当初から争いのなかった、性質保証が契約の構成要素となるという点は、スイスの判例・学説の激しい論争の的となった。性質保証は単なる観念の表示でも足りるとする説は、性質保証は意思表示ですらないとするため、必然的に、性質保証は契約の内容とならず、単に法の定める責任を惹起する要件に過ぎないことになる（法定責任説）。これに対して、損害担保意思を要件とする説は、当事者の性質に対する表示が契約内容に取り込まれないのは不当であり、性質保証も、当然、意思表示であり、契約内容を構成するとする（契約責任説）。

しかし、近時の契約責任説においては、信頼原則に従い、買主が信頼することの許される売主の表示が契約の内容になるという構成を採るものが増えている。他方、法定責任説の中にも、性質保証をした売主の帰責の根拠として信頼原則を持ち出すものがある。結局、信頼理論を媒介として両説の間の相違はかなり埋められてきたということができよう(98)。

四　単なる宣伝との区別

ドイツでは、旧ＢＧＢ四五九条一項の単なる言明と四五九条二項の性質保証の区別が重要な問題として存在しているが、スイスでは、単なる言明でも性質保証でも法律効果は同じため、この点はあまり問題とならない。むしろ、スイスでは、全く売主に対して責任を負わせない意味のない宣伝との区別が問題となる。この点について、契約責任説では、性質保証は契約の内容となるため、自ずと、無意味な宣伝とは区別されることになる。他方、法定責任説は、観念の表示でも性質保証となりうるとするために、単なる宣伝との区別が問題となる。そのために、買主の購入の決断との因果関係が新たな要件として持ち出された。

このようにして、単なる宣伝との区別の基準として導入された因果関係の要件は、判例の採るところとなり、通説となった。しかし近時の法定責任説の論者において、売主の言明と買主の購買の決断との間の因果関係を要件とすることは、瑕疵担保責任の成否を主観的基準にかからしめることになり妥当ではないとするものもある。そしてより客観的に、売主の言明が当該性質に対する買主の信頼を惹起した点を重視する見解が有力になっている。

五　性質保証と方式

ドイツの通説・判例は「性質保証は契約の本旨にしたがって与えられ契約の内容となる」と考えるため、契約が一定の方式を踏む必要がある場合、性質保証も当然当該方式を踏む必要があるとされる。例えば、不動産売買の場合には、契約は公正証書で行われなければならない。そして、その場合には性質保証も公正証書によってなされる必要がある。これは、性質保証の契約的性質から当然導かれる。(99) 他方、スイスの通説・判例とも、現在では無方式の性質保証にも法的効力を認める。法定責任説は、性質保証を観念の表示と捉えるために、当然、性質保証は方式を踏まずとも有効であるとの帰結を容易に導くことができる。これに対して契約責任説では、性質保証は契約の内容を構成するため、本来、要式契約の場合には、性質保証も当然方式を踏む必要があるはずである。ところが、契約責任説の多数は、無方式の性質保証の有効性を承認している。その論拠として、契約に方式が要求される理由は、当事者を軽率な契約締結から保護することにあり、そのことは本体としての契約について遵守されておればよく、性質保証が方式を踏んでいなかったとしても当事者の保護は無に帰せしめられることはない、ということ等が挙げられている。

六　損害賠償の範囲

前述したようにスイス債務法の瑕疵担保の効果としての損害賠償は、性質保証とは直結していない。瑕疵担保責任一般としての損害賠償が議論されている。ＯＲ二〇八条は無過失の売主は直接損害、過失ある売主はそれ以外の損害、すなわち間接損害の賠償責任を課している。それゆえ必然的に直接損害と間接損害を区別する基準が求められることになる。学説は、様々な基準を提示してきた。区別の基準は瑕疵担保の際の損害賠償を定めるＯＲ二〇八条の法的性質をどのように解するかによって異なる。例えば、ベッカーのように、ＯＲ二〇八条の損害賠償は契約侵害としての損害賠償であり、その範囲は積極的契約利益を含むとする説もあれば、シュービガーのように、ＯＲ二〇八条の法的性質を契約の解消と捉え、消極的契約利益を前提とする説も存する。しかしこれらの説は少数説にとどまり、判例および多数説は、結果責任である直接損害には消極的契約利益（信頼利益）が、過失責任である間接損害には積極的契約利益（履行利益）が対応することを前提としている。しかし、直接／間接損害と消極的／積極的契約利益が必ずしも完全に対応するわけではなく、直接損害から逸失利益の賠償は排除する説、あるいは消極的契約利益の中でも因果関係の強弱によって直接損害と間接損害に振り分ける説等がある。

他方で、ドイツでは盛んに議論されていた性質保証と損害賠償の関係についての議論はスイスにおいては希薄であり、性質保証の要件論と損害賠償の範囲の議論は全く別個のものとしてとらえられているのが特徴である。しかし、その結果、学説の中には、結果責任であるＯＲ二〇八条二項の直接損害に、履行利益、あるいは逸失利益、又は瑕疵結果損害の賠償まで含めるものもあり、結果的に性質保証に基づく損害賠償の範囲としては、ドイツ法におけるそれとあまり差がなくなる場合もあるということもまた事実である。

七　免責条項との関係

条文の文言によれば、性質保証を排除する条項の有効性は認められるにもかかわらず、学説は、ほぼ一致して、性質保証を完全に排除する条項は自己矛盾行為となり無効であるとする。判例は、原則としてそのような免責条項も有効であるとするが、不明確なものは無効となるとする。これに対して、性質保証の一部の責任の免責は問題ないとされている。

以上の検討から明らかなように、スイス債務法における性質保証責任の要件は、条文上の系譜からいえば、旧ＢＧＢにおける性質保証責任との間に親近性を有している。ところが、効果、特に損害賠償については、旧ＢＧＢとはその系譜を異にし、体系も異なっているため、その後の学説・判例における議論の展開も、ドイツ法のそれとは様相を異にしている。

すなわち、ドイツでは、性質保証は損害賠償責任と結びついているため、性質保証の成否を論ずることは、損害賠償請求権の成否を論ずることに直結した。ところが、スイス債務法における性質保証責任は損害賠償責任とは直結しないため、より純粋な形で性質保証の法的性質そのものに議論が集中したと言える。ここには、性質保証を売主の責任の加重要件とせず、単に瑕疵概念の一つとして位置づける場合の典型が現れていると言える。このようなスイス債務法における議論は、性質保証責任概念の姿を浮き彫りにする上でも有益であると考える。すなわち日本法における性質保証責任を巡る議論は、従来、性質保証を民法五七〇条の瑕疵概念の一つして位置づけるに止まっていた。ところが近時は、瑕疵担保あるいは債務不履行責任では捉えきれない損害賠償責任について性質保証責任に帰責性を見いだすことができるのかに議論の焦点が移ってきたといえる。ということは、日本法においても、瑕疵概念の一つとしての性質保証と、さらに売主の加重された賠償責任を根拠づける性質保証責任との関係を考察する上で、スイス債務法における性質保証責任とドイツ民法における性質保証責任の比較が非常に重要な意味を持つといえる。とりわけ、要件としての損害担保意思を巡る議論、ドイツ法においては見られなかった因果関係をメルクマールとした宣伝との区別、あるいは信頼理論による帰責などが参考となる。特に、免責条項との関係については、損害担保意思を要素としない性質保証であっても、自己矛盾行為あるいは権利濫用を理由に性質保証を免責する条項の援用が許されない場合があり得ることを認める点で示唆に富むといえる。

注

（1）スイス債務法の瑕疵担保責任の全体像については、柚木馨『売主瑕疵担保責任の研究』（有斐閣、一九六三）一三五頁以下、北川善太郎『契約責任の研究』（有斐閣、一九六三）一二四頁以下、半田吉信『担保責任の再構成』（三嶺書房、一九八六）一〇一頁以下に詳細な分析が存在する。また、柚木馨編『注釈民法（一四）債権（五）』（有斐閣、一九六六）一八五頁、柚木馨・高木多喜男編『新版注釈民法（一四）債権（五）』（有斐閣、一九九三）二七九頁は、スイス債務法における瑕疵担保責任について「全体としてドイツ民法の態度に類似し、またローマ古典法における信頼利益の賠償とその軌を一にする」と評する。

（2）旧ＢＧＢにおける売買目的物の瑕疵担保責任についてはさしあたり右近健男編『注釈ドイツ契約法』（三省堂、一九九五）三五頁以下を参照。

（3）ドイツと同様にスイスにおいても瑕疵概念について争いがあった。従来の通説は、「売買目的物の通常の性質とくらべて、よい性質がわずかしか存在していないか、あるいはよくない性質がより多く存在しているということを瑕疵と理解して」いた（Hugo Oser, Das Obligationenrecht, Art. 1–529, 1915, S. 485 ff.; Hermann Becker, Obligationenrecht, 1934, S. 59; Hans–Peter Katz,

Sachmängel beim Kauf von Kunstgegenständen und Antiquitäten, 1973, S. 29 ff.)。これに対して近時は「瑕疵とは、売買目的物の客観的に定まった通常の性質との相違だけでなく、契約上合意された性質との全ての相違も瑕疵である」とする説も有力である(Rolf Furrer, Beitrag zur Lehre der Gewährleistung im Vertragsrecht, Diss Zürich 1973, S. 37; Giger, BernerKommentar, Das Obligationenrecht, 2. Aufl., 1980, Art. 197, S. 362; Keller/Lörtscher, Kaufrecht, 1980, S. 61; Heinrich Honsell, Schweizerisches Obligationenrecht, BT, 5. Aufl., 1999, S. 73 f.)。客観的瑕疵概念を採るか主観的瑕疵概念を採るかは、保証された性質との区別の問題とも絡むためドイツでは盛んに議論された。しかし、スイスでは、前述したように、単なる瑕疵の場合でも性質保証の場合でも法律効果は異ならない。それゆえ、単なる瑕疵か性質保証かの区別はスイス法の下では意味を持たないとされている(Giger, a. a. O., S. 371)。

(4) もっとも、スイス債務法は「通常の注意(gewöhnlicher Aufmerksamkeit)」、旧BGBは「重過失(grober Fahrlässigkeit)」という文言の違いはあるが、スイスにおける通説・判例は、ドイツと同じくこれを重過失と解している(Giger, a. a. O., Art. 200, S. 426)。この「通常の注意」という文言は後にみるようにドレスデン草案の影響である。

(5) ただし、前述したように、買主に認識可能であった瑕疵については、単に瑕疵ある物を給付したにとどまる売主は免責されるが、性質保証をした売主は免責されないという違いは存する(OR二〇〇条)。

(6) 旧債務法の起草過程については次に掲げる文献を参考にした。Schneider/Fick, Das schweizerische Obligationenrecht, 1893, S. 5 ff.; Hans Merz, Das schweizerische Obligationenrecht von 1881, in: Hundert Jahre schweizerisches Obligationenrecht, 1982, S. 3 ff.; Coing/Dölmeyer, Handbuch der Quellen und Literatur der neueren europäischen Privatrechtsgeschichte, 3. Bd Das 19. Jahrhundert, 2. Teilband, 1982, S. 1961 ff.; 松倉耕作「スイス民法典の統一とその特色」名城法学二三巻二号一一五頁以下、H・シュロッサー／大木雅夫(訳)『近世私法史要論』(有信堂、一九九三)一七四頁以下。松倉「スイス民法典に関する研究資料」名城法学二四巻四号一七九頁以下に旧債務法、現債務法の起草過程についての詳細な文献リストがある。

(7) ヴァルター・ムンチンガー(一八三〇―一八七三)。ベルン、パリ、ベルリンにて法学を修める。一八五四年弁護士。一八五五年法学博士。一八五七年ベルン大学講座外教授。一八六三年正教授(商法、私法、連邦法)。スイスにおける古カトリック派の改革運動の指導者。スイスにおける法統一の先駆者。一八七一―七三年ベルン州議員。一八七二、七三年国民議会議員(Coing/Dölmeyer, a. a. O., S. 1977)。

(8) この委員会は、フィック(大学教授)とフリードリヒ(枢密顧問官)、そしてベルンのロイエンベルガー(大学教授)、ザンクト・ガレンのザイラー(行政長官)、ローザンヌのカラール(裁判所長官。後に教授)、バーゼルのブルクハルト—フュルステンベルガー(法学博士)によって構成されていた。

(9) ハインリッヒ・フィック(一八二二—一八九五)。マールブルクにて法学を修める。一八四七年法学博士。マールブルク大学私講師。マールブルク市長に選出されたが、自由主義的思想のためヘッセン州政府より忌避される。一八五一年チューリッヒ大学講座外教授。州検察官。弁護士。一八六四年正教授。一八八四—一八八六年チューリッヒ大学学長。連邦における商法、手形法、鉄道運送法、保険法、債務法の立法に携わる(Coing/Dölmeyer, a. a. O., S. 1977)。

(10) 新しい連邦憲法六四条は次のように謳っている。「連邦には、次の事項についての立法権限が与えられる。個人の行為能力について、商取引および動産取引に関する全ての法律関係(商法、手形法を含む債務法)について、文学および芸術作品の著作権、徴集手続および破産法について。連邦裁判所に認められた権限の留保と共に、裁判権自体はカントンにとどまる」(Schneider/Fick, a. a. O., S. 13)。

(11) この委員会は、連邦司法省長官アンダーベルトを議長として、チューリッヒのフィック(大学教授)とトライヒラー(大学教授)、連邦裁判所判事のニッゲラーとヴェーバー、ローザンヌのルショーヌ(国民議会議員)とカラール(大学教授)、ベルンのヒルト(大学教授)とブルーナー(国民議会議員)、ルツェルンのコップ(全州議会議員)、バーゼルのブルクハルト(法学博士)とホイスラー(大学教授)、ザンクト・ガレンのエプリ(国民議会議員)、ルンガウのバタグリーニ(国民議会議員)、ニューシャテルのランブル(国民議会議員)、ジュネーブのフリードリヒ(弁護士)、プロッヒャー(大学教授)から構成されていた。

(12) 草案の新たな修正作業のために、ハイデルベルクのブルンチュリ(大学教授。チューリッヒ私法典の起草者)、ブリュッセルのリバー(大学教授)、バーゼルのフォン・ヴァイス(大学教授)、ジュネーブのブランク(商事裁判所秘書官)が新たに委員として加わった。

(13) この報告書では特に次の三点が強調されていた。①草案は全てのカントンのための統一的債務法を含み、商人のための職能身分的な特別法を含まない、②草案ではフランス法的見解とドイツ法的見解が一つにまとめられ、調和している、③債務法とならんで動産法も含まれる(Botschaft Bundesrat 1879, S. 25 ff.(Urs Fasel, Handels- und obligationenrechtliche Materialien, 2000, S. 1225 ff.))。

(14) 起草過程の詳細については、Coing/Dölmeyer, a. a. O., S. 1978 ff.; Willi Fischer, Der unmittelbare und der mittelbare Schaden im

Kaufrecht, 1985, S. 183 ff.; 松倉・前掲「スイス民法典の統一とその特色」一一七頁以下、同「オイゲン・フーバー」名城法学二四巻二・三号二〇八頁以下、同・前掲「スイス民法典に関する研究資料」一六五頁以下、前掲『近世私法史要論』一七七頁以下を参照。以下の叙述については主として、Coing/Dölmeyer, a. a. O., S. 1978 ff. に拠った。

(15) 各草案の条文は、Urs Fasel, Handels- und obligationenrechtliche Materialien, 2000 に拠った。

(16) Botschaft Bundesrat 1879, S. 18 (Fasel, a. a. O., S. 1219); Schneider/Fick, a. a. O., S. 11 f.; Coing/Dölmeyer, a. a. O., S. 1965; Patrick Deller, Der „nach dem Vertrage“ vorausgesetzte Gebrauch (§ 459 Absatz 1 Satz 1 BGB), 2000, S. 145.

(17) 神戸大学外国法研究会編『現代外国法典叢書(一七)佛蘭西民法〔Ⅳ〕財産取得法(三)』(有斐閣、一九五六)六一頁以下。フランスの瑕疵担保責任ならびにその起草過程の詳細については、森田宏樹「瑕疵担保責任に関する基礎的考察(一〜三)」法協一〇七巻二号一七一頁、六号八九五頁、一〇八巻五号七三五頁を参照。

(18) Bluntschli, Privatrechtliches Gesetzbuch für den kanton Zurich, 1855, S. 389 ff.

(19) 起草者であるブルンチュリの手になる理由書によれば、草案では、単に「約束された性質」とされていたのみであったという。その他に、「約束された又は取引の本質に従って前提とされた」、「約束された又は当事者によって前提とされた」、「約束された又は双方で前提とされた」などの提案があった。多数意見によって「約束された又は前提とされた」という形に落ち着いたという。そして、それによって、「裁判官の自由裁量」および売買を支配する信義則の原則に対する裁判官の判断が守られたという(Bluntschli, a. a. O., S. 389)。

(20) 宣伝の拘束力について、起草者であるブルンチュリは、「売主はその商品を推賞し、このような宣伝は完全な真実を含んでいないということに買主はとっくに慣れている。魅力的な宣伝と法的に拘束力のある一定の性質の約束の間は、それゆえ区別されなければならない」と述べる(Bluntschli, a. a. O., S. 391)。

(21) ブルンチュリによれば、損害の算定は一般規定に従うという(Bluntschli, a. a. O., S. 394)。

(22) Neudruck privatrechtlicher Kodifikationen und Entwürfe des 19. Jahrhunderts, 1973, Bd. 2, Dresdener Entwurf eines allgemeinen deutschen Gesetzes über Schuldverhältnisse von 1866, S. 34 ff. ドレスデン草案の起草過程における性質保証責任に関する議論については、本書第一部第二章第二節を参照。

(23) Fasel, a. a. O., S. 131 f.

(24) Fischer, a. a. O., S. 82.
(25) Fasel, a. a. O., S. 545 ff.
(26) ブーヒャーも本条の構造はフランス民法一六四一条を手本としたものだとする(Eugen Bucher, Obligationenrecht BT, 3. Aufl., 1988, S. 90)。
(27) Schneider/Fick, a. a. O., S. 219.
(28) Fasel, a. a. O., S. 592 ff.
(29) Fasel, a. a. O., S. 737 ff.
(30) Fasel, a. a. O., S. 905 ff.
(31) Fasel, a. a. O., S. 1090 ff.
(32) Schneider/Fick, a. a. O., S. 219.
(33) Fasel, a. a. O., S. 1313 ff.
(34) Fasel, a. a. O., S. 1529 ff.
(35) Fasel, a. a. O., S. 1697 ff.
(36) Botschaft 1909, S. 738 (Fasel, a. a. O., S. 1640).
(37) 条文訳については、司法省調査部『オーゼル、シェーネンベルガー共編　スイス債務法』(司法資料　第二六一号)八四頁以下を参考にした。
(38) Otto Schenker, Die Zusicherung von Eigenschaften beim Kauf, Diss. Bern, 1949, S. 36. 当時のドイツの判例・学説については、本書第一部第二章第四節以下を参照。
(39) Oser, a. a. O., S. 485 ff.; Becker, a. a. O., S. 61 f. もっとも、性質保証は売主による損害担保の引受であるが、それは当事者によって契約の内容に取り込まれる必要はないとする点で、この立場は後に述べる契約責任説とは異なっている。それゆえ折衷説とも称される。
(40) Oser, a. a. O., S. 485 ff.
(41) Becker, a. a. O., S. 61.

(42) Becker, a. a. O., S. 62.

(43) Becker, a. a. O., S. 62 f.

(44) トゥールは旧ＢＧＢの教科書においても、ヴォルフやハイマンを引用し、特定物の場合の性質保証は損害担保的(promissorisch)な意味合いを持つのではなく、言明的(assertorisch)な意味を持つとする(Andreas von Tuhr, Der Allgemeine Teil des Deutschen Bürgerlichen Rechts, 2. Band, 1. Hälfte, 1914, S. 117 Fn 93)。ただし、ヴォルフやハイマン等が主張した二分説は、按擦官告示法上の請求権(解除、代金減額)のみを発生させる旧ＢＧＢ四五九条二項の意味の性質保証と、それを超えて、不履行に基づく損害賠償を発生させる旧ＢＧＢ四六三条の性質保証をその効果に応じて区別し、前者は単なる言明でも足りるが、後者は損害担保の引受が必要であると解していた点に留意する必要がある。この点については本書第一部第二章第五節参照。

(45) von Tuhr, Allgemeiner Teil des Schweizerischen Obligationenrechts, 1. Halbbd., 1924, S. 152 ff.

(46) von Tuhr, a. a. O., S. 154 Anm. 18.

(47) von Tuhr, a. a. O., S. 154 Anm. 24.

(48) von Tuhr, a. a. O., S. 215.

(49) von Tuhr, a. a. O., S. 265 Anm. 15.

(50) Willhelm Stauffer, Von der Zusicherung gemäss Art. 197 OR, ZBJV 1944, 148.

(51) Stauffer, a. a. O., S. 149.

(52) 反対、von Tuhr, a. a. O., S. 215. しかし、この後、通説・判例は一致して、性質保証は無方式でも有効であるとする。

(53) Stauffer, a. a. O., S. 151.

(54) Stauffer, a. a. O., S. 152.

(55) シェンカーは一九四九年の博士論文において、性質保証の法的性質について、「性質保証は、契約の本旨に従った損害担保、あるいは一方的な損害担保約束と呼ばれる給付約束、契約の構成要素ではない。それゆえ、性質保証は履行されるということはありえず、あるいは逆に、特定物が保証された性質を欠いていたとしても、売主は契約を完全に履行したことになる。それに対して性質保証は、買主に一定のイメージを惹起させ、特別な程度までの信頼を必要とする知識の表示である」としてシュタウファーと同様に法定責任説に立つ(Schenker, a. a. O., S. 43)。さらに性質保証の法的根拠については、ドイツにおけるズュースの見解に依拠して、等価原則に求める。すなわち「ＯＲ一九七条の法的根拠は、法律行為上の『損害担保』の引受に対するサンクションにあるのではなく、売主の性質保証によって生じた給付と反対給付の不均衡の法的な調整に存する」(Schenker, a. a. O., S. 45)。

(56) Peter Jäggi, Die Zusicherung von Eigenschaften der Kaufsache in: FS. Theo Guhl, 1950, S. 67 ff. このように結論的には、連邦裁判所の判例と同じであるにもかかわらず、イェッギは判例に対して、次の三つの誤りを指摘する。(一)性質保証の法的性質が認識の表示であることを、条文の歴史的解釈から明らかにしようとしていること。すなわち、連邦裁判所は、認識の表示として理解されていた dictum に性質保証の起源が存することに依拠しているが、債務法の公布当時の普通法の文献では、保証された性質は「約束された」性質とされることが通常であり、「dictum」と「promissum」の両方の表現は、その都度、全体としておなじ要件、すなわち性質保証を表すために用いられていたとする。(二)連邦裁判所は、性質保証をあまりに特別の法制度として捉えすぎていること。つまり、ＯＲ一九七条は、性質保証そのものを扱うのではなく、保証された性質の欠如を扱っているのであり、この場合に、固有の法律効果を定めるのではなく、通常の瑕疵の場合と同じ効果を定めているということを指摘する。(三)性質保証は契約の構成要素ではないゆえ、不動産売買の場合には方式を踏む必要はないという結論を連邦裁判所は導くが、この論拠は説得力がないこと。イェッギは、性質保証について、認識の表示であるが、契約の内容となりうるという立場を取るため、連邦裁判所のような単純な論拠で無方式の性質保証を導くことができない。そのために、契約責任説と同じように、性質保証も方式を踏む必要があるかどうかは、ＯＲ一九七条からは導くことができず、不動産売買について方式を強制している規定に基づいて答えられなければならないとする。

(57) Jäggi, a. a. O., S. 77 f.

(58) フラーも、一九七三年の博士論文において、今日では、性質保証は、意思表示ではなく認識の表示であるという見解が有力であるとし、そのような認識の表示があった場合には「取引界における信義誠実の原則に照らして、それが正しくなかった場合には譲渡人は責任を負うつもりであるという意味にその表示を譲受人は理解することが許される。従って性質保証は原則として契約上の給付義務を惹起せず、信義誠実の原則に帰着する法定責任を惹起する」とする(Rolf Furrer, Beitrag zur Lehre der Gewährleistung im Vertragsrecht, Diss Zürich 1973, S. 44 f.)。さらに「譲渡人は、(たとえ性質保証が意思表示ではなく契約の目的物に関する認識の表示あるいは一定の言明でしかなくとも)契約法に一般的に支配的な信頼理論に従って、彼はその言明に基づいて保証された性質が存在しないことについて責任を負わなければならないということを甘受しなければならない。従って、譲受人は、性質保証と契約の締結の間に入りうる適切な因果関係が認められるかどうかに関わりなく存在している、信義誠実の原則に依拠した瑕疵担保請求権を有している」と述べ、性質保証と買主の購買の決断の間の因果関係は不要であるとの立場を採る(Furrer, a. a. O., S. 46 f.)。

(59) Keller/Lörtscher, a. a. O., S. 59 ff.

(60) Hans Merz, Sachgewährleistung und Irrtumsanfechtung, in: FS. Teo Guhl, 1950, S. 96 Fn 15. この他にメルツの見解を支持する見解としては、Alfred Schubiger, Verhältnis der Sachgewährleistung zu den Folgen der Nichterfüllung oder nicht gehörigen Erfüllung OR 197 ff. – OR 97 ff., 1957, S. 4 ff.; Katz, a. a. O., S. 43 ff. 等がある。

(61) Giger, a. a. O., Art. 197, S. 340.

(62) Giger, a. a. O., Art. 197, S. 341 f.

(63) Giger, a. a. O., Art. 197, S. 342 f.

(64) Giger, a. a. O., Art. 197, S. 343 ff.

(65) OR二一六条一項

土地を目的とする売買契約は、其の有効なるが為には、公の証書作成を必要とす(司法省調査部『オーゼル、シェーネンベルガー共編　スイス債務法』(司法資料　第二六一号)九一頁以下)。

ZGB六五七条一項

所有権移転を目的とする契約が有効であるためには公正証書の作成を要する。

(66) Giger, a. a. O., Art. 197, S. 347 ff.

(67) Giger, a. a. O., Art. 197, S. 351 ff. ギーガーの見解を支持するものとして、Fischer, a. a. O., S. 208 ff. がある。

(68) Bruno von Büren, Schweizerisches Obligationenrecht, BT, 1972, S. 41; Pierre Cavin, Obligationenrecht BT, 1977, S. 100; Giger, a. a. O., Art. 208, S. 571, 575; Honsell, a. a. O., S. 99.

(69) Heinrich Dernburg, Pandekten, 2. Bd., 7. Aufl., 1903, S. 126; von Tuhr, Streifzüge im revidierten Obligationenrecht, SJZ 18, 1922, 365, 370 Fn. 17.

(70) 旧債務法二一六条

（一）　損害賠償の義務を負う債務者は、少なくとも、契約の不履行又は不完全な履行の直接の結果として契約締結の際に予見可能であった損害を賠償しなければならない。
（二）　裁判官は諸事情を斟酌したうえで、自らの裁量で損害額を定める。
（三）　重過失の場合には、一項において定められた額を超える額の損害賠償を給付しなければならないかどうかは、裁判官の裁量に委ねられる。

(71)　具体的な判決例としては、◎買主によって転売が予定されていたワインについて、不完全な履行を行った売主はたとえ無過失でも逸失利益の賠償を負うと判示するもの（BGE 23 II 1092, 1101）、◎瑕疵ある機械についての逸失利益に関して、当初から転売が予定されており、事実、その転売が可能であり、意図されていたような商品が売買される場合には、契約に適合しない商品が給付された場合に買主に損失が生じることが一目瞭然であり、その損失は、通常ならば契約違反の直接の結果として予見可能であるので、そのような損害は直接損害に含まれると判示するもの（BGE 24 II 62, 70 f.）、◎セメントの効率的な製造の目的で当該機械が買われたということを認識し、かつ、契約に適合しない機械を納入したならば通常はその直接の結果として買主は当初予定されていた利益を達成することができないということを契約締結時に認識していた売主は、得べかりし利益の賠償責任を負うと判示するもの（BGE 26 II 739, 750）、等が存在する。

(72)　Botschaft 1909, S. 735, in: Fasel, a. a. O., S. 1637.　トゥールは、改正の際に直接損害と間接損害の区別が廃止された理由として、多くの事例において区別があまりに細かになりすぎ恣意的になりすぎたことを挙げる（von Tuhr, a. a. O., S. 73, Fn. 11）。

(73)　Schubiger, a. a. O., S. 66.　学説の中には、直接損害と間接損害の区別の不明確性は一九一一年の改正に起因すると考えているものもある（Bucher, a. a. O., S. 104; Schubiger, a. a. O., S. 66 f.）。ブーヒャーは、この改正において、「意識的な法の修正が行われたのではなく、単に編纂上の処理が目指されたに過ぎない」とする（Bucher, a. a. O., S. 103）。

(74)　以下の学説の分類は、Fischer, a. a. O., S. 11 ff. に拠る。

(75)　消極的契約利益とは、契約の有効性を債権者が信頼しなかったならば置かれたであろう財産状態と、現在の財産状態との差であると定義される（Honsell, a. a. O., S. 101）。

(76)　積極的契約利益とは、契約が正常に履行されたならば債権者が置かれたであろう財産状態と、現在の財産状態の差であると定義される（Honsell, a. a. O., S. 101）。

(77) Oser, a. a. O., S. 484, 510; Cavin, a. a. O., S. 68 f.

(78) Cavin, a. a. O., S. 68.

(79) Schubiger, a. a. O., S. 73; Keller/Lörtscher, a. a. O., S. 51; Giger, a. a. O., Art. 195 S. 286.

(80) Keller/Lörtscher, a. a. O., S. 51 ff., 72 ff.; Giger, a. a. O., Art. 195 S. 286 f.; Bucher, a. a. O., S. 104 f.

(81) Giger, a. a. O., Art. 195, S. 287, Art. 208, S. 571 ff.; Bucher, a. a. O., S. 104 f. 同旨の判例として、BGE 79 II 376, 379 f. がある。

(82) Keller/Lörtscher, a. a. O., S. 51 f.

(83) Giger, a. a. O., Art. 208 S. 575 f.

(84) Becker, a. a. O., Art. 195, S. 50 f.

(85) Becker, a. a. O., Art. 208, S. 101.

(86) Schubiger, a. a. O., S. 77. 同旨、Furrer, a. a. O., S. 68.

(87) Giger, a. a. O., Art. 208, S. 573.

(88) Keller/Lörtscher, a. a. O., S. 72 f.

(89) Honsell, a. a. O, S. 99 ff.

(90) Becker, a. a. O., S. 101.

(91) Giger, a. a. O., Art. 208, S. 576 f.

(92) Andreas Schwartze, Europäische Sachmängelgewährleistung beim Warenkauf, 2000, S. 357.

(93) BGE 109 II 24 も同旨。

(94) Schenker, a. a. O., S. 49; Cavin, a. a. O., S. 86.

(95) Thomas Lörtscher, Vertragliche Haftungsbeschränkungen im schweizerischen Kaufrecht, 1977, S. 252 f.

(96) Giger, a. a. O., Art. 199, S. 404 N 21.

(97) Lörtscher, a. a. O., S. 253 f.; Keller/Lörtscher, a. a. O., S. 94; Giger, a. a. O., Art. 199, S. 404 N 21.

(98) ホンゼルは、契約責任と法定責任という分類自体間違っているとする。その理由は、ＯＲ一九七条において規律されているという限りでは法定責任であるが、契約によって前提とされているという限りでは契約責任であるからだという(Honsell,

Sachmängel und Kunsthandel, in: FS Anton Heini, 1995, 214)。

（99）Staudinger/Honsell, 2. Buch Recht der Schuldverhältnisse §§ 433–534, 1995, § 459, S. 456 Rn 163.

第五章　証明責任

第一節　問題の所在

これまでのドイツ法並びにスイス法の検討に基づいて、私見は、第一部第一章で紹介した債務不履行の帰責事由の理解について、いわゆる性質保証ないし損害担保を帰責事由の一つとして位置づけ得るとする立場にたつ。しかし、その場合には、その証明責任の所在の検討が必要となると思われる。すなわち、従来の債務不履行責任の帰責事由とパラレルに位置づけ債務者の側に主張立証責任を負わせるのか、それとも性質保証ないし損害担保の場合には別途証明責任の分配を検討すべきなのか、議論する必要がある(1)。

そこで、本稿では、性質保証ないし損害担保を債務不履行責任の帰責事由の一つとして位置づけることが可能であることを前提とした上で(2)、その証明責任の問題を明らかにするために、性質保証の母法であるドイツ法ならびに旧ドイツ民法典と同様に性質保証についての明文の規定を有しているスイス債務法において、その証明責任について、どのような議論があったのかを参考にして、日本法におけるこの問題の検討の手がかりを得たい。

第二節　ドイツ法

一　旧ＢＧＢにおける性質保証責任

ドイツにおける性質保証責任は、一般給付障碍法からは独立した特別な瑕疵担保責任の一つとして規定されており、特定物売買については、ドイツ旧民法典（以下旧ＢＧＢと略記）の四五九条二項、四六三条一文に定められていた。四五九条二項では、売主によって保証された性質が危険移転時に存在していない場合には、買主に解除あるいは代金減額請求権が与えられていた。さらに四六三条一文では、危険移転時だけでなく、売買契約締結時にも保証された性質が欠けている場合には、買主は解除あるいは代金減額に代えて不履行に基づく損害賠償を請求することができると定められていた。(3)

二　性質保証の証明責任について

1　要件事実

旧ＢＧＢにおける瑕疵担保責任の要件事実は次のように考えられていた。(4)

①売買契約の締結
②必要ならば性質の保証
③危険移転時に目的物に瑕疵（もしくは保証された性質の欠如）が存していたこと

④必要ならば売主の側の悪意の黙秘

以上の要件事実のうち、性質保証に関するものは②と③である。それゆえ、性質保証の証明責任については②と③の二つの要件事実を区別してその証明責任を検討する必要がある。(5)

性質保証をしたかどうかの問題

性質保証自体が「真偽不明」である。すなわち、契約締結の際に特定の性質が保証されたかどうかが問題となる場合。

性質保証違反があったかどうかの問題

保証された(こと自体については争いがない)性質の存在の事実が「真偽不明」である。すなわち、売主によって給付された目的物が保証された性質を有しているかどうかという事実が争われている場合。

以下では、これら二つ要件事実の区別に留意しつつ、旧BGBの直接の淵源である後期普通法にまで遡り、性質保証の証明責任を巡る判例・学説の議論を辿ることからこの問題を探ることにしたい。

三　後期普通法

1　学説

(1)　ヴィントシャイトの見解

ヴィントシャイトはパンデクテンの教科書において、一般論として、「被告に対してなされた給付の性質について被告が提起する抗弁が、原告の義務の履行の否認というよりも、むしろ、そこから新たな請求権が生じる事実の主張を含む場合には、常に被告が証明責任を負う」と述べ[6]、注の七で、その具体例として、「特定物の買主が、彼に対して約束された性質を売買目的物が欠いていることについて抗弁を申し立てる場合」を挙げる。そして、その場合、売主は「その個体が本当は有していない性質を有している」ということを約束しており、その場合には、「この約束は不能な事柄に向けられており、この約束は、売買目的物が示された性質を有していなかった場合についての損害賠償の約束と解される」として、性質保証違反があったかどうかの問題については、買主側に証明責任を課す[7]。

(2)　ブルックの見解

性質保証違反があったかどうかの問題についてブルックは、「手続法において売買目的物の性質の証明は誰に課されるのか」という命題を立て、①履行が問題となる場合には、(a)「買主が売買目的物の受領を拒絶した場合には、(契約もしくは法律の本旨に従った性質)の証明は、買主が原告であれ被告であれ、常に売主に課せられる」とし、(b)「買主が売買目的物を適法に受領した場合には、買主が被告であれ原告であれ、常に買主が(瑕疵を帯びていること)を証明しなければならない」とする。これに対して、②不履行の結果のみが問題となる場合には、「常に買主が証明しなければならない(売買目的物が既に受領されているかどうかは問題とならない)」とする。(8)

(3) テールの見解

テールは商法の教科書において、買主が受領可能性を争っている場合における性質保証違反があったかどうかの問題について、「種類物売買の場合には、訴えを提起した売主は、約束した性質が存在しているということを証明しなければならない。」とする。これに対して「特定物売買の場合には、売主は、物が約束に適合してないあるいは物が瑕疵を帯びている、すなわち履行が適切になされたのではなく、まだなされなければならないという抗弁に対して、次のことを援用しうる」として、「売主は売買された特定物を給付し、契約のその他の履行は不能である、つまり買主は履行を請求する可能性を有せず(その場合、買主は相手方の義務を証明する必要がある)、代金減額か解除か損害賠償を求め、そしてこの請求権は、物が瑕疵を帯びているという事情、あるいは売主の責任拘束力の明示あるいは黙示の条件を備えていない、すなわち、目的物がその性質を有していない場合に、生じる。買主の請求権を根拠づける、それらの事情は買主が証明しなければならない」とする。(9)

(4) ハナウゼクの見解

ハナウゼクは「その不存在を売主が保証した瑕疵をその物が帯びていること(すなわちdictum promissiumが正しくないこと)を特定物の買主が主張する場合には、買主の責任で、次のことを証明しなければならない」として、「一・

買主が主張する内容の義務を負担させる約束を売主がしていた、例えば、サンプルに基づいて契約が締結された、二．しかし、その物が売主の約束に反して買主の主張する瑕疵を帯びている、契約に反している（サンプルに反している）、dictum promissum が正しくない、こと」を挙げ、性質保証をしたかどうかの問題と性質保証違反があったかどうかの問題のいずれの問題についても買主側に証明責任を課す。(10)

2　判例

ROHG一八七六年五月二九日判決民事第三部（ROHG 20, 352 Nr. 90）

事案の詳細は明らかではないが、ROHGは先のヴィントシャイトの見解に依拠した上で、結論として「約束された性質の欠如あるいは隠れた瑕疵の存在を理由に売主に対して損害賠償あるいは代金減額を請求する買主は、契約締結時における性質の欠如、場合によっては瑕疵の存在を証明しなければならないということは、何ら特別の説明を要しない」と判示し、性質保証違反があったかどうかの問題については買主に証明責任を負わせる。

（1）RG一八九一年三月一三日判決民事第一部（RGZ 28, 29）

【事実関係】

原告はスウェーデンとノルウェーに鉄道を建設する目的で、この鉄道の収益性についてのデータを載せた目論見書を用いて、原告によって個別的に持参人払いの形式で発行された百五十万£の優先債券を公開の予約注文のために売り出し、被告は千£を引き受けた。被告が支払に対して債券を受け取る際に、債券の基礎にある鉄道会社の収益性について、目論見書における本質的記載事項が正しくないということを理由に、被告はその受領を拒否した。

【判旨】

RGは次のように述べて、性質保証違反があったかどうかの問題について、買主に約束された性質の欠如の証明責任を課した。「もっとも、それが重要であり、かつその正しさが被告によって争われている限りで、その債券の引き取り請求権を貫徹できるようにするために、原告はその目論見書の言明の正しさについての証明責任を負わなければならない、という原審によって理由の冒頭に置かれた見解は正しくない。売買目的物の性質に関して売主の約束のもとになされた特定物売買の場合も状況は異ならない。そして、その提供によって売主の履行が完了する特定物が契約によって特定された。その特定物の履行以外の何物も存しない。それ故、買主の履行の拒絶は、履行として提供された目的物を締結された契約の履行に適合しているということの否認とはみなされない。その場合、さしあたり、――適時ではない履行の効果あるいは売主の側での履行のためのまさにその目的物の選択の結果が度外視される場合には――他の特定物による履行の可能性もまだ残っている。むしろそのような場合における履行の拒絶は契約からの離脱の請求とみなされる。なぜなら売主は、もっぱら、売買の対象物として、そしてその履行として定められた売買目的物の約束された性質を与えることができなかったからである(§ 326 ALR I 5)。そのような場合には、買主は、その請求権を基礎づけるために、彼がその目的物を受領していたかどうかに関わりなく、約束された性質の欠如を証明しなければならない」。

(2)　RG一八九九年一月二四日判決民事第三部(JW 1899, 149 Nr. 32)

【事実関係】

訴訟当事者は、魚の目除去用の膏薬のラベルの給付についての売買契約を締結した。このラベルの契約の本旨に従った性質に関する契約内容について、争いがある。なぜなら、原告(売主)は、このラベルは彼によって提示された見本に従って売却されたと主張するのに対して、被告(買主)はこの売買が原告の見本に従ったものであることは認めるが、明示的に次のことが合意されたと主張した。「このラベルは、膏薬のペーストによってラッカーが腐食しないという性質を有していなければならず、ラベルの紙はラベルのリングの除去の際に引き裂かれないほどの強靱さを有していなければならない」。

【判旨】

「原審は、契約の内容について原告に証明義務を課した。この判断は同意されうる。なぜなら、明らかに、買主が売主の給付を履行として認容していない種類物売買が問題となっているからである。それゆえ、原告は、訴えの請求原因、すなわち彼によって主張されている契約の内容(商品の特定の性質なく見本のみによる売買)を証明しなければならない。なぜなら、被告は、商品の特定の性質の合意についてのその主張によって、原告の主張するところの契約の内容を否認したからである」とRGは判示し、性質保証をしたかどうかの問題について、契約内容の証明、すなわち性質を保証していたかどうかについて売主側に証明責任を課した。

3　小括

後期普通法では、性質保証をしたかどうかの問題については、ほぼ一致して、買主側に性質保証自体の証明責任を課す。これに対して、性質保証違反があったかどうかの問題については、種類物売買において、買主が不適合を理由に受領を争う場合を除いて、ヴィントシャイトの「性質保証は履行義務の一部を構成するのではなく、損害賠償の約束である」ため、その証明責任は買主側にあるとする見解が支配的であったと評価できる。

四　旧BGBの起草過程

1　証明責任についての一般規定

第一草案は、一九三条[11]から一九八条において、証明責任についての一般規定をおいていた。ところが、第二読会の委員会は「証明責任の規定については、論理的理由、妥当性および合目的性の考慮が重要であり、それゆえ、一般規定をおくことによって得るものはなにもない。法文のより適切な文言および解釈のもとでは、証明主題だけでなく証明責任もおのずから明らかになる[12]」という理由からそれらの規定を削除した[13]。

2　瑕疵担保責任の証明責任

債権法の部分草案を起草したキューベルは瑕疵担保責任の証明について次のように述べている。「証明責任については、草案は明確にする必要はない。なぜなら、履行された契約に対して、その特別の解除あるいは減額権を行使する譲受人は、要件、すなわち決定的な時点における瑕疵および性質の欠如を証明しなければならないことは、争いがないからである。これは、譲受人が、受領の際に直ちに瑕疵による留保を行なっていた場合にも、妥当する。そのような事情のもとでは、契約違反による給付の拒絶、あるいは履行の請求権あるいは不履行による履行利益が問題なのではなく、履行行為に対する独立の請求権が問題なのである(Windscheid § 321 Anm. 7; SeuffA 26, 232; 27, 77)[14]」。このように、キューベルは少なくとも性質保証違反があったかどうかの問題については、ヴィントシャイトの見解に依拠し当然に買主側に証明責任があると考え、あえて明文で規定する必要はないと考えていたようである。

五　旧ＢＧＢにおける判例・学説

１　立法直後の学説判例

シュタウプの見解

シュタウプは、性質保証をしたかどうかの問題については、ＨＧＢ三七七条の性質保証に関する記述において、特定物売買の場合に、買主が特に性質保証(dicta et promissa)を主張する場合には、特定の性質が合意されていたということの証明責任を買主が負うとする。[15] これに対して、性質保証違反があったかどうかの問題については、そのような約束が証明された場合には、前述の判例(ROHG 20, 352; RG 28, 30)の立場とは異なり、義務を負う者(すなわち売主)が契約を履行したということを証明しなければならないとする。[16]

２　リーディングケース

ＲＧ一九〇七年七月二日判決民事第二部(RGZ 66, 279)

【事実関係】

原告は一九〇〇年一一月に被告に、デッサウ製で一八九三年か一八九四年に作られた中古のガスモーターを二六〇〇マルクで売却した。原告はガスの燃費について、ドイツの工場が一八九三年から九四年にかけて同種の製品について与えていた損害担保(Garantie)を与えた。売買代金は受領の際に半額が支払われ、残りの半額は運転の開始後支払われることになっていた。代金の半額を既に支払った被告は、当該モーターは保証されたものよりも多くのガスを消費することを理由に、残代金の支払を拒み、残代金支払の訴えの棄却を求めた。被告は反訴によって、保証された性質の欠如を理由にＢＧＢ四六三条に基づいて不履行による損害賠償を請求した。この損害の一部として、既に支払われた半額の代金の返還が求められた。原告はとりわけ次の点を主張した。「被告自身が訴え及び反訴について、モーターが保証された性質を有していない、ということについて証明責任を負う。被告はモーターを履行として受領したのであるから（ＢＧＢ三六三条）[17]、いずれにせよ被告は証明責任を負担する」。

【判旨】

ＲＧは性質保証の証明責任について二つの法的観点が区別されなければならないとする。「特定物売買の場合に、契約締結時に性質が保証されており、売買目的物が保証された性質を有していないため買主は履行をする必要がないという抗弁を買主が出す場合には、——言い換えれば、買主が本旨不履行の抗弁を保証された性質の欠如から導く場合には——、売買代金の支払いによる契約の履行を求める売主は、当該契約は性質保証を伴って締結されていなかったことか、それとも、さもなければ、売買目的物が保証された性質を有しているを立証しなければならないのか、あるいはその二つの観点について買主に証明責任を課すかどうかについて検討されなければならない」という先述の性質保証をしたかどうかの問題と性質保証違反があったかどうかの問題である。さらに「続いて、買主が引き渡された目的物をＢＧＢ三六三条の意味における履行として受領していたことを理由として、当該事案において買主に証明責任を負わせるかどうかが検討されなければならない」という性質保証違反があったかどうかの問題についてＢＧＢ三六三条を適用するかどうかという問題についても検討を加える。

ＲＧは、「買主によって主張されている性質保証が合意されていたということについての証明責任を買主に課すかどうか」という性質保証をしたかどうかの問題については、「原審はここで問題となっているガスの燃費についての性質保証の内容について既に確定している」ので判断する必要がないとした。

さらに、「契約が性質保証を伴って締結されたということが確定された場合、買主は売買目的物が保証された性質を有していないことを証明しなければならないか、それとも売却された目的物が保証された性質を有していることについての証明を売主に課すかどうかという」性質保証違反があったかどうかの問題については、「ある見解によれば、特定物売買の際には、性質が保証された場合であっても、売主が保証された性質を有していない特定物を給付したとしても、売主はその履行義務を満たしている。この見解によれば、性質保証には、性質を与えるつもりであるという約束は存せず、単に危険移転時に性質が存在していることについての損害担保(Garantie)の引受が存しているに過ぎない。それゆえ、買主は契約不履行の抗弁を有せず、売買代金の支払いの請求に対しては、売買目的物が保証された性質を有していないことについての証明責任を負う」という見解と、「他の見解によれば、売主が保証された性質を伴った特定物を給付することは履行義務の一部である。この見解によれば、売買目的物が保証された性質を有しない場合には、買主は売買代金の支払いの請求に対して契約不履行の抗弁を有するのに対し、売主はたとえ売買目的物を既に引き渡していたとしても、買主がBGB三六三条の趣旨において、売買目的物を履行として受領したのでない限り(この証明責任もBGB三六三条により売主に課せられる)、この抗弁に対して、売主によって引き渡された売買目的物は保証された性質を有していることについての証明責任を負う」という見解を紹介し、RGは後者の立場に立ち、本件においては「売買代金の支払い請求については、買主が当該モーターをBGB三六三条の趣旨において履行として受領したのでない限り、売主によって引き渡されたモーターが保証された性質——本件の場合はガスの燃費——を有しているということについて売主が証明責任を負う」と結論づけた[18]。

ところが、「被告は反訴によって、BGB四六三条に基づいてモーターを拒絶しつつ、保証された性質を欠いたことから生じた契約の完全な不履行から生じた損害賠償を請求し、不履行に基づく損害賠償の一部として、第一審の裁判官によっても認定されていた、既に支払われた売買代金の返還を求めた」点については、十分な理由付けもなく、「そのような請求を理由づけるためには、訴えを提起した買主の側に、売買目的物が保証された性質を有していないことの証明責任が課される」とする。[19]

3　その後の学説

（1）ハイマンの見解

ハイマンは、性質保証について、代金減額・解除のみを基礎づける四五九条二項の単なる宣言的な dictum としての性質保証と、損害賠償をも基礎づける四六三条の promissum としての性質保証を区別する立場に基づいて証明責任の問題についても詳細に論じている。[20]

性質保証をしたかどうかの問題について、特定物売買の場合については、「買主が性質保証に基づいて独立した訴えを提起するのではなく、約束に基づいて売買代金請求に対する抗弁のみを理由づける場合には」、「それが売主によって争われたとしても、買主は性質保証自体を証明しなければならないのかどうかというさらなる問題があ」り、「瑕疵担保解除か代金減額の抗弁が出された場合には」買主側に性質保証自体の証明責任が課せられるとする。その理由は、「この場合、その事実レベルでの理由付けは買主が証明しなければならない抗弁によってのみ主張されたとしても、被告である買主は自らの契約義務自体を争っているのではなく、売買の解消もしくは修正を求める独立した請求を争っているからである」とする。これに対して、「原告としての買主が約束に基づいて四六三条の損害賠償請求権を理由付け、その訴えが争われた場合に」ついては、「性質保証を法律行為上の損害担保（Garantie）の引き受けとみなし、売主によって売買契約によって引き受けられた義務の構成要素であると解しなければならないかどうかにかかっている」として、性質保証の法的性質をどのように解するかによるとする。性質保証を損害担保の引受と解した場合には、「性質保証の不真実性に基づく被告としての抗弁は、実際には、契約不履行の抗弁、まさに売買契約に包摂される損害担保合意の抗弁として現れる。しかし、このような場合には、売主がその売買代金の訴えを売買契約に基づかせるのであれば、売主は瑕疵が確定されるやいなや、抗弁を破るために、売買契約は売主によって主張された内容を有していた、すなわち、損害担保合意無しに締結されていたということを売主は証明しなければならない」とする。それに対して、「性質保証は意思表示ではなく、そこから法定の損害賠償請求権が生じる、純粋な事実についての観念の通知でしかないのであれば、買主はその抗弁の純粋に事実上の基礎を証明しなければならないということは明らかである。なぜなら、彼はその場合、契約義務の不履行を売主に対して非難できないからである」と述べる。[21] 性質保証違反があったかどうかの問題 については、「買主が保証された性質の欠如を理由に四六三条にしたがい損害賠償を請求するか、あるいは同じ理由で瑕疵担保解除をもしくは代金減額を求める場合にも、買主が証明責任を負う」と述べているところから、買主側に証明責任があると解しているようである。ただし、買主が損害賠償を請求する場合に同様の結論を採る先の RGZ 66, 279 判決に対しては、「保証された性質を伴った売買目的物の給付に売主の履行義務の一部を見いだすのであれば、このような見解が首尾一貫しているかどうかはきわめて疑問である」として、その理論構成を批判する。

種類物売買の場合については、「買主は売買代金の支払いの請求に対して彼に対して提供された給付の瑕疵を援用する場合については、被告としての買主は抗弁として瑕疵のない物の請求のみを主張するつもりなのか、あるいは瑕疵担保解除、代金減額、損害賠償を主張するつもりなのかどうかについては、区別されなければならない」として、「訴えを提起した買主が瑕疵に基づいて契約不履行の抗弁を理由づけるのではなく、解除、代金減額、損害賠償請求権を主張する場合には、危険移転時の瑕疵、すなわち promissa 的 dictum や宣言的 dictum についての証明責任も買主に課せられる。確かにこの場合もこの瑕疵がすべての種類物に存在しているわけではないのであれば、瑕疵の援用において、買主、すなわち物に関しては債権者に証明責任が残っているにもかかわらず、原告に対して契約義務の不履行が非難される。なぜなら、種類物売買の場合の瑕疵担保責任は既にみたようにそれ自体の不履行ではなく、瑕疵を帯びた物の提供あるいは引渡に含まれる積極的契約侵害に基づくからである。積極的契約侵害についてはそこから権利を導こうとする者に証明責任が課せられる」とする。これに対して、「買主が特定の性質を有する物の給付を請求し、これに対して売主が、自分がそのような品質を有する給付を保証していたことを争う場合には、当然、原告は promissa 的 dictum を証明しなければならない。なぜなら、原告は、そこから権利を導こうとする売買契約の内容について証明義務を負っているからである。被告である売主が、法律および契約の本旨に従った物の給付によって彼の契約義務を履行していたことを主張する場合には、三六三条が売主に有利に働かない限り、当然その証明責任は売主に課される」と解している。(22)

(2)　マイエンの見解

マイエンは、性質保証違反があったかどうかの問題について、「保証された性質の欠如を理由に瑕疵担保解除あるいは代金減額を求める特定物の買主は、危険移転時の保証された性質の欠如について証明義務を負い、買主が不履行を理由に損害賠償を請求する場合には、さらに契約締結時の保証された性質の欠如について証明義務を負う。このような証明の規律は、買主が保証された性質の欠如を代金の支払いの請求に対する抗弁として主張する場合にも当てはまる。なぜなら、両事例において、保証された性質が欠けているという主張は、売主に証明義務が課せられる売主の給付義務の不履行を意味するのではなく、新たな権利の主張を意味するからである。それゆえ、事実から権利を導く者がその事実を証明しなければならないという証明責任の基本原理が働く。それに対して、種類物の売主が代金の支払い請求を主張し、買主がその物には保証された性質が欠けているということを主張する場合には、売主が証明義務を負う。なぜなら、瑕疵のないことは売主の履行義務に属するからである。買主は契約不履行の抗弁を有する」とする。(23)

(3) レオンハルトの見解

レオンハルトは性質保証違反があったかどうかの問題について、先のRGと同様に「特定の性質の保証の際に、履行義務の一部が問題とされているかどうか――その場合には証明責任は売主に課せられる。なぜなら、その場合、被告の主張は単に不履行の主張に過ぎないからである。それとも、それと同時に、瑕疵についての損害担保(Garantie)のみを売主が引き受けたかどうか――この場合、被告は、損害賠償に基づく抗弁を主張し、その証明責任を負わなければならない――の二通りの問題がある」として、RGの見解に反し、「性質保証の際には、瑕疵担保責任が問題となっているに過ぎないからである」という理由から、後者の立場を支持し、買主側に証明責任を課す。(24)

(4) ブリュッゲマンの見解

ブリュッゲマンは、性質保証をしたかどうかの問題について、買主が原告として瑕疵担保請求権を主張するのか、被告として担保責任でもって抗弁として対抗するのかに関わりなく、性質保証を請求原因とする請求を買主は提起するがゆえに、契約上、性質保証が与えられたということについての証明責任は買主が負うとする。(25) 性質保証違反があったかどうかの問題については、「履行、不履行が問題となるのではなく、一部の不履行も問題とならない。むしろ証明責任は買主に課せられる。買主は訴訟において、買主が瑕疵担保解除、代金減額の請求をそこから導く場合には、売買目的物が瑕疵を帯びているということ（まさしく、危険移転時に存在していた）、保証された性質がいずれの時点においても欠如していたということを証明しなければならない。不履行に基づく損害賠償についても同じである。買主が原告として振る舞うか、あるいはしかし瑕疵担保請求権を抗弁もしくは（不履行に基づく損害賠償請求の場合も同様に）相殺の方法で、代金の支払いの請求に対する対抗手段として用いるかどうかに違いはない。さらに、特定物売買の瑕疵担保請求権か種類物売買のそれかどうかも関係ない」と述べ、買主に証明責任を課す。

(5) バウムゲルテルの見解

性質保証をしたかどうかの問題についてバウムゲルテルは、「買主によって主張されている性質の保証が売主によって表示されたかどうかについて争われる場合、契約の履行は重要ではなく、契約内容が重要であるので、それを援用する買主は性質保証を証明しなければならない」とする。(26) 性質保証違反があったかどうかの問題については、目的物の受領を基準に区別する。「保証された性質の欠如に関しては、証明責任の分配については、買主による受領の拒絶と履行としての受領の場合が区別されなければならない」として、「履行としての受領」を基準に証明責任を分配する。具体的には、「売主が売買代金の支払いを請求し、保証された性質の欠如を理由に買主が物の受領を拒絶する場合には、売主が性質の存在を証明しなければならない」とする。「それに対して、買主が物を履行として受領した場合には、その損害賠償請求の要件についての証明責任は買主が負う。すなわち、保証された性質が売買契約締結時だけでなく危険移転時にも欠如していたことを買主は証明しなければならない」とし、さらに「四六三条に基づく請求の場合には転化した履行請求権が問題となっているのではなく、瑕疵担保請求が問題となっているのであるから、買主はいずれの場合においても性質の欠如についての証明責任を負担する」というレオンハルトやブリュッゲマンらの説に対して、そのような「三六三条の適用を否定するこのような見解は」採り得ないと批判する。(27)

(6) フーバーの見解

性質保証をしたかどうかの問題についてフーバーは、「性質保証についての証明責任は買主が負う」とする。(28)

性質保証違反があったかどうかの問題については、「原則として、履行として受領がなされるまでは性質の存在についての証明責任は売主に課され、受領後は性質の欠如についての証明責任が買主に課される（三六三条）」という先述のRGの立場を支持する。しかし、「買主が保証された性質の欠如を理由に損害賠償を請求する場合について」は、「常に、契約締結時に性質が欠如していたことについての証明責任が買主には課されるとする」RGの立場を批判し、「損害賠償請求についても、他の瑕疵担保請求と同様に、売買という点に鑑みて独自に立てられた、買主が給付を履行として受領していない限りで、訴えを提起した売主に保証された性質の存在についての証明責任が課されるという法律上の原則を維持すべきである」とする。(29)

(7) ホンゼルの見解

ホンゼルも性質保証をしたかどうかの問題と性質保証違反があったかどうかの問題のいずれの問題についても、「性質が保証されたかどうか、そして保証された性質が欠如していることについての証明責任は原則として買主が負う」とする。特に、性質保証違反があったかどうかの問題については、フーバーと同様に「買主が目的物を未だ履行として受領せず、売主が代金請求の訴えを提起する場合には、買主が保証された性質の欠如を抗弁として主張するときには、売主は保証された性質の存在について証明責任を負」い、「履行としての受領前の買主の損害賠償請求についてもこのことは当てはまる」とし、結論として、「瑕疵を帯びていることについての証明責任の分配については、買主が目的物を履行として受領したかどうかという事情が決定的である」とする。(30)

さらにホンゼルは、保証と購買の決定との間の因果関係の問題についても、「買主は、性質保証若しくは悪意の欺罔が買主の購入の決断の原因となったことを主張する必要はな」く、「影響を与えたことの可能性の証明で足りる」とする。(31)

4　小括

以上見てきたように、性質保証をしたかどうかの問題については、判例・学説ともほぼ一致して、売主が性質保証をしたことの証明責任を買主側が負担すると解している。これに対して、性質保証違反があったかどうかの問題については、リーディングケースとなった、RGZ 66, 279 が性質保証の法的性質をＲＧの判例法理にしたがい契約の構成要素と解することにより、保証された性質を伴った目的物を給付する義務を履行義務と構成し、履行に関する証明責任を定める旧ＢＧＢ三六三条の適用を肯定した。この解釈を巡ってその後かなりの学説上の争いがある。

旧三六三条を適用する点については判例にしたがう立場が多数であるが、買主が損害賠償を請求する場合には無条件に買主側に証明責任を課す点については判例の立場に対する批判が多い。

六　ドイツ新ＢＧＢにおける損害担保の主張・立証責任について

ドイツでは、ローマ法以来の伝統を受け継いだ「性質保証責任（Zusicherung）」により損害賠償を基礎づけていた旧四六三条から、二〇〇二年の債権法改正により、義務違反の際の損害賠償責任の帰責事由として、故意・過失と並んで、「損害担保の引き受け（Garantieübernahme）」を新二七六条に導入するに至った[32]。

新ＢＧＢ二七六条の帰責事由の証明責任に関してハースは、二八〇条一項一文により売主が証明責任を負担するとする。しかし、損害担保に関しては、「買主が二七六条一項一文に従い引き受けられた損害担保を買主が援用する場合には、買主が損害担保の引き受けを立証しなければならない。なぜなら、売主が消極的証明を行うことはできないからである」と述べる[33]。また、ダウナー・リープも、「新ＢＧＢ二八〇条一項二文によれば、帰責事由に関しては債務者が負担する。しかし、このことは、必ずしも、ありうべき損害担保の引受も同様に債務者によって証明されなければならないということを意味しない。このような二七六条の法律要件の例外は――従来の性質保証の場合と同様に――債権者が主張し、場合によっては証明しなければならない」とする[34]。エーマン／ズチェットも、「債権者がその賠償請求権を主張された債務者の損害担保責任に基づかせる場合には、損害担保の表示が債務者の給付約束に内在していない限りで、債権者が損害担保の表示を証明しなければならない」とする[35]。

これに対して、デデクは、「無過失責任の約束が与えられたかどうかは、新しいＢＧＢ二七六条一項のコンセプトによれば「帰責事由」の問題である」とした上で、「従って、二八〇条一項二文に基づき債務者は常に損害担保約束の不存在を主張立証しなければならないのかどうか」という問題を設定する。そして、「債務者は、とりわけ、既に生じた履行障害は自己の契約上の危険領域には属さないということを主張立証しなければならない」ということを定めるＣＩＳＧ七九条を敷衍し、「債務者はさしあたり、債権者の抗弁によってはじめて証明義務が生じる概括的な申立てが許されよう」と言う。そして売買契約の場合について、「買主によって法律行為上の損害担保引受が取り上げられる場合には、たいていの場合には、買主は、四三四条一項一文の目的物の瑕疵を主張するために、性質についての合意が存在することを主張しているであろう」という。そして結局のところ、そのような性質合意に含まれている言明が損害担保約束の資格を満たしているかどうかは、「多くの場合解釈問題であり、従って法律問題である」と述べる。(36)

このように、債権法改正後においても、損害担保が帰責事由として独立の要件事実と位置づけられており、さらに、その証明責任の問題は、性質保証をしたかどうかの問題と同様に債権者（買主）に証明責任が課されると支配的見解は解している。これに対し、性質保証違反があったかどうかの問題については、損害担保が帰責事由の一つとして位置づけられたため、独立して論じる必要はなくなったといえる。

第三節　スイス債務法

一　スイス債務法における性質保証責任

スイス債務法ではＯＲ一九七条以下において旧ＢＧＢと同様に性質保証責任が規定されており、直接損害に限定されてはいるが、性質保証に基づいて損害賠償を請求することもできる。しかし、その位置づけは旧ＢＧＢとは全く異なっており、単なる瑕疵の場合も性質保証の場合も効果は基本的に同じであり、性質保証には純粋に瑕疵概念を拡大する役割しか与えられていない(37)。

さらに、スイス法では、証明責任に関する一般規定（ＺＧＢ八条(38)）が存在している点がドイツ法と異なる。

二　旧債務法における性質保証の証明責任

シュナイダー／フィックの見解

シュナイダー／フィックによれば、旧債務法の性質保証についても、「買主は売買目的物の、実際には存在していない特定の性質についての性質保証を証明しなければならず、売主は性質保証をしなかったことを証明する必要はない」として、性質保証をしたかどうかの問題について、買主側に証明責任を課していた(39)。

三　スイス債務法における性質保証の証明責任

1　オーザーの見解

オーザーは、「証明責任はZGB八条に規定されている原則および通常は推定がなされるというさらなる規定に基づいて次のように分配される」として、性質保証をしたかどうかの問題について、「合意に関して、買主は申し立てられた特別の性質保証を証明しなければならず、売主は場合によっては法の定めに比して彼にとって有利なことを証明しなければならない」として、原則は買主側に証明責任を課し、性質保証違反があったかどうかの問題については、「履行に関しては、商品を受領した買主は、少なくとも、その商品が受領時に性質保証あるいはOR一九七条に基づいて法定の要件に適合していなかったことの証明義務を負う」とする。しかし、さらに、「目的物の必要な性質は危険移転時に既に欠けていた、という証明も訴えの基礎に属する。それに対して、多くの場合において(事実の推定に従い)、商品の受領時の性質からその危険移転時での状態(その時点で既に瑕疵の兆しが存していた)を推定することが許される」と解する。(40)

2　シュタウファーの見解

シュタウファーは、性質保証をしたかどうかの問題について、「性質保証から権利を導き出そうとする者は原則として当然、性質保証が実際にも与えられていたということを立証することが求められている」として、原則として買主側に性質保証の存在についての証明責任を課す。(41)　これに対して、「売主には、買主が性質保証になんら価値を見いだしていないということを買主自ら表示していた、あるいは具体的な事情により買主が性質保証になんら

重要な意味を与えていないということの立証が認められねばならない」としている。(42)

3　シェンカーの見解

シェンカーは、性質保証をしたかどうかの問題と性質保証違反があったかどうかの問題を明確に区別することなく、「買主が売主に対して、売主は買主に実際には欠如している特定の性質を保証したという理由によって訴えを提起する場合、証明責任の分配の問題は簡単に答えられ得る。すなわち、証明義務は買主にある」とする。これに対して、「最初に売主が代金支払い請求の訴えを提起し、それに対して買主が抗弁として保証された性質の不存在を援用する場合には、証明責任に関して性質保証の法的性質が問題となる」とし、「ドイツの支配的見解に従い性質保証を契約の構成要素と解するならば、性質保証は売主の履行義務の一部を形成し、買主の抗弁は契約の不履行の抗弁とな」り、「この場合には、売主に証明責任が課される、すなわち、売主は契約を正しく履行した、場合によっては性質保証を与えていなかった、ということを証明しなければならない」とする。他方、「性質保証をdictum、すなわち、片面的で、法定の責任を惹起する観念の通知とみなす新しいスイスの判例によれば、結論は異なる。つまり、その場合、買主が性質保証についての証明責任を負う」ことになるとする。(43)

4　メンジーニの見解

メンジーニは、性質保証をしたかどうかの問題について、「一般的に、ある事実から権利を導き出そうとする者に、証明義務が課される」と定めるZGB八条にしたがい、「買主が性質保証を援用する場合には、特に買主は性質保証の事実を証明しなければならない。OR一九七条の性質保証が存在しているということを、買主は証明しなければならない。とりわけ、買主は売主の表示もしくはその振る舞いを証明しなければならない」とする。さらに性質保証違反があったかどうかの問題について、「買主は更に保証された性質の欠如を証明しなければならない」とし、「その際、受領時に存在していた瑕疵については危険移転時に既に存在していたという推定が働く。それに対する売主による反証の余地はある」とする。さらに因果関係の問題について「買主は、売主の表示と契約の締結との間に因果関係があることについても証明しなければならない。その際、取引慣行によれば因果関係が肯定されうる性質が問題となる場合には、性質保証が買主にとって影響を与えたということを買主が主張すれば、買主は因果関係の証明は既に充足している。もっとも、売主には、実際には事実関係は全く異なるという反証の余地がある」[44]とする。[45]

5　カッツの見解

カッツは性質保証違反があったかどうかの問題について、「買主が給付された目的物を履行として受領した場合——この点については売主が証明責任を負う——買主が主張された瑕疵および性質保証について証明義務を負う。さらに買主には、既に危険移転時に前提あるいは保証された性質が欠けていたことを証明する義務も課せられる」とする。さらに因果関係の問題についても「買主が性質保証を援用する場合には、その因果関係も証明しなければならない。日常生活の経験に照らせば、買主の意思決定に決定的な影響を与えることに一般的に適しているような性質保証の場合には——真正さを担保した場合には問題なくこれに当たる——、因果関係は推定される。もっとも、このような当然の推定に対して反証によって論駁することは売主に許されている」と述べる。[46]

四　小括

スイス債務法においては、証明責任についてZGB八条という一般規定があるため、性質保証をしたかどうかの問題について、それに従い、当然のごとく買主側に証明責任を課している。また、性質保証違反があったかどうかの問題については、ドイツの旧BGBにおける議論に影響を受けて、多くの説は受領を基準に証明責任を分配する。さらに特徴的な点は、スイス債務法においては、売主の性質保証の表示と買主の契約締結の決断との間に因果関係が存することについても、買主に証明責任を課していることが挙げられる。

第四節　日本法への示唆

(1)　日本法においても性質保証をスイス債務法のように単に瑕疵概念の一つとしてしか位置づけない場合には、売主が性質保証をしたこと自体の証明責任は、ドイツ旧法、スイス債務法と同様に、買主にあると考えられる。さらに、目的物が保証された性質を欠いていたことについては、日本法における、瑕疵の存在についての証明責任の規律に従い、買主に証明責任が課されるものと考えられる。(47)

(2)　これに対して、性質保証ないし損害担保を債務不履行責任の帰責事由の一つとして位置づける場合には、どのように考えるべきであろうか。冒頭で述べたように、従来の債務不履行責任の帰責事由とパラレルに位置づけ債務者の側に主張立証責任を負わせるのか、それとも性質保証ないし損害担保の場合には別途証明責任の分配を検討するのかという二つの方向性があり得る。私見は、新BGBにおける学説の多数説と同様に、性質保証ないし損害担保を帰責事由として独立の要件事実と位置づけた場合には、債務者が性質保証ないし損害担保を与えていたことについては、債権者の側に証明責任が課せられると考える。その理由は、性質保証ないし損害担保を債務者が与える場合というのは例外的な場面であるため、性質保証ないし損害担保を用いて無過失での損害賠償責任あるいは免責・責任制限条項の無効を主張する債権者の側でその存在を主張立証すべきであると考える。さらに、ドイツ債権法改正後の議論におけるハースの見解のように、債務者に性質保証ないし損害担保をしなかったことの証明責任を負わせることはまさに消極的証明を課すことになるということも理由の一つとして挙げることができよう。

(3)　では、このように性質保証ないし損害担保を帰責事由として独立の要件事実と位置づけ、債権者に主張立証責任を課す私見のモデルは、従来の通説および結果債務・手段債務二分論を用いた有力説と比較していかなる意義を有するのであろうか。この点、私見では、性質保証ないし損害担保を帰責事由として独立の要件事実と解することにより、性質保証ないし損害担保の証明に成功すれば、新BGB四四四条に倣い、債務者側は免責条項ないし責任制限条項の存在をもって抗弁となす事は自己矛盾行為に当たりできないと解され、そのような抗弁を封ずることが可能となる(48)。これに対して、従来の通説は帰責事由との関連で免責条項の問題を論じてはおらず、また、結果債務・手段債務二分論を用いた有力説の場合にも、結果債務・結果保証があるというだけでは免責・責任制限条項を排除することはできないと考えられる。このように、債務者の帰責の度合いに応じて、債権者により強力な責任追及の手段を認めることができる点に私見の意義を見いだすことができよう。

冒頭の設例(第一部第一章)を用いて説明すれば、たとえば事例 γの場合、A社がB社に対して債務不履行責任を追及する場合の請求原因事実は、①Bとの売買契約の締結、②Bの本旨不履行の事実、③損害の発生及び額、⑤債務不履行と損害との因果関係、であるが、私見では、これに加えて、⑥帰責事由としての性質保証ないし損害担保の事実、具体的には、「B社は『このバイオ生ゴミ処理機は一日に五〇〇kgの生ゴミを処理でき、またバイオ技術を用いているので安全かつ地球環境に優しい』という表示でもって当該生ゴミ処理機の性質を保証していた」という事実もA社が主張立証することによって、B社は抗弁として無過失の事実を主張することは許されず、また、たとえ契約時に免責・責任制限条項を合意していたとしてもそれが性質保証ないし損害担保の内容と矛盾している場合にはそれを抗弁として援用することも許されなくなると考える。

(4)　以上のように、私見によれば、性質保証ないし損害担保を債権者の側から積極的に証明すべき(故意・過失と並ぶ)新たな帰責事由として位置づけることにより、債権者の側からのより積極的な責任追及の可能性を開くものといえる。

注

(1)　さもなくば笠井教授のいうように「従来無過失責任としてきたところをたんに保証責任と呼び変えたにすぎない」といわざるを得ないであろう(笠井『保証責任と契約理論』三二八頁)。

(2)　性質保証の帰責事由としての側面については、本書第一部第二章及び第二部第一章、第二章を参照。

(3)　旧BGB第四五九条

①物の売主は、買主に対して、買主に危険が移転したときに、物がその価値又は通常の使用若しくは契約によって前提とされた使用に対する適合性を失わしめる、又は減じるような瑕疵を帯びていないことについて責任を負う。価値又は適合性の軽微な

減少は考慮されない。

②売主は、物が保証された性質を危険移転時に有していることについても責任を負う。

旧ＢＧＢ第四六三条

売買目的物が売買時に保証された性質を欠くときは、買主は、解除又は減額に代えて不履行に基づく損害賠償を請求することができる。売主が瑕疵を悪意で黙秘していた場合も同様であるなお、旧ＢＧＢにおける性質保証責任については、本書第一部第二章を参照。

（4）Kloß, Gewährleistung wegen Mängel oder Fehler der Kaufsache, Sächsiche Archiv für Bürgerliches Recht und Prozeß, Bd. 9, 1899, S. 273, 282 ff.; Arthur Balduin Ehrlich, Die Gewährleistung wegen Mängel der Sache beim Kaufe, Diss. Greiswald, 1900, § 16 S. 94 ff.

（5）Horst Neumann-Duesberg, Die Beweislast im Kaufmängelprozeß, BB 1967, 1457, 1460.

（6）Bernhard Windscheid, Lehrbuch der Pandektenrechts, 2. Bd., 1. Abt., 1. Aufl., 1865, § 321 S. 202.

（7）Windscheid, a. a. O., S. 202 Anm. 7.

（8）Adalbert Bruck, Die Beweislast hinsichtlich der Beschaffenheit des Kaufgegenstandes nach dem Gemeinen und Prussischen Civilrechte, 1874, S. 102 f.

（9）Heinrich Thöl, Das Handelsrecht, 1. Bd., 6. Aufl., 1879, § 279 S. 932 ff.

（10）Gustav Hanausek, Die Haftung des Verkäufers für die Beschaffenheit der Waare, 2. Abt., 2. Halfte, 1887, § 46 S. 201 ff.

（11）第一草案第一九三条

何人たりとも請求権を主張する者はその請求権を弁疏するために必要なる事実を証明することを要す。また何人たりとも請求権の廃棄またはその作用停止を主張する者はその廃棄または作用停止を弁疏するために必要なる事実を証明することを要す（今村研介『獨逸民法草案第一巻・第二巻（一八八八年第一草案）』五八頁（日本立法資料全集別巻一四七）信山社）。

（12）Protokolle der Kommission für die zweite Lesung des Entwurfs des Bürgerlichen Gesetzbuchs, 1. Bd., 1897, S. 259.

（13）Ehrlich, a. a. O., S. 94.

（14）Franz Philipp Friedrich von Kübel, Recht der Schuldverhältnisse, Teil 1-Allgemeiner Teil, Abschn. I., Tit. 2. I. 3. c., 1882, S. 36, herausgegeben von Werner Schubert, Die Vorlagen der Redaktoren für die erste Kommission zur Ausarbeitung des Entwurfs eines Bürgerlichen Gesetzbuches, Neudruck 1980, S. 414.

(15) Hermann Staub, Kommentar zum Handelsgesetzbuch, 2. Bd., 6/7 Aufl., 1900, § 377 Anm. 106. クローメも、買主は契約の付款を主張するのであるから、買主の側で性質の保証の存在を証明しなければならないとする(Carl Crome, System des deutschen bürgerlichen Rechts Bd. 2, Recht der Schuldverhältnisse 1, 1902, S. 452)。エンデマンも同旨(F. Endemann, Lehrbuch des Bürgerlichen Rechts, 9. Aufl., 1. Bd., S. 992 Fn. 32)。

(16) Staub, a. a. O., § 377 Anm. 106 Fn. 2. コサックも同旨(Konrad Cosack, Lehrbuch des Deutschen Bürgerlichen Rechts, Bd. 1, 1. Aufl., 1898, S. 436)。

(17) 旧ＢＧＢ三六三条「債権者が弁済として提供された給付を弁済として受領した場合において、給付が債務の目的と異なるものであること、又は不完全であることに基づき、給付を弁済として認めないことを主張しようとするときは、その立証責任は、債権者にある」(椿寿夫・右近健男編『ドイツ債権法総論』(日本評論社、一九八八)二八七頁(寺田正春))。同条は二〇〇二年の債権法改正でも修正されていない。

(18) この立場は、性質保証は契約の構成要素であるとした、RGZ 54, 219 以来のＲＧの判例法理と軌を一にするものである。性質保証の法的性質については本書第一部第二章を参照。

(19) この点については、後述するように学説からの批判がある。

(20) ハイマン等の学説については、本書第一部第二章第五節を参照。

(21) Franz Haymann, Anfechtung, Sachmängelgewähr und Vertragserfüllung beim Kauf, 1913, S. 40 ff.

(22) Haymann, a. a. O., S. 46 ff.

(23) Krafft von Meien, Der Begriff der Zusicherung von Eigenschaften beim Kauf, Diss. Göttingen 1931, S. 33 f.

(24) Franz Leonhard, Die Beweislast, 2. Aufl., 1926, S. 367.

(25) GRKomm. z. HGB/Brüggemann, 4. Bd., 2. Aufl., 1961 § 377, Anm. 125.

(26) Gottfried Baumgärtel, Handbuch der Beweislast im Privatrecht, Bd. 1, 2. Aufl., 1991, § 459 Rz. 24.

(27) Baumgärtel, a. a. O., § 463 Rz. 3.

（28） Soergel/Huber（1991）, § 459, Rz. 189. ヴェスターマンも同旨（MünchKomm/Westermenn（1995）, § 463, Rz. 47）。

（29） Soergel/Huber（1991）, § 463, Rz. 20.

（30） Staudinger/Honsell（1995）, § 463, Rz. 76.

（31） Staudinger/Honsell（1995）, § 463, Rz. 76. この因果関係の問題は後出のスイス債務法においてより重要な要件として議論されている。

（32） 新ＢＧＢ第二七六条（債務者の帰責性）

①責任の加重又は軽減につき別段の定めなく、債務関係の他の内容、特に損害担保又は調達リスクの引受けからも推知されない場合には、債務者は、故意及び過失について責めに任ずる。第八二七条及び第八二八条の規定はこれに準用する。

②取引において必要な注意を怠った者は、過失があるものとする。

③債務者の故意に基づく責任は、あらかじめ排除することができない。

新ＢＧＢ第四四三条（性質及び耐用性の損害担保）

①売主又は第三者が、目的物の性質（Beschaffenheit）又は目的物が一定期間一定の性質を有すること（品質保持の担保）についての損害担保を引き受けた場合には、その担保した事由が発生したときには、法定の請求権を妨げることなく、損害担保を与えた者に対する、損害担保の表示及びこれに関連する広告において与えられた条件で、買主には損害担保に基づく権利が与えられる。

②品質保持の担保が引受けられた限りで、その有効期間内に発生した物的瑕疵は損害担保に基づく権利を惹起するものと推定される。

なお、改正の経緯については、本書第二部第一章を参照。

（33） Lothar Haas/Dieter Medicus/Walter Rolland/Carsten Schäfer/Holger Wendtland, Das neue Schuldrecht, 2002, S. 218 Rn. 232（Haas）. Lorenz/Riehm, Lehrbuch zum neuen Schuldrecht, 2002, S. 95 Rn. 181; Ulrich Huber, Die Hafung des Vertragshändlers gegenüber seinem Abnehmer nach neuem Kaufrecht, in: FS. Peter Ulmer, S. 1175 f.; MünchKomm/Ernst, Bd. 2 a, 4. Aufl., 2003, § 280 Rn. 30; Staudinger/Otto（2004）§ 280 Rn D 24 も同旨。

（34）　AnwK–BGB/Dauner–Lieb § 276 Rn. 48.

（35）　Ehmann/Sutschet, Modernisiertes Schuldrecht, S. 103. さらに、四四三条の損害担保についてもプッツォによれば売主が目的物について損害担保の表示を与えていたことを買主が証明しなければならないとする（Palandt/Putzo, BGB, Ergänzungsband, 64 Aufl., § 443 Rn. 24）。

（36）　Helge Dedek, in: Henssler/Graf von Westphalen, Praxis der Schuldrechtsreform, § 280 Rn. 12.　このようなデデクの見解に対してカイルマンは、「そのような二七六条一項一文、二八〇条一項二文の理解は、たとえ完全に間違っているとは言えないにしても、かなり特異なものであろう」と批判する（Annette Keilmann, Dem Gefälligen zur Last, 2006, S. 181）。また、損害担保約束を再抗弁事由として位置づけるものとして、JurisPK–BGB/Alpmann, Bd. 2. 1., Schuldrecht（Teil 1: §§ 241 bis 432）, § 280 Rn. 111, S. 369 がある。

（37）　OR第一九七条

①売主は、保証された性質についてだけでなく、目的物がその価値若しくは契約上前提とされた使用に対する適合性を失わせる若しくは著しく減じる、実体的瑕疵又は法律的瑕疵を有していないことについても、買主に対して責任を負う。

②売主は瑕疵を認識していなかった場合にも責任を負う。

OR第二〇八条

①売買契約が解除された場合、買主はその間に得た利得と共に目的物を売主に返還しなければならない。

②売主は支払われた代金に利息を付して返還し、さらに全部の追奪担保の規定に従い、訴訟費用、その他の費用、瑕疵ある物の給付によって買主に直接生じた損害を賠償する義務を負う。

③売主は、自己に帰責性のないことを立証しない限り、前項以外の損害を賠償する義務を負う。

なお、スイス債務法における性質保証責任については、本書第一部第四章を参照。

（38）　ZGB第八条

法に別段の定めなき限り、そこから自らの権利を導く者がその主張する事実の存在を証明しなければならない。

（39）　Schneider/Fick, Das schweizerische Obligationenrecht, 1893, S. 353.

（40）　H. Oser, Das Obligationenrecht, Art. 1–529, 1915, S. 488.

（41）Willhelm Stauffer, Von der Zusicherung gemäss Art. 197 OR, ZBJV 1944, 145, 152.

（42）Stauffer, a. a. O., S. 152.

（43）Otto Schenker, Die Zusicherung von Eigenschaften beim Kauf, 1949, S. 50.

（44）連邦裁判所も「性質保証の場合には、実生活の経験に従えば、全面的にあるいは具体的な条件で購入するという買主の決断において買主に決定的に影響を与えるような因果関係が想定されうる。その場合、おそらくこの自然な推定を、問題となっている事案において性質保証は買主にとって実際に意味のあるものではなかったということの証明によって崩すことは売主の義務である」と述べている(BGE 71 II 241)。

（45）G. Elvezio Menghini, Die Zusicherung von Eigenschaften, 1949, S. 117.

（46）Hans-Peter Katz, Sachmängel beim Kauf von Kunstgegenständen und Antiquitäten, 1973, S. 89.

（47）倉田卓次監修『要件事実の証明責任　契約法上巻』(西神田編集室、一九九三)三九〇頁以下(國井和郎)。

（48）本書第二部第一章を参照。

第二部　性質保証責任から帰責事由としての損害担保へ

第一章　帰責事由としての性質保証と損害担保

第一節　ドイツ債権法改正
――性質保証責任（Zusicherung）から損害担保責任（Garantie）へ

一九七〇年代後半に始まり一九九二年の債権法改正委員会（Kommission zur Überarbeitung des Schuldrechts）の最終報告書の公表以後、一時目立った動きのなかった債権法改正作業が、(1) 消費者売買に関するＥＵ指令、(2) e-コマースに関するＥＵ指令、(3) 支払遅滞に関するＥＵ指令(4)を国内法化する必要性が生じたため再び息を吹き返した。すなわち、ドイツ国内では指令を一対一で国内法化する「小さな解決」をとるか、それともこれらの指令の国内法化を契機として債権法改正を再び進める「大きな解決」をとるかの二つの方向性が議論されたが、最終的に「大きな解決」が選択されたのである。(5) 二〇〇〇年八月四日には議論のたたき台となるべく「討議草案（Diskussionsentwurf eines Schuldrechtsmodernisierungsgesetzes）」(6)が連邦司法省から公表された。二〇〇一年一月一七日には連邦司法省内に「給付障碍法委員会（Kommission Leistungsstörungsrecht）」が設置され、同委員会は討議草案をもとにいわゆる「整理案（Konsolidierte Fassung des Diskussionsentwurfs eines Schuldrechtsmodernisierungsgesetzes）」(7)を作成し、それは同年三月六日に公表された。[8] そして二〇〇一年五月九日には連邦政府がいわゆる「政府草案（Regierungsentwurf）」を決定し、同月一四日には連立与党（SPD/BÜNDNIS 90/DIE GRÜNEN）から政府草案と同文の債権法改正法案（Entwurf eines Gesetzes zur Modernisierung des Schuldrechts）が連邦議会に提出された。[9] その後、議会における審議を経て、債権法改正法が二〇〇一年一一月二六日に成立し、二〇〇二年一月一日から施行された。[10]

第二節　一九九二年の債権法改正委員会の最終答申から政府草案の提出まで

では、この債権法改正作業の中で、従来の性質保証責任がどのように過程を経て損害担保責任へと変容していったのかを次に見ていこう。[11]

一　旧BGB

旧ＢＧＢでは、債務不履行と瑕疵担保責任は全く別の体系に属しており、債務不履行の場合には過失責任主義に基づき、帰責事由として債務者の故意・過失が損害賠償の要件であった。これに対して、瑕疵担保責任の場合には、性質保証と悪意の黙秘が損害賠償請求権の特別な要件であり、それ以外の場合は瑕疵担保責任の枠内では損害賠償は請求できなかった。

二　債権法改正委員会の最終答申

一九九二年委員会草案(12)

第二七六条（自己の行為についての帰責性）
（一）　別段の定めなく、債権関係の他の内容又は特性からも推知されない場合には、債務者は故意及び過失について責めに任ずる。取引において必要な注意を怠った者は、過失あるものとする。民法第八二七条及び第八二八条の規定はこれに準用する。
（二）　故意に基づく債務者の責任は、あらかじめ排除することができない。

第四四二条（買主の悪意）
（一）　買主が契約締結時にその瑕疵を認識していた場合には、瑕疵に基づく買主の権利は排除される。
（二）　登記簿に登記された権利は、たとえ買主がそれについて悪意であったとしても、売主はこれを除去しなければならない。

第四四四条（損害担保（Garantie））
売主が物の性質（Beschaffenheit）について損害担保を引き受けていた限りで、その有効期間内に生じた物的瑕疵は、損害担保に基づく権利を惹起するものと推定される。

第四四五条（責任の排除）
売主が瑕疵を悪意で黙秘する場合には、瑕疵に基づく買主の権利を排除又は制限する合意を売主は援用することができない。

債権法改正委員会は、現行の物の瑕疵担保に関する規定と、一般給付障碍法は、相互に独立した互いに調和していない責任体系であるとし、このことが現行法のきわめて憂慮すべき問題を生じさせているとする。(13) また、瑕疵担保法内部でも、（旧BGB）四五九条一項の意味での性質合意と損害賠償の効果をも伴う性質保証との間の区別の困難性は、その効果の差からも深刻な問題を生じているとする。(14) これに対して委員会は、この現行法の問題は物の瑕疵担保責任を一般給付障碍法に組み込んだ場合にのみ解決されうると考え、草案四三四条において、売主に瑕疵なき物の給付義務を課すことによって、従来のBGBの瑕疵担保規定を一般給付障碍規定に組み込む。(15) これによって、瑕疵ある物の給付は、追完・解除・減額・損害賠償を導く「義務違反」となる。すなわち、買主は草案四三八条に基づいて、売主の帰責性の有無に拘わらず追完を請求でき、追完のために定めた相当期間が経過した後は代金の減額が請求できる。また、草案三二三条の要件を満たせば、解除も請求できる。さらに、草案二七六条に基づいて売主に帰責性がある場合には、損害賠償も請求することができる。このように、草案では、損害賠償責任については、原則として過失責任主義に服せしめられることになった。

性質保証については、草案四三五条において、瑕疵概念との区別が放棄されたことによって、性質保証も性質合意もすべての物の瑕疵として扱われることになる。(16) さらに、合意と相違するものを給付したこと、すなわち瑕疵ある物の給付について、売主に草案二七六条の帰責性がある場合にのみ、損害賠償を請求することができる（草案四四一条一項、二八〇条一項、二七六条一項）。その結果、性質保証は草案二七六条の売主の帰責性の判断要素の一つにすぎなくなり、過失から独立した（旧BGB）四六三条の損害賠償責任はその特別の地位を失うとする。(17) ただし、それによって、これまで、ローマ法から連綿と続いてきた性質保証責任が完全に消滅するわけではなく、現行法の下で蓄積されてきた性質保証を認定するための判断基準については、草案二七六条の売主の帰責性の有無を判断する際に考慮されることになるという。[18] これは売主の表示から損害を担保する意思が推認される場合には、帰責性があるということになるものと思われる。このことは、結局は、性質保証責任についての帰責根拠についても、判断基準についても、現在のＢＧＨの準則を承継するということを意味しているに他ならない。

1　草案に対する反響

フルーメはこの委員会草案に対して、一般的な給付障碍法への組み込みによって、瑕疵担保責任に関して、ローマ法に依拠しているヨーロッパ大陸の伝統に反して、「既に実証済みである説得的な民法典の構造」は放棄されていると批判する。[19] また、委員会草案が「瑕疵（Fehler）」および「保証（Zusicherung）」という用語を使わず、すべて「義務違反（Pflichtverletzung）」という概念に統合することに対しては、草案がたとえ「瑕疵」という用語を避けたとしても、瑕疵担保責任について主観的瑕疵概念を基礎におくので、旧ＢＧＢ四五九条一項と四五九条二項の構成要件の区別の問題は委員会草案においてもまだ存在するという。フルーメは、（委員会は瑕疵担保責任はその特別の地位を失い、一般給付障碍法に吸収されるというが）草案においても、瑕疵および性質保証に対する瑕疵担保責任はそのまま存続するという。[20]

これに対して、ブリュッゲマイヤーは、ドイツ法曹家大会の報告において、草案の瑕疵についての規定は、フルーメの批判にも拘わらず、うまくいくと考えている。しかし、性質保証責任については、報告書によると、これまでの保証責任は、損害担保責任をも包摂する草案二七六条に吸収されるというが、百年間ドイツ法に性質保証が占めてきた地位の重みとその長い歴史に鑑みて、いまや物の瑕疵担保法から分離された損害担保機能を法文上に明確にすることは検討に値するという。それゆえ、たとえば草案四四四条において明示の性質保証責任を規定することが認められてよいのではないかと提案する。[21]

この委員会草案は、確かに、現行の瑕疵担保規定の構造上の不合理性は、解消することができると評価できる。しかし、こと性質保証の問題に関しては、委員会の言葉にも拘わらず、フルーメのいうように、問題は残されたままであろう。なぜなら、草案四三五条によって、性質保証責任と性質合意との区別を撤廃したとしても、草案二七六条の帰責性の判断の際に、帰責性を導く性質保証か単なる性質合意かの区別は問題とならざるをえないからである。結局、問題の土俵を瑕疵担保法から一般給付障碍法に移したにすぎないといえよう。

三　消費財の売買に関するEU指令

一九九九年EU消費者売買指令[22]

第六条（損害担保（Garantie））

（一）損害担保はそれを与えた者を損害担保の表示及び関連する広告において与えられた条件で拘束する。

（二）損害担保とは、

——消費者が消費財の売買について適用される現行の国内法の規定の枠内で法定の権利を有するということを説明し、損害担保によるこのような権利はそれと関わらないということを明確にしなければならない。

——単純かつわかりやすい形で損害担保の内容並びに、損害担保の主張にとって必要不可欠な本質的な陳述、特に損害担保の保護の有効期間及び適用領域並びに損害担保を与える者の名前、住所が含まれていなければならない。

（三）消費者の求めに応じて損害担保を文書化して交付するか、又は、消費者が利用でき、アクセスしやすい形で、その他の磁気データに保存するかしなければならない。

(四)　消費財が流通におかれる加盟国は、それが契約の定めと一致する限りで、その領土において、その損害担保が、EUの公用語の中から各加盟国が選んだ、単一の又は複数の言語で記載されうることを規定しうる。

(五)　損害担保について二、三、四項の要請が満たされない場合であっても、それは当該損害担保の有効性には影響しない。ゆえに、消費者は引き続き損害担保を主張でき、その保持を主張できる。

第七条(強行法規性)

(一)　この指令で保障された権利を直接若しくは間接的に無効にする若しくは制限する契約条項、又は、契約違反についての報告の前に売主との間でなされた合意は、国内法に従い、消費者を拘束しない。中古品の場合には、加盟国は、売主と消費者が、五条一項の期間よりも短い期間で責任を負うということを契約条項であるいは合意で取り決めうるということを定めることができる。

(二)　当該契約が、加盟国の領土と密接な関係を示す限りで、加盟国は、非加盟国の法律を契約に適用される法律として選択することによって、指令によって与えられた保護を奪われないために、必要な措置を取る。

1　指令の内容

一九九九年五月二五日に欧州議会および閣僚理事会において「消費財の売買並びに消費財の損害担保の一定局面についての指令」(以下「本指令」と略記)が可決成立し、同年七月七日に発効した[23]。本指令は、二〇〇二年一月一日までに各加盟国において国内法化されねばならなかった(一一条一項)[24]。

以下では、まず本指令の内容について簡単に紹介した上で、本書のテーマと関係する限りで言及する。

本指令は、一条において「消費者」「消費財」「売主」などの用語の定義を行った上で、二条一項において「契約に適合した商品を消費者に対して給付する義務を売主は負う」と定めている。要するに当事者が合意したあるべき性質と当該商品が現に備えている性質が一致しない場合には契約不適合となる。これはＣＩＳＧ三五条に依拠したものといわれ、旧ＢＧＢ四五九条一項の主観的もしくは主観的—客観的瑕疵概念と一致するものとされている。(25) この契約適合性は二条二項の推定規定によって具体化されている。(26) 主観的には、売主によって与えられた説明と商品が一致していなければならず、消費者がその目的を売主に認識せしめた限りで、消費者が求めている目的と商品が一致していなければならない（二条二項ａ・ｂ号）。客観的には、同じ種類の商品が通常そのために用いられる目的に当該商品が合致し、同じ種類の商品が通常備えており消費者も合理的に期待できる品質および性能を当該商品は示さなければならない（二条二項ｃ・ｄ号）。ここでは特に二条二項ｄ号における「合理的な期待」の具体化が注目される。その判断の際には、宣伝の際に為された売主・製造者・その代理人の公の表示も考慮に入れられる。これは、原則として売主は製造者の宣伝について責任を負うということを意味する。(27) ただし、二条四項所定の事項を売主が証明することに成功すれば、責任を免れることができる。

以上のような契約不適合に対して、本指令三条は、第一次的救済として修補及び追完給付を求める権利を消費者に与え、第二次的な救済として補充的に代金減額・解除を求める権利を与える。(28)

これらの消費者の権利は、消費財の給付後二年間で時効消滅する（五条一項）。ただし加盟国は国内法化の際に中古品についてはこの時効期間を一年にまで短縮することができる（七条一項後段）。また、消費者が契約不適合を認識してから二ヶ月以内に売主に通知しなければならない義務を加盟国は国内法化の際に選択することもできる（五条二項）。給付後六ヶ月以内に契約不適合が現れた場合には、それは給付時に存在していたものとの推定が反証可能な形でなされる。給付後六ヶ月が経過すると消費者の側で給付時に契約不適合が存在していたことを立証しなければならない（五条三項）。

本指令が消費者に与えた権利を排除又は制限することは許されない（七条）。これは、新品か中古品か、また約款によるか個別条項によるかにかかわらないとされている。[29] この他に最終売主（Letztverkaufer）の求償権についての規定が四条に、損害担保（Garantie）の規定が六条におかれている。[30]

次にこの七条の強行規定の定めについてのドイツの学説の反応を見てみよう。

2　本指令七条に対する学説の評価

エーマン／ルストによれば、この規定は立法過程においても激しい批判にさらされたという。売主にとってその責任の一部を排除することは取引経済上必要なことであるというのがその理由である。この本指令の強行規定性によって、多くの中古品（例えば中古車）の値段はいまよりも高くなり、瑕疵担保責任をめぐる法律関係も不安定になる。なぜなら、これまでも、中古車売買の際には、瑕疵担保責任のリスクについてはすでに保険が存在し、通常保険料は買主が負担していた。また、保険料を節約したい買主は、瑕疵ある物を買うリスクを自ら負担する道を選択することもできた。ところが、本指令のもとではこの選択肢は奪われ、売主は原則として瑕疵担保責任を負担する。そうすると必然的に保険料は代価に上乗せされることになる。また、本指令の瑕疵担保責任から逃れるために、売主は本指令二条の契約適合性の要件を可能な限り狭く把握することを試みるという。[31] これは結局本書で検討してきたような売主の表示の内容を制限するような文言が依然として挿入されることを意味する。

これに対しトナーは、本指令七条の強行規定性は問題ないという。ドイツ国内ではこれまで中古品についての責任排除は許されるものとされてきた。しかし、この原則には多くの例外が存在しており、必ずしも中古品の買主が無権利の状態に置かれていたわけではない。BGHは、旧BGB四五九条二項の性質保証の概念をその他の場合とは対照的に拡大的に解釈し、中古品の買主に手を貸して瑕疵担保請求権を得させている。なぜならこの場合AGBG一一条一一号によって責任は排除されないからである。すなわち、中古品の場合でもすでに一定の瑕疵担保責任は存在している。他方、本指令七条における責任排除禁止は中古品の売主が新品の売主と同じように責任を負うことを意味しない。確かに売主は目的物が正常に機能することについて責任を負うが、引渡の時点で存在していた、あるいは瑕疵担保期間中に現れた通常の損耗の状態は何ら瑕疵ではない。結果的に中古品の売主にとってまったく過重な負担ではないとする。(32) シュタウデンマイヤーも消費者の権利を直接排除するのではないが結果的にはまさに排除している「現状有姿での売買」のような条項に対しても本指令七条一項は適用されると言う。(33)

四　二〇〇〇年討議草案(Diskussionsentwurf)

二〇〇〇年討議草案(34)

第四四一条(買主の悪意と通知義務)

(一)　買主が契約締結時に瑕疵を認識していたか又は重過失により認識しなかった場合には、買主の瑕疵に基づく権利は生じない。買主が瑕疵を発見してから二ヶ月以内に売主に瑕疵を通知しなかった場合も同様である。

(二)　登記簿に登記された権利はたとえ買主がそれについて悪意であったとしても売主はそれを除去しなければならない。

第四四二条(損害担保(Garantie))

(一)　売主又は第三者が目的物の性質(Beschaffenheit)について損害担保を引き受けた場合には、その担保した事由が発生したときには、損害担保を与えた者に対する、損害担保の表示及び関連する広告において与えられた条件で、買主に損害担保に基づく権利が与えられる。
（二）損害担保が引受けられた限りで、その有効期間内に生じた物的瑕疵は損害担保に基づく権利を惹起するものと推定される。

第四四三条（責任排除）
売主が瑕疵を悪意で黙秘する場合には、瑕疵に基づく買主の権利を排除又は制限する合意を売主は援用することができない。

討議草案の性質保証に対する認識は、一九九二年の委員会草案のそれと基本的に一致している。すなわち、無過失の売主に対する損害賠償請求権を性質保証と悪意の黙秘に限定することは狭きに失し、また、（旧ＢＧＢ）四五九条一項の瑕疵と二項の性質保証、ならびに性質概念の区別は無用の争いを生むというものである。それゆえ、「性質保証（Zusicherung）」という文言は不要であるとする。しかし、性質保証責任の実際上の意義がなくなるわけではなく、これまで性質保証責任の枠内で処理してきた問題は、草案においても二七六条の債務者の帰責事由の一つとして顧慮されることになるとする。(35) それゆえ、討議草案では二七六条は改正の対象とならず、四四二条に新たに損害担保の規定が挿入された。(36)

五　整理案（Konsolidierte Fassung des Diskussionsentwurfs）

二〇〇〇年整理案(37)

第二七六条（自己の行為についての帰責性）

（二）責任の加重又は軽減につき別段の定めがなく、債権関係の他の内容、特に損害担保（Garantie）若しくは調達リスクの引受け又は債務の特性からも推知されない場合には、債務者は故意及び過失について責めに任ずる。八二七条、八二八条の規定はこれに準用する。
（二）取引において必要な注意を怠った者は過失あるものとする。
（三）故意に基づく責任はあらかじめ排除することはできない。

第四四一条（買主の悪意）
（一）買主が瑕疵契約締結時にその瑕疵を認識していた場合には、瑕疵に基づく買主の権利は排除される。買主が重過失により瑕疵を認識しなかった場合には、売主が瑕疵を悪意で黙秘していたか若しくは瑕疵のないこと保証（zugesichert）していたときには、その瑕疵に基づく権利を主張できる。
（二）登記簿に登記された権利はたとえ買主がそれについて悪意であったとしても売主はそれを除去しなければならない。

第四四二条（損害担保（Garantie））
（一）売主又は第三者が目的物の性質（Beschaffenheit）について損害担保を引き受けた場合には、その担保した事由が発生したときには、法定の請求権を妨げることなく、損害担保を与えた者に対する、損害担保の表示及び関連する広告において与えられた条件で、買主に損害担保に基づく権利が与えられる。
（二）損害担保が引受けられた限りで、その有効期間内に生じた物的瑕疵は損害担保に基づく権利を惹起するものと推定される。

第四四三条（責任排除）
売主が瑕疵を黙秘するか又は瑕疵のないことを保証（zugesichert）していた場合には、瑕疵に基づく買主の権利を排除又は制限する合意を売主は援用することができない。

損害担保責任に関連する条文について整理案は討議草案に大きな修正を加えている。その一つが一九九二年の委員会草案、二〇〇〇年の討議草案ではもはや不要とされていた「性質保証（Zusicherung）」の復活である。旧BGB四六〇条と旧BGB四七六条に対応する整理案四四一条（買主の悪意）と整理案四四三条（責任排除）に売主の悪意の黙秘と並んで性質保証が挿入された。特に四四三条に性質保証が挿入されたことにより、性質保証をした売主は買主の権利を排除あるいは制限できないことになった。この修正は後々大きな意味を持つことになる。また、四四二条に規定されている損害担保責任については、性質保証（Zusicherung）ではなく損害担保（Garantie）のままであることから、この時点では、起草者は、四四二条の損害担保責任と四四一条、四四三条の性質保証は文言上も区別されうるものであると考えていたことが伺える。

さらにもう一つの大きな修正点は、債務者の帰責性について定める二七六条一項に「損害担保若しくは調達リスクの引受け」という文言が挿入されたことである。(38) 一九九二年の委員会草案並びに二〇〇〇年の討議草案の段階でも、明文化はされなかったが、売主の帰責性の一つとして性質保証が問題となりうることは前提とされていた。しかし、整理案二七六条に「損害担保の引受け」が規定され、他方、四四一条、四四三条にはこれまでの「性質保証」が復活したことにより、二七六条の「損害担保」はいかなる意味を持つのかという問題が惹起された。これは、後の修正作業において再び問題となる。

六　政府草案（Regierungsentwurf）

二〇〇一年政府草案

第二七六条（自己の過失についての帰責性）

（一）責任の加重又は軽減につき別段の定めなく、債務関係の他の内容、特に損害担保（Garantie）若しくは調達リスクの引受け、又は債務の特性からも推知されない場合には、債務者は、故意及び過失について責めに任ずる。第八二七条及び第八二八条の規定はこれに準用する。

（二）取引において必要な注意を怠った者は、過失があるものとする。

（三）債務者の故意に基づく責任は、あらかじめ排除することができない。

第四四二条（買主の悪意）

（一）契約締結時に買主が瑕疵を認識していた場合には、瑕疵に基づく買主の権利は排除される。買主が重過失により瑕疵を認識しなかったときは、売主が瑕疵を悪意で黙秘していたか若しくは目的物の性質（Eigenschaft）について損害担保を引受けていたときには、買主は瑕疵に基づく権利を主張しうる。

（二）登記簿に登記された権利は、たとえ買主がそれについて悪意であったとしても、売主はそれを除去しなければならない。

第四四三条（損害担保（Garantie））

（一）売主又は第三者が、目的物の性質（Beschaffenheit）についての損害担保を引き受けた場合には、その担保した事由が発生したときには、損害担保を与えた者に対する、損害担保の表示及びこれに関連する広告において与えられた条件で、法定の請求権を妨げることなく、買主には損害担保に基づく権利が与えられる。

（二）損害担保が引受けられた限りで、その有効期間内に発生した物的瑕疵は損害担保に基づく権利を惹起するものと推定される。

第四四四条（責任の排除）

売主が瑕疵を悪意で黙秘し又は目的物の性質（Eigenschaft）の存在についての損害担保（Garantie）を引受けていた場合は、売主は瑕疵に基づく買主の権利を排除又は制限する合意を援用することはできない。

1　二七六条の改正理由

二七六条の債務者の帰責事由については、政府草案は基本的には整理案の立場を踏襲し、損害担保の引受を帰責事由の一つとして挙げている。しかし、文言については政府草案は、「損害担保（Garantie）」の用語で統一している。すなわち、整理案の段階では、四四一条の買主の悪意と四四三条の責任排除において「性質保証（Zusicherung）」の用語が用いられていたが、それらは全て「損害担保」に差し替えられた。二七六条において規定されている損害担保では、売買、賃貸借、請負、および物にかかわる同種の契約の際の性質保証が想定されていると改正理由は述べる。「特に売買契約法においては、今後は、性質保証はもはや独自の意義を持たない。旧四六三条一文は不要なものまたは誤解を招きやすいものとして削除された。性質保証は、内容的に、性質の欠如の全ての結果について（過失なくとも）責任を負うという約束と結びついた性質の存在についての損害担保の引受を意味する。それゆえ、現行では、草案四四二条一項、四四四条も損害担保の引受を基準とした形式を含んでいる。瑕疵ある物の給付に基づく買主の損害賠償請求権は、現行では、草案二八〇条を準用する四三七条三号に従い常に売主の帰責性が要件となるということは、しかし、性質保証が将来もはや何の意味も与えられなくなるということを意味しない。むしろ、損害賠償請求権を——悪意の場合とならんで——このような場合に限定する四六三条の規定のみが放棄され、一般給付障碍法に従った売主の責任が規定される。それによって、性質保証の問題は他の場所、すなわち債務者（売主）の帰責性に土俵が移される。今後は、草案二七六条一項一文の枠内において、売買契約法についても、債務者が損害担保を引き受けていたかどうか、場合によっては、売主がその売却した目的物に一定の性質が存在することを性質保証していたかどうかが検討されなければならないであろう。売買契約法においても、決して、保証された性質に対する責任が廃止されるのではなく、他のより適合した位置に規定されるだけである。(39)」。このように政府草案の起草理由からは、二七六条、四四二条、四四四条における「損害担保(Garantie)の引受」とはまさにこれまでの「性質保証(Zusicherung)」の後継概念であり、従来の性質保証に関する判例・学説の蓄積は損害担保の引受の存否について生かされることになるという、一九九二年の委員会草案二七六条の立場を基本的に受け継いでいると言える。(40)

2　四四二条の改正理由

続いて買主の悪意に関する四四二条について改正理由は次のように述べる。旧四六〇条二文は「保証された性質の欠如」という文言を用いているため修正が必要であるという。しかし、それは性質保証がもはや存在しないということを意味するものではなく、その意義は現在でも草案の他の箇所、すなわち草案二七六条一項一文に存在しており、そこでは従来の性質保証の事例は損害担保の引き受けとして受け継がれている。それゆえ、草案四四二条一項二文においてもそれと調和した文言が用いられるとする。(41)

3　四四四条の改正理由

最後に責任排除について定める四四四条については次のような改正理由が述べられている。「この規定は、従来の四四三条と四七六条をまとめている。同時に、この規定においては、従来のＡＧＢＧ一一条一一号が吸収されている。悪意かあるいは損害担保の引き受けをしている場合には、それによって買主の瑕疵担保権が制限されるあるいは排除されるような合意を売主は援用することができないということをこの規定は定めている。この規定は、買主の瑕疵担保権の排除あるいは制限が包括的に認められている限りでのみその意義を有する」。「この規定において挙げられている損害担保の射程範囲に関して、前出の四四二条の説明が関連性を持ちうる。この場合でも、旧法において言及されていた性質保証が内容的に想定されている」[42]。このように、四四四条は、旧ＢＧＢ四四三条と四七六条にＡＧＢＧ一一条一一号を吸収させたものとして位置づけられている。

ダウナー＝リープは、このような再構成について、「透明性の増加に至るのではなく、法的不安定性に至ってしまった。ＡＧＢＧ一一条一一号によって、従来、約款契約についてのみ、そしてこのような厳格なフォームにおいて消費者に対してのみ妥当したものが、今後は、投資的側面の強い企業も含むあらゆる個別契約に関わってくるように思われる」という懸念を述べる[43]。

しかしながら、同じ損害担保の引受という概念を用いながら二七六条、四四二条、四四四条のそれとは区別されるものとして位置づけられている四四三条については改正理由はなぜそのような区別が行われたのかについては沈黙している。しかし、政府草案四四二条一項後段、四四四条においては、政府草案四四三条の「目的物の性質(Beschaffenheit)についての損害担保」とは区別する形で、「性質(Eigenschaft)についての損害担保」という文言が用いられている[44]。これは、同じ「性質」という意味の文言を四四三条では「Beschaffenheit」、四四二条、四四四条では「Eigenschaft」と使い分けることによって、後者は旧ＢＧＢの「保証された性質(zugesicherte Eigenschaft)」の後継規定であることを暗に示そうとしているものといえる[45]。

第三節　連邦議会における政府草案を巡る審議

一　連邦参議院の意見

政府草案に対して、連邦参議院は意見を付した。その際、草案四四三条についての提案九七号において、次のような修正提案を行った。

> 第四四三条　品質保持及び性質損害担保(Haltbarkeits- und Beschaffenheitsgarantie)
>
> (一)　売主又は第三者が、目的物が一定の期間内に一定の性質を有することについての損害担保を引き受け(品質保持損害担保)又は第三者が目的物の一定の性質についての損害担保を引き受ける場合には、その担保した事由が発生した場合には、買主には法定の請求権とは別に、損害担保表示において及び関連する宣伝において言及されていた損害担保を認めた者に対する条件について、損害担保に基づく権利が与えられる。
>
> (二)　品質保持損害担保が引き受けられた限りで、その有効期間内に現れた物的瑕疵は損害担保に基づく権利を発生させるということが推定される。

このように連邦参議院は、草案四四三条の「売主又は第三者が引き受けた目的物の性質についての損害担保」を「売主が引き受けた品質保持損害担保」と「第三者が引き受けた性質損害担保」に限定して定義することを提案する。連邦参議院によると、この提案は規定の適用領域を明確化し、草案四四三条で扱われている損害担保を二七六条一項一文の損害担保と区別するためのものであるという。

提案理由によれば、草案四四三条は、品質保持損害担保を対象としているＥＵ指令六条を国内法化したものであるという。このような損害担保の内容を草案四四三条に規定し、その際、品質保持損害担保を定義することが合目的的であるとする。したがって、草案二七六条一項一文において挙げられている損害担保、すなわち、債務者が過失とは無関係に義務違反について責任を負わなければならないという効果をもたらし、このような内容と共に草案四四二条、四四四条においても導入された損害担保と、草案四四三条の損害担保は区別されうるものであるという。第三者が危険移転時に引き受けた損害担保とは異なり、売主が危険移転時に目的物の性質について引き受けた損害担保は、草案四四三条の対象ではないという。そのような区別をしない「損害担保」概念の使用は混乱を引き起こすという(46)。

二　連邦政府の所見

これに対して連邦政府は次のような所見を付した。

四四三条に規定されている損害担保と四四二条と四四四条において規定されている損害担保を相互に区別するという連邦参議院の提案によって追求されている目的を連邦政府は基本的に共有しているという。しかしこれは、提案された四四三条における修正によってなされるべきではないという。というのも四四三条によってＥＵ消費者売買指令六条一項が国内法化されている。そこでは、「損害担保」と述べられているにとどまり、「損害担保」を定義している指令一条二項ｅ号も、目的物が損害担保表示あるいは宣伝において約束された性質を示さなかった場合にそれを除去する（売主あるいは製造者によって引き受けられた）義務として「損害担保」を定義していることを理由とする。売主も、自ら単なる性質合意を越える、しかも草案二七六条一項一文の枠内の帰責性にとどまらない、損害担保を引き受けることもできる。そのような損害担保の目的と内容はむしろ買主の権利の拡大でもある。例えば、機械の売主がその機械が定められた買主によって説明された作業量をこなせない場合には、他のモデルと取り替えるということを約束することができるという。

しかしながら、指令に起因しない草案四四三条二項については、専ら品質保持損害担保に関係する限りで、連邦政府は連邦参議院の見解に従う。この点を明確にするために、二項は以下のような文言にすることを提案する。(47)

> 第四四三条二項
> 目的物が定められた期間内に定められた性質（Beschaffenheit）を有していることについての損害担保が引き受けられた限りで（品質保持損害担保）、その損害担保期間内に生じた物的瑕疵は損害担保に基づく権利を発生させるということが推定される。

さらに、連邦政府は、これ以外の点における連邦参議院の要望を顧慮して、草案四四二条と四四四条において損害担保（Garantie）はもはや言及されるべきではないとする。ここでは、瑕疵概念にとってはもはや役に立たない性質保証が内容的には問題となっているが、性質保証（Zusicherung）がまだ意味を持ちうる場所では性質保証に言及することはそれにもかかわらず排除されないという。それゆえ、草案四四二条一項二文を次のように規定することを提案する。

> 第四四二条一項二文
> 買主が重過失の結果、瑕疵を認識できないままであった場合には、買主はこの瑕疵に基づく権利を、売主が瑕疵を悪意で黙秘していたか又はその不存在を性質保証（zugesichert）していた場合にのみ主張できる。

草案四四四条もそれに相応するように全体として次のよう規定することを提案する。

第四四四条　免責
売主が瑕疵を悪意で黙秘していたか又はその不存在を性質保証（zugesichert）していた場合には、それによって瑕疵に由来する買主の権利を排除し又は制限するような合意を売主は援用することができない。

さらに、連邦政府は、性質保証の復活を、草案四四二条、四四四条にとどまらず、「性質保証は、その場合には、草案二七六条一項一文においても言及されるべきであ」るとする。(48)

以上のように、連邦政府は、連邦参議院からの問題提起を受けて、四四三条の損害担保と、二七六条、四四二条、四四四条の損害担保を区別するため、そして、それらは旧ＢＧＢの「性質保証（Eigenschaftszusicherung）」の後継規定であることを明確にするために、二七六条、四四二条、四四四条の「損害担保」を再び「性質保証」に置き換えることを提案した。

三　法務委員会の決議

しかし、これに対しては法務委員会が以下のように述べてその提案を拒否した。
「特に損害担保の引き受けから、そしてこの場合はとりわけ性質保証からより厳格化された責任が発生しうる。この点は草案において適切に表現されている。四四三条において品質保持損害担保と性質損害担保との間の区別が提案されていることに鑑み、連邦参議院の意見の九七号に対する連邦政府の所見において提案されていた「性質保証」の文言の受け入れは放棄される。さもないと、あらゆる性質保証は損害担保の要素も包含しているにもかかわらず、法務委員会が提案する二七六条において「性質保証」と「損害担保」という二つの概念が並立してしまう」からであるという。それ以外の理由としては、現行法における「性質保証」という文言は完全に問題のある物であることが実証されているとし、「性質保証」という文言の消滅は、「給付障碍法」委員会の提案にも合致しているとする。そして、「損害担保」概念によって、実体的な目的物の一定の性質を理由とするだけでなく、たとえば権利の存在や抗弁の不存在についても、厳格な責任が引き受けられ得るということが明確にされたとする。

これに対応して、四四二条、四四四条についても、「法務委員会が提案する二七六条についての説明に対応して、法務委員会が提案する四四四条一項においても性質保証の概念は放棄されるべきである。それゆえ、政府草案の文言はそのままで足りる」とする。(49)

これに対して、四四三条については、当初の政府草案の条文案を維持するとの決議をしている。四四三条一項については、この修正は連邦参議院の意見九七号に対する連邦政府の所見における提案をさらに発展させ、品質保持損害担保は二項において言及するのではなく、一項において言及する方が編纂上利点が多いように思われるという。(50)

しかし、損害担保責任の制限については「債務者が損害担保を引き受ける場合には、それは、債務者は無制限に厳格化された責任を負うと言うことを必ずしも意味しない。債務者は、むしろ、このような厳格化された責任を限定することも可能である。なぜなら、そのような責任の引き受けは強制できないからである。厳格化された責任の射程範囲は、それゆえ、契約の合意」から判明するとして、損害担保責任の制限しうる場合のあることを示唆する。(51)

第四節　新ＢＧＢ

二〇〇二年新ＢＧＢ(52)

第二七六条（債務者の帰責性）

（一）　責任の加重又は軽減につき別段の定めなく、債務関係の他の内容、特に損害担保（Garantie）又は調達リスクの引受けからも推知されない場合には、債務者は、故意及び過失について責めに任ずる。第八二七条及び第八二八条の規定はこれに準用する。

（二）　取引において必要な注意を怠った者は、過失があるものとする。

（三）　債務者の故意に基づく責任は、あらかじめ排除することができない。

第四四二条（買主の悪意）

（一）　契約締結時に買主が瑕疵を認識していた場合には、瑕疵に基づく買主の権利は排除される。買主が重過失により瑕疵を認識しなかったときは、売主が瑕疵を悪意で黙秘していたか又は目的物の性質（Beschaffenheit）について損害担保を引受けていた限りで、買主は瑕疵に基づく権利を主張しうる。

（二）　登記簿に登記された権利は、たとえ買主がそれについて悪意であったとしても、売主はそれを除去しなければならない。

第四四三条（性質及び耐用性の損害担保）

（一）　売主又は第三者が、目的物の性質（Beschaffenheit）又は目的物が一定期間一定の性質を有すること（品質保持の担保）についての損害担保を引き受けた場合には、その担保した事由が発生したときには、法定の請求権を妨げることなく、損害担保を与えた者に対する、損害担保の表示及びこれに関連する広告において与えられた条件で、買主には損害担保に基づく権利が与えられる。

（二）品質保持の担保が引受けられた限りで、その有効期間内に発生した物的瑕疵は損害担保に基づく権利を惹起するものと推定される。

第四四四条（責任の排除）

売主が瑕疵を悪意で黙秘しあるいは目的物の性質（Beschaffenheit）の損害担保を引受けていた場合は、売主は瑕疵に基づく買主の権利を排除あるいは制限する合意を援用することはできない。

二〇〇二年一月一日に施行された新ＢＧＢの給付障碍法の損害担保に関する部分は、基本的には政府草案の枠組みが維持されているといえる。「性質（Eigenschaft）」という文言が姿を消し、すべて「性質（Beschaffenheit）」という文言に統一されたこと、四四三条に性質担保（Beschaffenheitsgarantie）と品質保持担保（Haltbarkeitsgarantie）という二種類の損害担保が規定されたことなどが主な修正点である。しかし、連邦参議院の意見とそれに対する連邦政府の所見の過程での議論では、一時大きく旧ＢＧＢの「性質保証（Eigenschaftszusicherung）」への復古の動きが見られたが、それは法務委員会における議論によって封じられ、結局、もとの政府草案の路線に戻ったものと評価できる。

注

（1）ドイツ債権法改正作業の全体像については、岡孝編『契約法における現代化の課題』（法政大学出版局、二〇〇二）二七頁以下、半田吉信『ドイツ債務法現代化法概説』（信山社、二〇〇三）五頁以下、小野秀誠「ドイツの二〇〇一年債務法現代化法～給付障碍法と消費者保護法～（上・下）」国際商事法務二九巻七号八〇九頁以下、二九巻八号九二四頁以下、同「財産関係の改革と現代化――二〇〇二年改正法――」一橋法学一巻三号七七頁以下、潮見佳男『契約法理の現代化』（有斐閣、二〇〇四）三三九頁以下

（初出「ドイツ債務法の現代化と日本債権法学の課題（一・二完）」民商一二四巻三号一頁以下、一二四巻四・五号一七一頁以下）、河原格「ドイツ改正債務法の紹介」東洋法学四六巻一号一三一頁以下を参照。

（2）Richtlinie 1999/44/EG（ABlEG Nr. L 171 v. 7. 7. 1999, S. 12 ff.）.

（3）Richtlinie 2000/31/EG（ABlEG Nr. L 178 v. 17. 7. 2000, S. 1 ff.）.

（4）Richtlinie 2000/35/EG（ABlEG Nr. L 200 v. 8. 8. 2000, S. 35 ff.）.

（5）潮見・前掲書三四九頁。

（6）Claus-Wilhelm Canaris, Schuldrechtsmodernisierung 2002, S. 3 ff.

（7）Canaris, Schuldrechtsmodernisierung 2002, S. 349 ff.

（8）Ehmann/Sutschet, Modernisiertes Schuldrecht, S. 4.

（9）BT-Drucks. 14/6040, S. 1 ff.

（10）債権法改正の詳細についてはすでに多数の文献が存在する。それゆえ本章では特に損害担保責任の導入を巡る起草過程に検討対象を限定することとする。

（11）給付障碍法、売買法の討議草案については、今西康人「ドイツにおける売主の瑕疵担保責任の改正問題」関法五一巻二・三号一六九頁以下、青野博之「売買目的物に瑕疵がある場合における買主の権利と売主の地位」判タ一一一六号一二頁以下、渡辺達徳・前掲判タ一一一六号二二頁以下、今西・前掲判タ一一一七号三八頁以下も参照。

（12）条文訳については下森定他編『ドイツ債務法改正委員会草案の研究』（法政大学出版局、一九九六）一三七頁以下を参考にした。

（13）Abschlußbericht der Kommission zur Überarbeitung des Schuldrechts, 1992, S. 193.

（14）Abschlußbericht, S. 199.

（15）Abschlußbericht, S. 195.

（16）Abschlußbericht, S. 201.

（17）Abschlußbericht, S. 222. それゆえ、委員会は、現行四六三条のように性質保証責任を特別に規定することは不要でありかつ誤解を招くものであるとして削除されるべきであるとする（Abschlußbericht, S. 123）。

（18）Abschlußbericht, S. 33. 岡孝ほか「ドイツ債務法改正委員会の最終報告書・総論（下）」ジュリ九九八号一〇六頁。

(19) Flume, Gesetzesreform der Sachmängelhaftung beim Kauf?, AcP 193, 89.

(20) Flume, a. a. O., S. 93; ders., Zu dem Vorhaben der Neuregelung des Schuldrechts, ZIP 1994, 1497, 1501.

(21) Gert Brüggemeier, Verhandlungen des sechzigsten deutschen Juristentages, 1994, Band II/I, K 85 f.

(22) Richtlinie 1999/44/EG (ABlEG Nr. L 171 v. 7. 7. 1999, S. 12).

(23) 本指令の立法理由ならびに条文については Richtlinie 1999/44/EG zu bestimmten Aspekten des Verbrauchsgüterkaufs und der Garantien für Verbrauchsgüter, NJW 1999, 2421 ff. を参照。条文訳並びに立法過程を含めた本指令の詳細については、今西康人「消費者商品の売買および品質保証に関するEU指令(一)(二)——その制定過程とドイツ法への影響を中心として——」関法五〇巻一号五〇頁以下、四号一頁以下を参照。また、本指令を紹介するものとして、佐藤俊彦「欧州製品保証指令が採択される」NBL六六八号七頁(一九九九)、シーヴェック 大 美和子「消費財の売買および関連の保障に関するEU指令」際商二八巻一号二八頁(二〇〇〇)がある。EC消費者立法についてはさしあたり、河上正二(訳)「消費者契約における不公正条項に関するEC指令(仮訳)」NBL五三四号四一頁以下(一九九三)、新美育文「消費者契約における不公正条項に関するEC指令の概要と課題」ジュリ一〇三四号七八頁以下(一九九三)、円谷峻「EC/EUにおける製品の欠陥に対する消費者の保護(二)」横国六巻二号三一頁以下(一九九八)、大村敦志『消費者・家族と法』(東京大学出版会、一九九九)五四頁以下等を参照。

(24) ドイツ国内において本指令をどのような形で国内法化するのかについては激しい議論がたたかわされた。シェファー/プファイファーは本指令の国内法化について次の三つの可能性を挙げていた(Schäfer/Pfeiffer, Die EG-Richtlinie über den Verbrauchsgüterkauf, ZIP 1999, 1829)。①現行の(旧)BGB、特に売買法の一部を修正する、②独立した「消費者商品法」を制定する、③債権法の抜本的な改正作業の中で国内法化する。このうち、③の方法による国内法化を支持する説が多かった(Schäfer/Pfeiffer, a. a. O., 1829; Ehmann/Rust, Die Verbrauchergüterkaufrichtlinie, JZ 1999, 853, 854; Norbert Reich, Die Umsetzung der Richtlinie 1999/44/EG in das deutsche Recht, NJW 1999, 2397, 2399)。その場合は、本指令の国内法化の作業において、一九九二年の委員会草案の公表以来ほとんど動きのなかったドイツ債権法改正作業が再び動き出す可能性があることが指摘されていた(Ehmann/Rust, a. a. O., 854; Reich, a. a. O., 2399)。

(25) Klaus Tonner, Verbrauchsgüterkauf-Richtlinie und Europäisierung des Zivilrechts, BB 1999, 1769, 1771; Francesco A. Schurr, Die neue Richtlinie 99/44/EG über den Verbrauchsgüterkauf und ihre Umsetzung-Chancen und Gefahren für das deutsche Kaufrecht, ZfRV 1999, 222,

225; Michael Lehmann, Informationsverantwortung und Gewährleistung für Werbeangaben beim Verbrauchsgüterkauf, JZ 2000, 280, 282.

(26) この二条二項の推定規定では、二条一項の契約適合性のための条件が問題となるのではなく、あくまで、結果的には売主の証明責任の軽減をもたらす契約適合性の推定が問題となっているという点に留意する必要があるとシュタウデンマイヤーは述べる(Dirk Staudenmayer, Die EG-Richtlinie über den Verbrauchsgüterkauf, NJW 1999, 2393, 2394)。

(27) Tonner, a. a. O., 1771. 今西・前掲関法五〇巻一号六八頁以下。レーマンはこの二条二項d号第三文の規定を「情報提供責任(Informationsverantwortung)」として構成する(Lehmann, a. a. O., 280)。

(28) 今西・前掲関法五〇巻一号七二頁以下。

(29) Ehmann/Rust, a. a. O., 860.

(30) ハースは、この消費者売買指令六条に基づいて新BGB四四三条の損害担保が成文化されたとする(Lothar Haas, in: Haas/Medicus/Rolland/Schäfer/Wendtland, Das neue Schuldrecht, 2002, S. 253 Rn. 378)。

(31) Ehmann/Rust, a. a. O., 860.

(32) Tonner, a. a. O., 1773. ライヒも、本指令を国内法化する際には、AGBGを修正する必要はないが、一一条一一号だけは削除されるべきとする(Reich, a. a. O., 2401)。これは中古品の消費者に対しても一定の保護が確保されたことを理由にしているものと思われる。

(33) Staudenmayer, a. a. O., 2397.

(34) Canaris, Schuldrechtsmodernisierung 2002, S. 3 ff.

(35) Diskussionsentwurf, S. 205; Canaris, Schuldrechtsmodernisierung 2002, S. 90. これに対して、ヴァーグナーは、保証された性質(zugesicherte Eigenschaft)についての特別規定の放棄を批判する(Gerhard Wagner in: Ernst/Zimmer, Zivilrechtswissenschaft und Schuldrechtsreform, 2001, S. 258)。

(36) 連邦司法省がEU消費者売買司令の国内法化についての所見を表明した最初の文書において、二七六条の改正を見送った理由として、二七六条を新しく規定することは過失概念の拡大を惹起する可能性があることを憂慮したことを挙げる(Informationspapier zum Entwurf eines Schuldrechtsmodernisierungsgesetzes Stand: 4. August 2000, S. 9 ff. (http://www.gesmat.bundesgerichtshof.de/gesetzesmaterialien/15_wp/schuldrechtsmodG/infopapier.pdf))。

(37) Canaris, Schuldrechtsmodernisierung 2002, S. 349 ff.

(38) これは、給付障碍法委員会が、「売買、請負契約法作業部会」の提案を受け入れたことによる(Dauner-Lieb/Thiessen, Garantiebeschränkungen in Unternehmenskaufverträgen nach der Schuldrechtsreform, ZIP 2002, 108, 112.)。

(39) BT-Drucks. 14/6040, S. 132.

(40) 二七六条、四四二条、四四四条の損害担保が性質保証の後継概念であることは、政府草案四三三条の改正理由において「政府草案二七六条一項一文だけでなく四四二条一項二文および四四四条は、『性質保証』という従来の文言に従って把握されてきたこのような事例群を、債務者(ここでの関心事である売買契約の場合には売主)が損害担保を引き受けていたということによってパラフレーズしている」と述べられていることからも明らかである(BT-Drucks. 14/6040, S. 210)。

(41) BT-Drucks. 14/6040, S. 236.

(42) BT-Drucks. 14/6040, S. 240.

(43) Dauner-Lieb/Thiessen, a. a. O., ZIP 2002, 113. 今西・前掲判タ一一一七号四八頁も、「指令を忠実に国内法化した結果、性質保証概念は削除されたが、却って既存の多様な保証概念を条文上整理できず、体系的整合性に問題を残した」と指摘する。

(44) Schmidt-Räntsch, neue Schuldrecht, 2002, S. 514; Dauner-Lieb/Thiessen, a. a. O., ZIP 2002, 112.

(45) Triebel/Hölzle, Schuldrechtsreform und Unternehmenskaufverträge, BB 2002, 521, 530.

(46) BT-Drucks. 14/6857, S. 28.

(47) BT-Drucks. 14/6857, S. 61.

(48) BT-Drucks. 14/6857, S. 61.

(49) BT-Drucks. 14/7052, S. 197.

(50) BT-Drucks. 14/7052, S. 197.

(51) BT-Drucks. 14/7052, S. 184. ダウナー-リープ/ティーセンによれば、連邦司法省の担当官であったシュミット-レンチュも、新法についての講演の際に、損害担保の金額的な制限についての質問をぶつけられ、少なくとも損害担保を当初から制限することは可能であることは間違いないという趣旨の答えをしたという(Dauner-Lieb/Thiessen, a. a. O., ZIP 2002, 114)。この事実は、シュミット-レンチュ自身も認めている(Schmidt-Räntsch, Die Haftung des Verkäufers nach der Schuldrechtsreform am Beispiel des

Unternehmenskaufs, AnwBl 2003, 529, 534, Fn. 48)。

(52)　条文訳については岡孝編『契約法における現代化の課題』(法政大学出版局、二〇〇二)一八二頁以下、半田吉信『ドイツ債務法現代化法概説』(信山社、二〇〇三)四三三頁以下を参考にした

第二章　債権法改正後の法状況

第一節　問題の所在

ドイツでは、二〇〇二年に債権法が改正され、瑕疵担保責任の特殊な責任類型であった性質保証（Zusicherung）という概念は姿を消し、代わりに債務不履行責任の帰責事由として損害担保の引き受け（Garantieübernahme）という概念が導入された(1)。

本稿では、このような法改正による債務不履行責任・瑕疵担保責任の枠組みの大きな変化を、ドイツの学界はどのように評価しているのかを見ていく。さらに、新法施行後、改正法のもとでの事件が、連邦通常裁判所（以下BGH）で判断されるようになってきており、損害担保に関する裁判例が徐々に蓄積されてきている。そのため、最上級審を含めた裁判実務が損害担保に関する問題についてどのような判断をしているのかを分析することは、法改正によって導入された新たな法概念が実務において具体的にどのような位置づけがなされていくのかを明らかにする上で重要な意味を持つ。以上のような理由から、以下では、法改正後の学説ならびに裁判例の展開を中心に検討し、日本法における帰責事由としての損害担保・保証の法的性質の理解の一助としたい。

第二節　立法者の理解

新ＢＧＢ二七六条、四四二条、四四三条、四四四条における「損害担保（Garantie）」をどのように理解するのかについては、改正作業の過程において議論のあったところである。(2) 第一章で検討したように、政府草案二七六条の理由書で「売買契約法においても、決して、保証された性質に対する責任が廃止されるのではなく、他のより適合した位置に規定されるだけである」と述べられており、また、連邦参議院と政府の間では、二七六条、四四二条、四四四条の損害担保と四四三条の損害担保を区別するために、前者については性質保証（Zusicherung）という文言を用いるべきである提案がなされたことなどからすると、この段階では、二七六条、四四二条、四四四条の損害担保は旧ＢＧＢ四五九条二項、四六三条の「性質保証」の後継概念として位置づけられていると言える。

しかし、連邦議会の法務委員会においては、四四三条の以外の損害担保を性質保証で置き換えるという連邦政府の提案を、「あらゆる性質保証は損害担保の要素も包含している」という理由から拒否したことによって、損害担保の区別は相対化されてしまった。このことは文言にも現れており、例えば、損害担保の対象である目的物の「性質」という文言について、四四三条では「Beschaffenheit」、四四二条、四四四条では「Eigenschaft」と使い分けることが政府草案の段階では行われていたが、法務委員会の決議を受けて新ＢＧＢでは消滅し、すべて「Beschaffenheit」に統一された。それゆえ、改正作業の過程からも四四四条の損害担保の意味は完全には明らかにならないといえる。(3)

第三節　改正後の状況

一　学説の理解

1　法改正によって債務不履行における帰責の仕組みがどのように変わったのか?

債権法改正により債務不履行責任の帰責の仕組みがどのように変わったのかという点について、起草過程に関わったシュミット-レンチュは次のように述べる。契約責任については、目下のところ、英米法と大陸法の二つのシステムが対峙している。英米法は約束の損害担保責任に基づいており、それゆえ原則として過失は重要ではないが、特定の履行障碍はこれら損害担保の外に位置するものとして認められ得る。それに対して、大陸法（ＢＧＢもこれに属する）は、通常、過失責任主義を基礎に置いているが、例外的に無過失の損害担保責任が入り込んでくる。特に、統一売買法（ＥＫＧ）は、その七四条において、過失の要素によって緩和された損害担保責任の英米法システムに基づいていた。現在、同じことは国連売買法（ＣＩＳＧ）七九条にも当てはまる。ＰＥＣＬの9.501も、「obligation de résultat」を基礎としている。もっとも、結論的には、両システムの間には相互にそれほど大きな開きはないといえるという。(4)

グルントマンも、過失なき帰責事由は国際的な傾向に合致するという。それゆえ、債権法改正によっても、過失責任の枠組みは維持されたが、その中で、唯一の新規定が過失なき帰責事由に関わるものであることは別段驚くべきことではないとする。従って、従来の法状況は、結果的には変わらなかったが、様々な点が明確にされ、諸問題

が整理されたと述べる。(5)

2　瑕疵担保の特別事例としての性質保証から債務不履行責任の帰責事由としての損害担保への転換によってどのような点が変わったのか？

より具体的に性質保証から損害担保への変更については、ダウナー＝リープは、「性質保証（Zusicherung）から損害担保（Garantie）への用語の変更は、もしかすると紛らわしいものかもしれないが、内容的には些細な変更である」とする。「とりわけ売買法については、現行では、ＢＧＢ二七六条一項一文の枠内で、債務者が損害担保を引き受けたかどうか、たとえば、売主によって売却された目的物の特定の性質の存在を売主が保証していたかどうかが、検討されることとなる」として、結論的に「本質的な修正は意図されていなかった。すなわち、性質保証の認定にとって、従来から行われていた検討は今日でも同じ形で二七六条のもとで行われる」とする。すなわち、損害担保の認定に際しても、「旧法の性質保証（損害担保とは何らの違いもない）の場合と同様に、客観的な受領者の平面（Empfängerhorizont）から見て認識可能な売主の損害担保意思が問題となる。性質の欠如のすべての結果について過失を問題にすることなく責任を負う意思があるという約束と結びついた形で、特定の性質メルクマールの存在についての危険の引き受けが問題となる」とし、「損害担保概念についての研究には、性質保証について発展してきた原則が手助けとなりうる。それゆえ、たとえば、単なる宣伝文句は四三四条一項三文を越えて損害担保とは解釈され得ない。その他の点では、四三四条の単なる性質合意と（さらなる）損害担保の引き受けとの間は常に区別されなければならない」として、「結局、債務者の給付約束の解釈が問題となる」とする。さらに、「黙示の性質保証は可能であるが、慎重に認定されるべきである。判例は自動車取引において、寛大な取扱を維持しているかどうかという点については評価が分かれる。ＤＩＮ規格による単なる命名などは、ＧＳマークの標識と同様に損害担保の引受と位置づけるべきではない。同じことはＣＥマークの授与にも当てはまる。しかし、製造者はＣＥマークでもってその製造物のＥＵ基準への適合を表示しているので、直販の場合には、部分的には少なくとも製造者の危険の引受も前提とされる。結局、損害担保責任によって瑕疵結果損害もカバーされる限りで、――以前と同様に――解釈によって探求されねばならない損害担保の射程に依拠せねばならない」とする。そして、いわゆる従属的損害担保と独立的損害担保については、「二七六条によって包摂されているのは、もっぱら二八〇条の過失の要件の廃棄を目的としている、いわゆる従属的損害担保のみである」とする。「それと並んで、三一一条の枠内において、独立的損害担保も可能である。その場合には、損害担保受領者の権利は、法律から生じるのではなく、損害担保契約から生じる」とする。その場合は「二七六条の性質保証的損害担保（Zusicherungsgarantie）は四四三条の性質損害担保（Beschaffenheitsgarantie）の特別事例でしかない。しかし、その場合、四四三条の損害担保の中に、二七六条の真の危険の引受の意味の性質の「保証」が見いだされうる場合にのみ、無過失での損害賠償請求権が買主に認められる。しかし、この場合、文言上および区別の点において、多くの点で不明確である。なぜなら、あらゆる損害担保について、契約上の合意の内容が基準となるので、すべての損害担保の形態、特に、たとえ独立的損害担保であったとしても、内容的に制限された損害担保は可能である（たとえば、瑕疵損害の制限など）」とする。(6)

以上のように、学説における支配的見解は、旧法下での瑕疵担保責任と債務不履行責任の峻別が、今回の法改正によって、債務不履行責任に統合されたことは、国際的なトレンドと一致していると評価する。これによって、瑕疵担保責任の特別事例でしかなかった性質保証責任という概念はその特別の地位を失ったと評価する。

もっとも、性質保証から損害担保への転換に関しては、二七六条の損害担保は旧四五九条二項、四六三条の性質保証の後継規定であり、旧四五九条二項、四六三条の性質保証についての判例の準則は新二七六条の損害担保の引き受けにも当てはまると解している。(7) すなわち、通説は、新二七六条の損害担保の引き受けについても、旧BGB四五九条、四六三条の性質保証の判例に依拠して、「契約の内容となった表示によって、債務者が、損害担保をした性質の存在および損害担保をした性質の欠如の結果のすべてについて責任を負う意思を、債権者に認識せしめた場合に、損害担保が認定されうる」として、責任負担意思が損害担保の要件となると解する。(8) これに対して、四四三条の損害担保は、まず第一に、EU消費者売買指令六条の損害担保を国内法化したものであり、従来、独立的損害担保約束として理解されてきたものであるがゆえ、二七六条、四四二条、四四四条の損害担保とは区別して理解されている。(9) そして、両者の関係については、四四三条の「性質損害担保（Beschaffenheitsgarantie）」の概念に二七六条一項一文の帰責事由としてのいわゆる「性質保証的損害担保（Zusicherungsgarantie）」が包摂される関係にあると解されている。

二　裁判例

OLGコブレンツ二〇〇四年四月一日判決(NJW 2004, 1670)

【事実関係】

原告は、二〇〇二年四月六日に被告からメルセデスコンビ、運行許可一九九五年六月二日、を一万ユーロで取得した。文書による売買契約は、約款によって瑕疵担保責任の排除を定め、そして、その内容上および法律上の意味については当事者間で部分的に争いのある、手書きの記載事項を含んでいた。

契約においては、走行距離計の状態は、二〇万七一七二kmと記載されていた。当事者は、その話し合いにおいて、自動車の全走行距離のこの表示は正しい、ということを前提としていたが、それは誤っていた。なぜなら、走行距離計の専門家による当事者に争いのない鑑定意見によれば、三十万km以上走った時点で、十万kmないし二十万kmに強制的に針を戻されたからである。

【判旨】

「…（原告のために交渉を行った）証人Kは、前所有者と交わした被告の契約書と小切手帳の閲覧も依頼していたということを考慮するならば、自動車の価格形成のメルクマールの確認が証人Kにとって本質的に重要であったことは明らかである。被告はこれらの文書を提出することができなかったので、これらの文書がなければ詳細な調査などできない、「タコメーターは実際の走行距離と一致している」という言明には、性質損害担保の引受が存在している。たとえ証人Kが騙されやすい人で、彼が被告を当然に信じたとしても、何も変わらない。損害担保表示は、それが信頼できるように見えるか、それとも、明らかに「ただ漫然と」出されただけなのかどうかに関わりなく拘束力を持つからである。不実のリスクは表示者が負うのであり、表示の受領者が負うのではない。新法によれば損害担保の引受は、性質保証の後継であり、それゆえ、性質保証について発展してきた基準は今後も援用可能である」。

「不実の性質損害担保（走行距離）の結果、原告は、解除だけでなく損害賠償も請求できる（四三七条二号、三号、三二五条）。それゆえ、原告は、その額について争いのない、合意された売買代金（三四六条一項）に調査費用を加算して請求できる（二八〇条）。損害賠償請求に関しては、過失は必要ない（二七六条一項一文）。なぜなら、性質の保証の事例では過失とは無関係に責任を負わされるからである」。

OLGツェレ二〇〇四年五月一三日判決（IBR 2004, 399）

【事実関係】

原告は、被告の承継会社から建物を瑕疵担保責任を排除して、六万二五〇〇ユーロで買い、一万二五〇〇ユーロを既に支払い、残金について強制執行を受けた。被告は残代金について強制執行をかけた。係争中の執行異議の訴えはそれに対して向けられた。原告は、公表された基準を超える、木材の害虫による侵食を主張した。実際は――争いのない事実によれば――粘土とワラの木骨構造であるにもかかわらず、堅固建物として売られた。このような事実は被覆材により、内外からは認識できなかった。原告は最初の訴訟手続において、どの権利を主張するつもりなのかを明らかにせず、減額なのか損害賠償なのか解除なのかの判断を保留していた。少なくとも、原告は、強制執行を阻止する留保権を有していた。

【判旨】

「…売買契約において建物を「堅固建物（Massivhaus）」あるいは――法的には同趣旨である――「堅固に建てられた（massiv gebaut）」という契約上拘束力のある表示でもって売却された場合には、そのような陳述は、通常合意される瑕疵担保責任排除の効かない、旧四六三条の性質保証であるという事実が取り扱われているのである。新法によっても結論は何ら異ならない。なぜなら、売主は契約目的物を契約上拘束力を持って「堅固建物（Massivhaus）」あるいは「堅固に建てられた（massiv gebaut）」ものとして売却する場合には、彼はそれによってＢＧＢ四四三条、二七六条の合意された性質についての損害担保を引き受けているのである。確かに、新しい売買契約法は性質保証についての特別の規定を不要なものとみなしている。なぜなら、性質保証は性質合意（ＢＧＢ四三四条一項）の一部となり、売買契約法の一般給付障碍法への統合は売主の一般責任を形成したからである。しかし、売買契約法上の特別規定の削除は、これまで旧四六三条の性質保証の下で扱われていた事実関係に、通常、新ＢＧＢ四四三条の趣旨における二七六条一項一文の新規定を適用することについて何らの変更ももたらさない。従来の判例の原則に従えば性質保証が肯定されうるのであれば、少なくとも本件における合意に基づいても、売主は性質の欠如について過失なくして責任を負わなければならないと言うことは通常は明白である」。

「…旧法の保証された性質に対するのと同様に、新ＢＧＢ四三四条一項、四四三条の損害担保された性質に対して、他の箇所で合意された瑕疵担保責任排除は効力を持たない（新ＢＧＢ四四四条）。それゆえ、一審によって強調された「漠然とした陳述」の観点のもとで、被告は、「堅固建物」という建物の誤った表示に基づいて悪意の非難を受けるかどうかという点は問題とならない。以上により、原告には、他の要件が求められることなく、解除権が発生していた。被告は、「堅固建物」として売却された家屋の欠如していた性質についてのその責任について継続して異議を申し立て、いずれにせよ、事後的に、その欠如している性質についてもはや何も変更できない」。

ＢＧＨ二〇〇五年三月一六日判決民事第八部（DAR 2006, 143）

【事実関係】

二〇〇二年六月二七日付の売買契約によって、原告は被告から中古車を取得した。当該契約は「読みとられた走行距離は約…」のあらかじめ印刷された文言の隣に「86000」の表示が含まれていた。当該車両の実際の走行距離は十二万km以上に達していた。原告は売買契約を解除し、当該車両の返還と引き換えに売買代金の返還を被告に請求した。

【判旨】

ＢＧＨは傍論ではあるが、新法のもとでの二七六条一項の損害担保について次のように述べている。「二〇〇一年一一月二六日の債権法改正法による新しい民法によれば、旧ＢＧＢ四五九条一項の売買目的物の瑕疵と旧ＢＧＢ四五九条二項の性質の保証の間の区別は消滅した。現行法のもとでは、まず第一に、目的物が危険移転時に合意された性質を有しているかどうかが問題となる。性質が合意されていない場合には、目的物が契約によって前提とされている使用に適合しているかどうか、さもなければ、目的物が通常の使用に適合しているかどうか、そして、目的物と同種の物が通常有し、買主が同種の物に期待しうる性質を示しているかどうかが判断される（ＢＧＢ四三四条一項）。これらが欠けている場合には、目的物は瑕疵を帯びている。その場合、買主の権利はＢＧＢ四三七条によって定まる。加えて売主がＢＧＢ二七六条一項の損害担保を引き受けていた場合には、売主はたとえ過失がなくとも損害賠償の責に任ぜられる。（ＢＧＢ四三七条三号、二八〇条一項、二八一条一項、三一一ａ条）。さらにこの場合、売主は免責条項を援用することができない（ＢＧＢ四四四条）。従って、新法によれば、損害担保は従前の旧ＢＧＢ四五九条二項の性質保証に対応する。その結果、旧ＢＧＢ四五九条二項について発展した性質保証の存在についての基準は、原審の見解とは異なり、必要があれば、ＢＧＢ二七六条一項の損害担保が存在しているかどうかの問題についても援用しうる」。

ＢＧＨ二〇〇六年一一月二二日判決民事第八部（BGHZ 170, 67; NJW 2007, 759）

【事実関係】

二〇〇三年一〇月三一日に、原告は被告から九年（以上）落ちの中古車Ｃを買った。被告が経営者であるＥ社が当該車両を運行に供した。売買契約の締結の際に、被告は、中古車販売を営む証人Fによって代理されていた。売買の際に用いられた契約書式には、「当該車両は走行準備を完了している」という印刷文言の隣の「はい」の欄にチェックが入っていた。ちなみに、買主は当該車両を「裏面の約款により…いかなる担保責任も排除して注文する」という内容の文章があらかじめ印刷されていた。約款はⅦ号に次のような規定を含んでいた「売買目的物は、いかなる担保責任も排除した上で売却される。保証された性質が欠如している場合には、不履行に基づく損害賠償の請求は妨げない。」

二〇〇三年一一月初めに当該車両は原告に引き渡された。エンジンの交換が必要であるという、当該車両の瑕疵に基づいて、二〇〇四年二月二七日付の原告の訴訟代理人の文書により、原告は被告に、契約の解除に同意するように任意で求めた。

原告は、その訴えにより、当該車両の返還と引き換えに、売買代金四四〇〇ユーロに利息を付して返還することを求めた。原告は、さらに、一九八四ユーロ二二セントの損害賠償に利息を付して、および、被告は当該車両の返還について受領遅滞の状態にあることの確認を求めた。

一審は原告の請求を棄却した。原審は原告の控訴を棄却した。原告は、原審によって許可された上告で、従来の請求を依然として主張した。

【判旨】

ＢＧＨは「原審の理由付けは上告理由の非難に耐えうる。原告には主張されている瑕疵を理由とする売買契約の解除権（ＢＧＢ四三七条二号、三二三、三四六条以下）並びに、給付に代わる損害賠償（ＢＧＢ四三七条三号、二八〇条一項、三項、二八一条一項）は認められない。契約当事者は、売買目的物の瑕疵を理由とする（ＢＧＢ四三七条）原告のありうる請求権および権利を有効に排除していた。被告によって引き受けられた性質損害担保（BGB四四三、四四四条）の観点のもとでも、原告は敗訴する」として、上告を棄却した。その理由中で、性質損害担保について、「上告理由の見解に反し、被告によって引き受けられた性質損害担保に基づいても、瑕疵担保権は存在しない。原審が適法に認定した事実によれば、売買契約において与えられた「走行準備完了」という性質は原告によって主張されている車両のエンジンの瑕疵によって損なわれていない」とし、結果的に四四四条の適用を否定した。しかし、傍論ではあるが、性質損害担保について、「公道で直ちに使用する目的で売却された車両は「走行準備完了」であるという性質保証によって、当該車両は（車検の際に運行不可と認定されるに違いない）通行に支障のある瑕疵を帯びていないことについての危険を引き受けている（BGHZ 122, 256, Ls.）。従前の売買瑕疵担保法（旧BGB四五九条二項）についての判例が取り扱っていた中古車販売業者の言明は、一月一日より施行された現行法により、四四三、四四四条の性質損害担保とみなされうる」と述べている点が注目される。

BGH二〇〇六年一一月二九日民事第八部（BGHZ 170, 86; NJW 2007, 1346）

【事実関係】

被告は二〇〇三年一〇月に本件車両をいわゆるeBayというインターネットオークションに出品した。被告は契約書の「説明」の欄に「走行状態（km）：30,000km」、そして、「オートバイは、当然に、担保責任無しに売却され…」と記載した。原告はオートバイを五九〇〇ユーロで取得した。

オートバイのタコメーターは――売買申込書のオートバイの写真上は確認できなかったものである――速度を「mph」（マイル時）だけでなく「km/h」（キロ時）でも示していた。タコメーターは走行距離を数値で示すものではなかった。走行距離は一審によって委嘱された鑑定人による鑑定の際に、30,431.1と算出された。その際、争いのない鑑定書によれば、キロに換算すると48,965.25kmに相当するマイル数が問題となっていた。

原告は訴えによって、――それが上告手続に意味がある限りで――売買代金五九〇〇ユーロの返還、ならびに弁護士費用三六三ユーロ二五セントの賠償、さらに五九〇〇ユーロについては二〇〇三年一〇月五日からの、三六三ユーロ二五セントについては二〇〇四年四月二六日からの年五％の遅延損害金の支払いを、オートバイの引渡と引換に求めている。原告はさらに被告はオートバイの返還の受領について二〇〇四年四月二六日以降遅滞に陥っていることの確認も求めている。

一審は請求を認容した。原審は控訴を棄却した。被告は原審によって許可された上告によって、請求の棄却を求めた。

【判旨】

本判決は結論において、被告による損害担保の引受の事実を否定し、新ＢＧＢ四四四条二文に基づく免責排除を否定した。その理由付けのうち本稿において重要な部分は以下の通りである。

「売主によるＢＧＢ四四四条二文の目的物の性質についての損害担保の引受とは、――ＢＧＢ二七六条一項一文の損害担保の引受と同様に――少なくとも旧法(旧ＢＧＢ四五九条二項)の目的物の性質の保証(Zusicherung)を意味している。それゆえ、損害担保の引受は――旧法下の性質保証と同様に――売主が契約の本旨に従い、売買目的物に合意された性質が存在するということについて危険を引き受け、それとともにその性質の欠如のすべての結果について責任を負う用意のあることを認識せしめることを要件としている」とする。もっとも、損害担保の引き受けは、無過失での損害賠償責任の負担という重い責任を負わされるため、黙示的な引き受けも原則としては可能であるが、

「特にそのような責任負担義務の黙示的な引受の承認の際には慎重な態度が求められる」とする。そして、売主が目的物の性質について損害担保を引き受けていたかどうかについては、事実審裁判官の契約解釈の問題であるとする。本件の場合、「走行距離についての言明は単に性質言明（ＢＧＢ四三四条一項一文）として評価されるのかそれとも性質損害担保（ＢＧＢ四四四条二項）として評価されるのかどうかという問題は、中古車の売買契約の締結の際に典型的に現れる利益状況の考慮のもとで答えられねばならない」とする。そして、売主が中古車販売業者であった場合には、「その利益状況は典型的に、買主は、業者の特別な、通常は買主には欠けている経験や専門知識を信頼する、ということによって特徴づけられる。それゆえ、買主は、業者がその状態を知らせた自動車の性質についての表示についてその正しさのリスクを引き受けていると言うことを信頼することが許される」とし、もし業者がその表示した走行距離について責任を負わないつもりである場合には、「業者は買主に対して、そのことを、たとえば自分は走行距離を検査していないということを指摘することによって、はっきりと明確に表示しておかなければならない」と述べる。[10] これに対し、中古車の私人間売買の場合には、「買主はもっぱら走行距離の表示のみに基づいて、売主はその表示の正しさについてどのような場合でも責任を負い、その必要が生じれば、無過失であっても損害賠償責任を負う意思があるということを推論することはできない。それゆえ、そのような事情の下では、買主は、たとえ売主が表示された走行距離について責任を負う意思がないということを表示していなかったとしても、原則として性質損害担保の引受を前提としてはならない」とする。[11]

第四節　ドイツ連邦通常裁判所二〇一〇年三月一七日判決について

さらに、近時、ドイツの連邦通常裁判所（以下「ＢＧＨ」）において、性質保証責任に関する興味深い判決が出された。本節では、本判決の概要を紹介し、売買目的物に契約によって合意された性質が欠如していた場合について、旧ドイツ民法典（以下「ＢＧＢ」）のもとでの責任が、新ＢＧＢの施行によって、実務上どのように変容したのかを検討する。

そのうえで、債権法改正後のドイツの裁判実務の検討から、日本における債権法改正の議論に対して、一定の示唆を得ることを目指す。

一　ＢＧＨ二〇一〇年三月一七日判決（民事第八部）（WM 2010, 990）

【事実関係】

原告はワイン醸造所を営んでいた。被告は、ワインのプラスチックコルクを製造・販売していた。原告は、代理店Ｈを通じて、被告に対して、二〇〇〇年四月から、全部で九万三四八九個のプラスチックコルクを発注した。最後の発注は、二〇〇二年三月一二日と五月四日であった。二〇〇五年に初めて、原告の顧客からのクレームが届けられた。そのクレームは、被告のプラスチックコルクによって栓をしたワインが腐っていたというものであった。二〇〇五年七月五日に、原告はこのことを被告に通知した。

原告は被告に対し、総額で一二万九二八五ユーロ五一セントの支払いを求める訴えを提起した。原告は理由として、被告のプラスチックコルクによって栓をしたワインはコルクの酸素の遮断性が十分ではなかったため二、三年のうちに腐ってしまった。しかし、代理店Hによってなされた売り込みの勧誘において、原告は、プラスチックコルクによって少なくとも五年～七年の品質保持が達成されうるという性質保証（Zusicherung）を受けていた。性質保証が守られていなかったことによって、売上総額一一万四一二九ユーロ六七セントのワインが腐ってしまった。原告は腐ったワインについての保管費用五一九六ユーロ七八セントと廃棄費用六一四八ユーロ六セントの損害を被った。さらに、原告は顧客からの追完請求を履行しなければならず、三七七五ユーロの追加損害を被った、ということを述べた。一審（LG Bonn）は、訴えを棄却した。原審（OLG Koln）は、追加の控訴は棄却しつつ、全体として期待し得べき処理費用一三八ユーロを加算した六万二〇九ユーロ四一セントに利息を付した額の損害を原告に認めた。

当部によって受理された上告によって、被告は原判決の破棄を求めた。

【判決理由】

Ⅰ　（原審の判断）

原審は以下のように判示した。

原告は被告に対して、旧BGB四六三条一文、四五九条二項に碁づいて損害賠償請求権を有する。なぜなら、被告によって販売されたプラスチックコルクは被告によって保証された性質を欠いていたからである。原告は少なくとも、プラスチックコルクを用いたとしても、ナチュラルコルクを使用した場合と同様に、プラスチックコルクによって栓をしたワインは五～七年間は品質保持されるということを推断的に保証していた。被告によって販売されたプラスチックコルクでは、最大でも三年間しかワインの品質は保持できないということなので、この性質保証は守られなかったことになる。

性質保証は、一方で、被告によって広められた広告から生じている。その広告では、「ナチュラルコルクの代替品」としてプラスチックコルクが宣伝されている。当該宣伝は、プラスチックコルクの使用によって「あなたの顧客に対して驚くべき品質保証」が達成されうるという代理店Hのウェブサイト上での指摘との関連において解釈されなければならない。さらに、争いのない事実において、被告の代理店は、原告の代理人との交渉において、いくつかのワイン醸造業者は典型的に長期間の品質保持が必要なワイン（例えばベーレンアウスレーゼ）を被告のプラスチックコルクで栓をしているという事実を指摘することで、ナチュラルコルクと比肩しうるワインの品質保持能力を独自に強調していた。このような表示によって単にいくつかの向こう見ずなワイン醸造業者の存在を証人Eは指摘しようとしたに過ぎないという抗弁を被告は援用できない。なぜなら、被告がこの指摘をどのように理解していたのかが問題ではなく、もっぱら、原告がこの指摘を客観的に原告の側から見てどのように理解することが許されるのかが問題となるからである。（原告の購買の決定にとって意味があったと被告の代理点が認めている）品質保持能力について、プラスチックコルクによってナチュラルコルクを用いた場合と同等の品質保持が達成されうる、という趣旨に当該表示を、理解することが原告は許される。他の醸造業者の推薦メッセージにおける指名によってこのような表示がさらに強調されていればなおさらである。

Ⅱ　（上告審の判断）

原審のこのような判断は、上告法上の再検討に耐えられない。原審の認定した事実によれば、原告は推断的に性質を保証していたという原審の解釈は採り得ない。

少なくとも、被告の給付が、原告の二〇〇二年一月一日より前の発注に基づくものである限り、ＥＧＢＧＢ二二九条の五第一文に従い、二〇〇一年一二月三一日まで効力を有していた民法典の規定が適用可能である。それによると、旧ＢＧＢ四六三条一文、四五九条二項に基づく被告の契約上の責任は存在しない。

売買目的物についての表示が単にその説明に過ぎないのか（旧ＢＧＢ四五九条一項）、それともそれによって性質が保証されている（旧ＢＧＢ四五九条二項）のかどうかは、他のすべての意思表示の場合と同様に、解釈原則（ＢＧＢ一三三条、一五七条）[12]に従い、まず第一に、表示の受領者としての取引の相手方がその表示をどのような意味に理解してよかったかという基準でもって判断されなければならない。性質保証の認定にとっては、買主の側から、契約上拘束力ある方法で売買目的物の性質の存在についての危険を引き受けているという売主の意思が認識可能となり、そして、売主はそれでもって当該性質が欠如していた場合の全ての結果について責任を負うという用意があることを認識せしめることが決定的に重要となる（ＢＧＨ民事第八部一九九一年四月一七日判決（WM 1991, 1224）、ＢＧＨ民事第八部一九九三年四月二一日判決（NJW 1993, 1854）。ＢＧＨ民事第八部二〇〇六年一一月二九日判決（NJW 2007, 1346）も参照）。この場合、売主の責任負担義務は旧ＢＧＢ四六三条一文により、損害賠償義務にも関連する。その場合、たとえ売主が保証された性質の欠如に関して無過失であったとしても損害賠償責任を負わなければならない（ＢＧＢ二七六条一項一文）。ただし、旧ＢＧＢ四六四条によれば買主が瑕疵を積極に認識している場合にのみ不利益に扱われる（ＢＧＨ民事第八部一九九八年五月一三日判決（WM 1998, 1590）、ＢＧＨ民事第八部一九九六年三月二〇日判決（WM 1996, 1592））。このような重大な結果に鑑み、そのような責任負担義務の推断的な引き受けを認定する場合には特に慎重な態度が要請される（BGHZ 128, 111, 114; BGHZ 132, 55, 57 ff.; ＢＧＨ民事第八部一九九五年一二月一三日判決（WM 1996, 452））。

このことから、本件においては、原審において認定された事情では、被告によって販売されたプラスチックコルクによって、ナチュラルコルクと同様に、それによって栓をしたワインの品質保持期間を五年〜七年にすることができるという内容の被告の推断的保証を認定するには十分ではない。プラスチックコルクが「ナチュラルコルクの代替品」として宣伝されている被告のパンフレットだけでなく、プラスチックコルクの使用によって「あなたの顧客に対して驚くべき品質の保証」が達成されるという被告の代理店のウェブサイトの指摘も、責任負担意思など見いだし得ない、単なる売買目的物の宣伝としての記述にすぎない。いくつかのワイン醸造業者がいわゆる長期熟成ワインをプラスチックコルクで栓をしているという、（争いのない）被告の代理店の表示も、このような評価に影響を与えない。もっとも、上告理由の見解とは逆に、原審は、正当にも、ここでは、単に、いくつかの向こう見ずなワイン醸造業者の存在が指摘されているに過ぎない、ということは、原告の側からみれば、疑わしいものと考えた。少なくとも、原告は、この指摘を次のような趣旨に理解することは排除されないと思われる。すなわち、その当時、責任を自覚しているワイン醸造業者は、被告のプラスチックコルクによって長期熟成ワインを専門家から見て妥当な形で品質を保持しつつ栓をすることができると被告は考えていたという趣旨にである。しかし、被告のプラスチックコルクによって栓をしたワインはナチュラルコルクによって栓をしたワインと同等の品質保持能力を有するという推断的な性質保証は、この場合、存在していない。なぜなら、原告から見れば、被告は当該表示によって契約上拘束力ある方法で当該性質が欠如していた場合における全ての結果について無過失で責任を負うつもりであるという用意を認識せしめたということを認定する根拠が何ら存在しないからである。

以上の理由から原判決は破棄を免れない（ZPO五六二条一項一文）。当部は本件について自判することはできないので、本件は原審に差し戻されなければならない（ZPO五六三条一項一文）。原告によって提起された訴えは、結局、原告によって主張されているところの、被告のプラスチックコルクを使用することによって生じた瑕疵結果損害の賠償に向けられている。このような瑕疵結果損害に向けられた訴えが全部棄却するに値するかどうかは、本件認定事実に基づいて、現時点で最終的に判断することはできない。

III

1　原審は、これまで、原告の請求を二〇〇一年一二月三一日まで有効な民法典の規定に基づいて、保証された性質の欠如という法的観点のもとで（旧BGB四五九条二項、四六三条一文）検討していた。しかし、被告によって給付されたプラスチックコルクが、契約によって前提とされた使用に対する適性を消滅あるいは阻害するような瑕疵を有し（旧BGB四五九条一項）、かつそれによって原告の他の財物——本件の場合はワイン——に損害が発生する場合には、原告の損害賠償請求権は、積極的契約侵害に基づいても生じ得たはずである。そのような瑕疵は、原審の認定によれば、いくつかのワイン醸造業者は長期熟成ワイン（たとえばベーレンアウスレーゼ）を被告のプラスチッククコルクで栓をしているという被告の代理店の発言から判明しうる。なぜなら、場合によっては、原告の側は、このような表示を次のような意味に理解しうるからである。すなわち、責任を自覚しているワイン醸造業者が、通常は、プラスチックコルクによって栓をすることで達成可能な三年間という品質保持期間よりも長期保存可能なワインを、被告の製品によって専門家からみれば妥当な方法で品質を保持しつつ栓をし得る、という趣旨にである。このような意味内容の表示が評価されえ、そしてこのような表示がこのような理解によって当事者の契約上の合意の基礎となるのかどうかは、現在、最終的な判断は下され得ない。なぜなら、そこに代理店の表示が含まれている、全ての交渉のコンテクストが決定的に問題となりうるからである。原審はこの点について何ら認定していない。上告理由は正当に、これらの関連において、原審はその限りで被告の重要な上申書を無視しているという点も論難している。被告は、証拠の申し出のなかで、証人Hとの売買交渉においていわゆる、通常は賞味期限が二年以内の「スクリューキャップのワイン」のキャップが問題となっていた、ということを陳述している。原審はその点について何ら検討を行っていなかった。この点はもう一度検討されなければならない。なぜなら、これが事実であれば、原告は、被告のプラスチックコルクで栓をしたワインが、三年を超えて長期保存できることを契約の目的として期待できなかったはずだからである。

上告理由が正当に述べているように——過失の観点と並んで（BGB二七六条一項一文）——、被告のプラスチックコルクは確実な酸素の遮断性が担保されていないということを、原告はすでに二〇〇一年の半ばに認識していたという被告の申立も原審は検討しなければならなかった。記録によると二〇〇七年九月三日の地裁の弁論期日における原告の発言はこの点を指し示している。その記録によれば原告は、二〇〇一年に「鼻を突く臭いのするワイン」が目立っており、それらは「被告のプラスチックコルクで栓をされていた」ということを表示していた。

2　原審は、その法的評価に際し、結局、二〇〇一年一二月三一日まで有効な旧民法典の規定を用いた。しかし、原審の認定によれば、このことは疑い無しとはしない。なぜならば、認定事実によれば、原告は二〇〇二年三月一二日と五月四日に二万個のコルクを発注していたからである。事実審において、当事者の供給関係の内容及びその形成について、新たな事実認定はなされなかった。このような状況に鑑みると、二〇〇二年中になされた発注についても旧民法が適用可能なのかどうかについて、現時点では判断できない。なぜなら、ＥＧＢＧＢ二二九条の五号第二文によれば、当事者の供給関係が二〇〇二年一月一日よりも前に成立したが、継続的供給関係が二〇〇二年中に及んでいる場合にのみこれは当てはまることになろう。たとえば、このことは、原告によって漸次引き渡しを求められ得る分割給付についての拘束力がある供給合意が、二〇〇〇年にすでに成立していた場合に認められ得るであろう。これに対して、原告の発注がその都度独立した売買契約である場合には、二〇〇二年からの原告の発注には、二〇〇二年一月一日から施行された新法の規定が適用されうることとなろう。このような場合には、二〇〇二年からの発注に基づいて給付されたコルクについては、単純に、ＢＧＢ四四三条による性質の損害担保（Garantie）に基づく原告の請求権は否定されねばならないこととなろう。なぜなら、このような場合については、旧ＢＧＢ四五九条二項の性質保証の場合と同じ要件——（すでにⅡで見たように）本件においては充足されていない——が満たされていなければならない（ＢＧＨ二〇〇六年一一月二九日判決）。それに対して、新法によれば、二〇〇二年三月一四日と五月四日の発注に関しては、ＢＧＢ四三七条三号、二八〇条一項に基づく原告の損害賠償請求権（もっとも過失が要件となる）が考慮される。

（a）売買目的物が契約上合意された性質を欠いている場合には、ＢＧＢ四三四条一項一文に従い、物的瑕疵が存在している。そのような性質合意は、原審の認定事実によれば、交渉の文脈に応じて、いくつかのワイン醸造業者が長期熟成ワイン（例えばベーレンアウスレーゼ）を被告のプラスチックコルクで栓をしている（Ⅲ１で見たように）という被告の代理店の発言から生じうる。原告のこれらのあり得べき請求権に関しても、原審は、被告によって主張された、被告の製品の適性の欠如についての原告の認識について検討しなければならない（ＢＧＢ四四二条一項一文）。

（b）原審が、BGB四三四条一項一文の性質合意を否定するのであれば、BGB四三四条一項二文二号、三文から[13]プラスチックコルクの瑕疵が生じうる。なぜなら、被告のプラスチックコルクは「ナチュラルコルクの代替品」として宣伝されているからである。代理店Hのウェブサイト上の発言によれば、当該コルクを用いると、「あなたの顧客に対して驚くべき品質の保証」が達成されうる。もっとも、被告の、場合によっては被告の代理店の公式の発言が――その点については上告理由が正当に指摘している――、このような形式で契約締結の際に全く存在していなかった場合には、原告の購入の決断にとって何の意味も持ち得ない。このことは被告がすでに主張している。この点についての、被告によって主張されたBGB四三四条一項三文後段の要件について、何らの認定は行われていない。

3　以上の点とは別に、BGB八二三条一項[14]に基づく原告の請求権が生じうる。BGHの判例によれば、物についての所有権侵害は、買主の有体物の侵害だけでなく、買主の完全性利益の侵害によっても生じうる。例えば、物的瑕疵が目的物の使用適性及び売買目的に対して影響されるような場合である（BGHZ 55, 153, 159）。そう例えば、瑕疵あるコルクはそれによって栓をしたワインを通常のものよりもより強く酸化させ、それゆえ、品質の劣化によりワインがその公認検査番号を喪失するという点に、[15]等価性の破壊を超えて、買主の所有権に対する侵害行為が見いだされうる（BGH民事第六部一九八九年一一月二一日判決（NJW 1990, 908））。それゆえ、原審が、差戻審において瑕疵を認定するのであれば、以上のような法的観点においても、原告の請求権が検討されうる。

二　判決の分析

1　旧BGBにおける性質保証の認定

性質保証の認定の判断枠組みとしては、原審もBGHもほぼ同様である。すなわち、旧BGB四六三条の性質保証については、売主が保証について責任を負う意思を有していることが要件となり、その保証意思の認定に際しては、売主の側が実際に保証意思を有していたかどうかが問題となるのではなく、買主の側で売主の表示をそのように理解してよかったかどうかが問題となる、というものである。[16] 原審とBGHの判断を分けたのは、結局のところ、売主の意思表示の解釈の問題であったといえる。すなわち、原審は、①プラスチックコルクが「ナチュラルコルクの代替品」として宣伝されている被告のパンフレット、②プラスチックコルクの使用によって「あなたの顧客に対して驚くべき品質の保証」が達成されるという被告の代理活のウェブサイトの指摘、③いくつかのワイン醸造業者がいわゆる長期熟成ワインをプラスチックコルクで栓をしているという(争いのない)被告の代理店の表示、などから被告の保証意思は推定可能であると考えたのに対して、BGHはこれらの表示は、単に宣伝文句に過ぎず、保証意思を推認することはできないとしたものである。

2　積極的債権侵害

このように、BGHは、旧BGB四五九条二項、四六三条一文における性質保証責任に基づく損害賠償請求については否定したのであるが、いくつかのワイン醸造業者は長期熟成ワイン(たとえばベーレンアウスレーゼ)を被告のプラスチックコルクで栓をしているという被告の代理店の発言から、製品の瑕疵に基づく積極的債権侵害(日本法でいうところの不完全履行責任）の成立の可能性を指摘し、この点について原審において再度審理するように求めている。

３　性質合意に基づく責任

さらに、興味深い点としては、原審は、本件について、旧ＢＧＢのみを適用したのに対して、ＢＧＨは、本件において、新ＢＧＢ施行後にも、プラスチックコルクの供給契約が継続していた点を指摘し、新法が適用される可能性があることを示唆する。そして、新ＢＧＢ四四三条の損害担保責任については、すでにＢＧＨが旧ＢＧＢにおける性質保証責任についてはその成立を否定している以上、同じ要件である損害担保責任についても成立の余地はないとする。これに対して、新ＢＧＢ四三四条の性質合意に基づく（過失を要件とした）損害賠償の可能性を指摘する。この点に関して、目的物が合意された性質を欠いている場合には、新ＢＧＢ四三四条一項一文により、瑕疵が認定される。この場合には、被告の代理店の発言が根拠となる可能性がある。もし、原審が、性質合意の存在を否定するのであれば、新ＢＧＢ四三四条一項二文二号、同項三文により、被告のプラスチックコルクは「ナチュラルコルクの代替品」として宣伝されていることを根拠に瑕疵が認定されるとする。この場合には、同項三文後段の要件も検討されなければならないとする。

４　不法行為

さらに、ＢＧＨは、本件において、以上の契約責任とは別に、ＢＧＢ八二三条に基づく不法行為責任も生じうることを指摘している。すなわち、瑕疵あるコルクによって栓をしたワインが通常よりも強く酸化し、それによって、ワインがその公認検査番号を喪失する事態に至った場合には、等価性の破壊を超えて、買主の所有権に対する侵害行為が見出される可能性を指摘する。

三　結びに代えて

本ＢＧＨ判決の検討から明らかなように、保証された性質をめぐる責任については、旧ＢＧＢ四五九条二項、四六三条に基づく性質保証責任（Zusicherung）についての判例準則が、改正後の新ＢＧＢ二七六条、四四三条の損害担保責任（Garantie）の認定基準にそのまま受け継がれていることが分かる。

このように、ドイツにおいては、二〇〇二年の債権法改正によって債務不履行責任の構造が変わり、帰責事由の位置づけについても大幅な修正が加えられたにもかかわらず、旧法下での判例準則がそのまま受け継がれて、それに基づいて、事実認定がなされているという本裁判例の検証は、今後の日本法における民法改正の議論にも参考になるものと思われる。

さらに、本件の事例では、改正後の新しい瑕疵担保責任の条文を適用することによって、旧法下では責任を認めることができなかった部分についても、責任成立の可能性を示唆している点も興味深い。

第五節　小括

以上のように、下級審も含めて、判例は、起草者の見解と同様に、新ＢＧＢにおける性質損害担保は、旧ＢＧＢ四五九条二項、四六三条の性質保証の後継規定であると捉えている。さらに、立法過程および学説においても争いのあった、四四三条の性質損害担保と二七六条、四四二条、四四四条の性質損害担保の法的性質に関しては、ＢＧＨ二〇〇六年一一月二二日判決では、両者を特に区別してはいない。さらに、ＢＧＨ二〇〇六年一一月二九日判決が、売主の表示が、ＢＧＢ四三四条の単なる性質合意と解されるのか、それとも二七六条、四四二条、四四四条の性質損害担保と解されるのかという基準について、売主が業者である場合と、私人である場合を区別している点が注目される。

　学説と判例を比較するならば、判例が、ＢＧＢ二七六条、四四二条、四四四条の損害担保が旧ＢＧＢ四五九条二項の性質保証の後継概念であると解する点は、学説における支配的見解とも合致しているが、ＢＧＢ四四三条とＢＧＢ二七六条、四四二条、四四四条の損害担保の法的性質の理解については、学説の支配的見解のように、法的性質としては区別されるが、両者の関係は四四三条の損害担保に二七六条、四四二条、四四四条の損害担保が包摂されるという立場を前提としているのかどうかは、ＢＧＨの判決理由からは明らかではない。もっともこの点については、ＢＧＨは未だ立ち入った検討をしているわけではないので、今後の判例の展開が注目される。

注

（1）「Zusicherung」、「Garantie」というドイツ語をどのように訳すかというのは一つの問題ではあるが、本書ではさしあたり、「Zusicherung」を「性質保証」と、「Garantie」を「損害担保」と訳し分けることにする。

（2）立法過程の詳細については、前章を参照。

（3）Stellungnahme aus dem Bundesministerium der Justiz zu § 444 BGB, ZGS 2003, 307 ff. フォン・ギールケ／パッシェンも、四四四条は従属的損害担保のみを対象とするのか、それとも独立的損害担保も包摂するのかどうかと言うことは、改正理由からは明確ではないとする(Von Gierke/Paschen, Mängelgewährleistung beim Unternehmenskauf, GmbHR 2002, 457, 460)。これに対して、ローシェルダースは、法務委員会は四四二条、四四四条と四四三条について「文言を『一致させること』によって、規定を内容的に修正することは全く意図」していなかったと考える(Dirk Looschelders, Beschaffenheitsvereinbarung, Zusicherung, Garantie, Gewährleistungsausschluss, in: Dauner-Lieb/Konzen/K. Schmidt, Das neue Schuldrecht in der Praxis, 2002, S. 395, 407)。

（4）Schmidt-Räntsch, Das neue Schuldrecht, 2002, Rn. 436.

（5）MünchKomm/Grundmann (2003), § 276 Rn. 171.

（6）AnwKomm/Dauner-Lieb, § 276 Rn. 21 ff. ローシェルダース、ファウストも同旨である(Looschelders, a. a. O., S. 402 ff.; Bamberger/Roth, Kommentar zum Bürgerlichen Gesetzbuch, 1. Bd., 2. Aufl., 2007, § 443, Rn. 5 (Faust))。

（7）Lothar Haas/Dieter Medicus/Walter Rolland/Carsten Schäfer/Holger Wendtland, Das neue Schuldrecht, 2002, S. 218 Rn. 230 (Haas); Schmidt-Räntsch, Das neue Schuldrecht, 2002, Rn. 439; Medicus, Die Leistungsstörungen im neuen Schuldrecht, JuS 2003, S. 525; Manfred Lieb, Die Garantieproblematik (§ 444 BGB), in: Dauner-Lieb/Henssler, Unternehmenskauf und Schuldrechtsmodernisierung, 2003, S. 59; Palandt/Heinrichs, BGB, 64. Aufl., 2005, § 276 S. 351 Rn. 29; MünchKomm/Grundmann (2003), § 276 Rn. 175; Staudinger/Otto (2004), §280 Rn. D 21. これに対して、シュルテ-ネルケは、債権法改正によりこれまでの性質保証の様々な機能は四七四条以下の消費者保護規定に委ねられることになった以上、性質保証についての従前の判例が債権法改正後も維持されるべきかどうかは疑問であるとする(Hans Schulte-Nölke, Vertragsfreiheit und Informationszwang nach der Schuldrechtsreform, ZGS 2002, 72, 74)。以上の点については、渡辺達徳「ドイツ債務法現代化における帰責事由——その内容及び機能について——」判タ一一一六号二四頁以下も参照。

（8）Palandt/Heinrichs, a. a. O., § 276 S. 349 Rn. 29; Grüneberg, BGB § 276 Verantwortlichkeit des Schuldners, Rn. 40, in: Bamberger/Roth, 1. Auflage 2003. 起草者もそのように解していたことについては、BT-Drucks. 14/6040, S. 132 を参照。

（9）Hilgard/Kraayvanger, Schuldrechtsreform, MDR 2002, 678; Haas, a. a. O., S. 253 Rn. 378; Jan Thiessen, Garantierte Rechtssicherheit beim Unternehmenskauf? - Der Gesetzentwurf zur Änderung des § 444 BGB, ZRP 2003, 272 ff. カナーリスも四四三条の性質損害担保の概念は、二七六条一項、四四二条一項後段と同じように理解すべきではないとする(Canaris, in: Karlsruher Forum 2002: Schuldrechtsmodernisierung, S. 82.)。

（10）もっとも、ラインキングによれば、「具体的な事例において、距離計についての言明は、それが自動車業者によって与えられたものであるならば、それが損害担保としての性格を有するのかどうかということについては、ＢＧＨの態度は未決定のままである」という（Kurt Reinking, Beschränkung des Ausschlusses der Sachmängelhaftung durch einfache Beschaffenheitsvereinbarungen am Beispiel von Kilometerangaben, DAR 2007, 255, 257）。

（11）本判決についてラインキングは、「債権法改正によって、そしてとりわけＢＧＨの本判決によって、損害担保の中に生き続ける性質保証（その要件および内容は形式的には同一のままである）は著しくその意義を失った」とする（Reinking, DAR 2007, 255, 257）。

（12）ＢＧＢ一三三条　意思表示の解釈の際には、実際の意思が探求されねばならず、文言に拘泥してはならない。

ＢＧＢ一五七条　契約は取引慣行を考慮しつつ、信義誠実の原則に従い解釈されねばならない。

（13）ＢＧＢ四三四条については次章注（４）を参照。

（14）ＢＧＢ八二三条一項　故意又は過失によって、他人の生命、身体、健康、自由、所有権若しくはその他の権利を違法に侵害した者は、被害者に対して、それによって生じた損害を賠償する義務を負う。

（15）ドイツワインの格付けは、上から、①Q.m.P（クヴァリテーツヴァイン・ミット・プレディカート、肩書付高級ワイン。さらに細かく、上から、トロッケンベーレンアウスレーゼ、アイスヴァイン、ベーレンアウスレーゼ、アウスレーゼ、シュペトレーゼ、カビネットの六段階に分かれている。）、②Q.b.A（クヴァリテーツヴァイン、限定地域上級ワイン。フランケンやラインガウなど一三の生産地域で醸造された高級ワイン）、③ラントヴァイン（④よりも生産地が限定されたブドウから造られるテーブルワイン）、④ドイチャーターフェルヴァイン（ドイツ圏内のブドウから造られるテーブルワイン）、⑤ＥＣターフェルヴァイン（ユーロ圏内のブドウから造られるテーブルワイン）に分かれており、公認検査番号を失うと、②のQ.b.A 以上の高級ワインとして市場に出すことが禁じられる。

（16）本書第一部第二章第七節参照。

第三章　インターネットオークションにおける暴利行為と契約責任

第三章では、第二章に引き続いて、インターネットオークションという新しい契約プラットフォームにおける契約責任が問題となったBGHの興味深い裁判例を素材として、ドイツにおける債権法改正後の法状況について概観する。

第一節　問題の所在

近年、日常生活の中にも浸透しつつある、いわゆるインターネットオークション上で購入された目的物に瑕疵があった場合の法的問題について、近時、ドイツの連邦通常裁判所（以下「BGH」という）において注目すべき判決が出された（BGH二〇一二年三月二八日判決。以下「ヴァーチュ判決」という）。

インターネットオークションは、通常の売買契約とは異なり、非常に高価な商品でも、非常に低廉な価格からスタートすることがある。その結果として、その商品の実質的な価値よりもかなり割安で落札できることもあり、いわゆる投機的な性質も有する。他方で、通常のネット販売とは異なり、売主・買主共に消費者である場合もありうるという点も特徴的である。本判決は、インターネットオークション上の売主の契約責任の問題について興味深い素材を提供してくれるだけでなく、インターネットオークション上で締結された契約の暴利行為性についても示唆に富むものとなっている。

以下では、ヴァーチュ判決を紹介した後、日本法との比較を行う。その際には、現在、法制審において議論が続けられている債権法改正についても、この問題に関連する限りおいて言及する。

第二節　ＢＧＨ二〇一二年三月二八日判決民事第八部(NJW 2012, 2723)

（一審　ＬＧザールブリュッケン二〇〇九年八月二一日判決、二審　ＯＬＧザールブリュッケン二〇一〇年八月二六日判決）

【事実関係】

原告は、被告に対して、インターネットプラットフォーム「eBay」上で締結された売買契約に基づいて、損害賠償を請求している。

被告は、インターネットプラットフォーム「eBay」上で、オークション形式で、携帯電話を、「Vertu Weiss Gold（ヴァーチュ、ホワイトゴールドモデル）[1]」の表示のもと、写真を添付して、スタート価格一ユーロで出品した。説明には「中古品」との注意書きがあった。さらに被告はこの点について以下の通り通知していた

「ハロー、すべてのヴァーチュ愛好家に。

あなたに、ほとんど新品の携帯電話を提供します（試しに箱から出されただけ）。しかし、若干の軽微な使用の痕跡があります（私は誠実にそのことに言及します）。二個競り落とし、私は、純金タイプの方に決めました。説明書（英語）は純金タイプのものを添付します。それ以外のものは私はもらっていません。それに加えて、ケース、ヘッドフォン、スペアの充電池が付きます。私的な売買ですので、取消はできません。どうぞ注文をお待ちしておりま す。」

原告は一九九九ユーロの最高入札額をつけ、七八二ユーロで落札した。(2) ところが、原告は、コピー商品の疑いがあるという理由で、被告から出品された携帯電話の受領を拒否した。引き渡し期日に提供された携帯電話については、**Veptu** 社のイミテーションの疑いがあり、被告によって出品された携帯電話のオリジナルの価値は二万四〇〇〇ユーロであると、原告は主張した。「オリジナルのヴァーチュ・ハンディ・シグニチャー・ホワイトゴールド」を引き渡すか、もしくは損害賠償を支払え、との原告の催告に、被告は応じなかった。

原告は、被告に対して、損害金二万三二一八ユーロ（二万四〇〇〇ユーロから売買代金七八二ユーロを差し引いた額）に利息を付した額の支払い、および訴え提起前の弁護士費用の支払いを請求した。原告は予備的に売買契約の履行、並びに被告の履行遅滞についての確認を求めた。原審は原告の訴えを棄却した。原告は、当部によって許可された上告によって、主たる請求についての認容を求めた。

【原審】

結論　損害賠償は認められない。

理由　①本件売買契約の内容が原告の主張通りだとすると、本件売買契約は準暴利行為で無効である。なぜなら、本件の携帯電話の（真正品としての）価値は、原告の入札額の十二倍であり、このような契約は、著しく不均衡であり、原告の非難すべき主観的事情も推定されることになる。

②仮に売買契約が有効であったとしても、瑕疵担保責任に基づく損害賠償請求権は否定される。なぜなら、本件売買契約では、オリジナルのヴァーチュの携帯電話という性質が前提とされていたわけではないので、本件の携帯電話には瑕疵はない。本件オークションのスタート価格が一ユーロであったという事情もオリジナルであるという性質合意の存在を否定する事情となる。

③仮に瑕疵があったとしても、原告は重過失の結果瑕疵を認識できなかったのであり、ドイツ民法典（以下「ＢＧＢ」という）四四二条に基づき、損害賠償請求権は排除される。すなわち、原告は、実質価格が二万四〇〇〇ユーロの携帯電話が、一ユーロというスタート価格で出品されていることから、本件の携帯電話の真正について合理的な疑いを抱くべきであった。

【ＢＧＨの判断】

上記の判断は法的再検討に耐えられない。原審の認定事実によれば、ＢＧＢ二八〇条一項、三項、二八一条一項一文に基づく原告の損害賠償請求権は否定されない。(3)

1　原審の認定とは異なり、原告によって主張されている損害賠償請求権は、被告と締結された契約は準暴利行為として公序良俗に反して無効である（BGB一三八条一項）という理由では、否定されない。

（a）原審は、当事者間で締結された売買契約の公序良俗違反の認定について、BGHの確定判例に依拠している。その判例によれば、約束された報酬とそれに対する反対給付の価値との間に著しい不均衡がある法律行為は、たとえば、非難すべき主観的事情や、あるいは困難な事情の悪用や不相当な利潤追求に対する相手方の経験不足のような新たな事情が付け加わった場合には、BGB一三八条一項により無効となる。給付と反対給付との間に、重大な、特に著しい不均衡が存在する場合には、そのような事情は、通常、利益を得る契約当事者の非難すべき主観的事情、およびそれとともに法律行為の良俗違反性の推定を正当化する。そのような著しく重大な不均衡は、通常は、土地の売買契約やそれと比肩しうるほど価値の高い動産の売買契約の場合に、給付の価値が反対給付のそれと比較して約二倍に上るようなときには、認定される。原審は、これらの判例は買主によってつけられた最高入札額に目的物の価値との著しい不均衡があるインターネットオークションにも援用可能であると解している。

それに対して、下級審判例及び学説では、インターネットオークションの特殊性に鑑み、給付と反対給付の不均衡からは、BGB一三八条で求められている非難すべき主観的事情という主観的要件は導くことはできない、という見解が主張されている。このような見解は正しい。

（b）通常、極端に異常な給付には、困惑がないわけではないか、もしくは、害される者の意思決定を妨げるその他の事情があり、利益を得る側もこのことを分かっている、という経験則から、特別に重大な等価性の不均衡から利益を得る側の非難すべき主観的事情が導かれる。しかしながら、インターネットオークションの場合には、当然には、そのような証明の徴表を前提とすることはできない。なぜならば、インターネット上の契約は、原則として、契約交渉（そこでは客観的に不利な側が譲歩を迫られる）において契約当事者のみが相対するような、従来のはっきりした事例とは区別されるからである。

この場合、出品された目的物の価値を下回る入札額から、入札者の非難すべき主観的事情を推論することはできない。確かに、入札者にとっての売買代金は、さしあたり、彼によって入力された最高額によって上限を画される。しかし、できるだけ低い価格を入札することで、オークション目的物を「お買い得価格（Schnäppchenpreis）」で落札するチャンスをつかむことが、まさに、（インターネット）オークションの魅力である。逆に、出品者は、競り売りのシステムを通じて最終的に有利な売買代金を獲得するというチャンスをつかむことができる。それゆえ、最初から、入札者にとって限度額いっぱいの最高の入札額を入札するのではなく、――例えばオークションの終了直前に――その時点での最高額を入札する、ということは、入札者にとって、完全に戦略的な意味を持ちうる。しかしながら、入札者によって入札された最高額で目的物を取得するチャンスについて、その時点で、オークションの計画に基づいて計算可能である場合には、入札者は、そのようなことをする動機付けはない。このような理由から、原審によって認定された非難すべき主観的事情の推定は、出品物の価値と最高入札額の比較のみを理由としては正当化できない。

むしろ、――ありうる給付と反対給付の不均衡に加えて――、そこから、インターネットオークションの枠内では、契約締結の際に、入札者はその場合に存在している特別の価格形成事情にもかかわらず、困惑あるいは出品者の意思決定を妨げるその他の事情を非難されるべき方法で自己に有利に利用したことが推論されうるような追加の事情が必要である。原審はそのような事情を認定していない。

以上の点とは別に、原審は、被告によって出品された携帯電話の価値について何の認定も行っておらず、むしろ、その判断は、原告によって主張されている新品のヴァーチュの「シグニチャー、ホワイトゴールド」の店頭小売価格に依拠している。これは、明らかに誤りである。出品された携帯電話は新品ではなく、中古品であった。被告は、それは自ら競落したものであり、正規取扱店において取得したものではないということを主張しており、さらに被告は取扱説明書も紛失している。そのような目的物は、明らかに、正規取扱店における新品の市場価値は有さない。

2　原審によって与えられた理由づけによれば、出品されている携帯電話については、ヴァーチュブランドのオリジナルサンプルが取り扱われているという内容の性質合意も否定されることになる。原審は、「とりわけ」被告によってつけられた一ユーロというオークションのスタート価格は、前述のような性質合意（BGB四三四条一項一文）[(4)]の認定には不利に働くと考えている。

原審は、インターネットオークションの特殊性に鑑み、出品された目的物の価値を考慮すると、スタート価格からは、何ら意味のある意思表示を読み取ることができないという点を見落としている。なぜなら、購入に関心のある人の最高入札額から獲得されうる価格が形成され、それゆえ、ごく低額のスタート価格の商品であっても、その商品にふさわしい金額を支払う用意のある入札者が多数いる場合には、高額の最終価格に至りうることもあるので、インターネットオークションの際に獲得されうる価格は、スタート価格とは完全に無関係だからである。このようなシステムは、出品者に、高価な商品を低額のスタート価格で出品させることを促しうる。例えば、出品者は、そのようなスタート価格でもって、購入に関心がある多数の人について興味を惹起することを試みることができ、そして、その際には、多数の入札によって高い価格に到達し、あるいは低額のスタート価格によって出品手数料を最低限にするという期待が支配している。それゆえ、当事者が価格を形成する性質について性質合意を形成していたかどうかを、インターネットオークションのスタート価格から逆に推論することは、原審の見解に反して不可能である。

出品物の説明によって、出品されている携帯電話については、ヴァーチュブランドのオリジナルサンプルが扱われているという内容の性質合意が行われたかどうかは、（原審が――その立場からは首尾一貫して――これまで行ってこなかった）当該事案の全ての事情の考慮のもと、与えられた意思表示の包括的な評価が必要である。

3　先に述べた理由から、被告によって出品された携帯電話の真正という仮定的瑕疵を、原告は重過失の結果認識しないままであった（BGB四四二条一項二文）[5]（原告によって主張されている価値を持つ携帯電話がインターネットプラットフォーム上に、一ユーロというスタート価格で出品されるということは経験則に反するので）という予備的な理由でもって、主張されている損害賠償を否定したという点においても、原審には従えない。

以上の理由から、取り消された判決は、上告理由によって非難された限りで、もはや効力を持たない。よってその限りで破棄される（ドイツ民事訴訟法五五七条一項、五六二条一項）。

本件事案は、争点が終局判決に至るほど熟していないので、必要な事実認定を行うために、破棄された範囲で原審に差し戻される。それに基づいて、原審は、弁論の全趣旨の評価において、意思表示の合理的な受領者の視点から、被告の出品は、ヴァーチュブランドのオリジナルが対象品であったのかどうかという点について、判断しなければならない。

「ヴァーチュ」という表示を伴った表題で出品され、明確に「ヴァーチュ愛好家に」向けられていたという事実がこの判断の出発点である。これは、（真正な携帯電話が目的物であるという）性質合意の認定に有利に働きうる事情である。さらに、eBay では、レプリカ及びコピー商品の売却は明確に禁じられているという事情も加わる。このような禁止は、出品者の意思表示の解釈の際にも考慮されねばならない。なぜなら、既に当部で判断しているように、eBay 上で行われたインターネットオークションの枠内における売買契約の締結の際には、意思表示の表示内容は、インターネットオークションに参加する前の当事者が同意していた eBay の約款の規定にも従う。

それに対して、その他の事情は、（真正な携帯電話が目的物であるという）性質合意の存在についての疑いを惹起するのに適しているように思われる。それゆえ、争点となっている電話と、他のヴァーチュの携帯電話を被告自ら競落したのであり、従って、正規取扱店で購入していないということを被告は陳述した。それに取扱説明書もない。

さらに、出品の説明文には――高級品については通常はあり得ない――型番について記載が含まれていない。出品物の型番に関して、出品者が添付した写真から詳細が明らかになったかどうかについては、原審は認定していない。

第三節　分析視覚

本件において、原審とＢＧＨの見解が分かれた争点として次の三つをあげることができる。

①ＢＧＢ一三八条一項の準暴利行為の成否
②本件携帯電話の真正についての性質合意
③コピー商品であることを買主が認識できなかったことについての重過失

さらに、ＢＧＨが審理を原審に差し戻したことにより、残された問題としては、損害賠償の範囲の問題がある。以下では、これらの争点のうち、さしあたり、①の準暴利行為、②の性質合意、および損害賠償の問題について、日本法との比較を交えながら検討する。日本法との比較の際には、法制審における債権法改正についての議論状況についても言及する。③の重過失も隠れた瑕疵の要件とも関連して重要な問題ではあるが、本稿の検討の対象からは割愛する。

第四節　準暴利行為

一　ドイツ法

ドイツでは、暴利行為は、ＢＧＢ一三八条二項(6)に規定されているが、二項は、①著しい給付の不均衡という客観的事情、②不利益を被る側の窮迫等の主観的事情、③利益を得る側が①②を知りつつそれに乗じたという主観的事情、の三要件を満たす必要があり、特に、③の立証が非常に困難であったため、二項はあまり用いられなくなった。しかし、その後、判例は、二項の主観的要件が満たされていない場合であっても、著しい給付の不均衡に加えて、その他の非難されるべき主観的事情が存在する場合には、準暴利行為として、ＢＧＢ一三八条一項により無効とするようになった(7)。

二　ヴァーチュ事件

本件では、著しい給付の不均衡というＢＧＢ一三八条二項の暴利行為の客観的要件は存在するが、「困惑・経験不足の利用」などの主観的要件は存在していない法律行為が問題となっている。ローレンツ教授によれば、ＢＧＢ一三八条二項の特別な性質に鑑みると、本件のような場合には、ＢＧＢ一三八条一項の無効は、給付と反対給付の不均衡のみによって根拠づけることは難しく、さらに、公序良俗違反を根拠づけるメルクマールが付け加わる必要があるという(8)。

原審は、本件売買契約が準暴利行為に当たる理由として、「ＢＧＨの判例によれば、給付と反対給付との間に顕著な不均衡があり、少なくとも、主観的・客観的要件を総合考慮すると当該契約は良俗違反であると思われるような新たな事情が付け加わる場合には」当該法律行為は準暴利行為となるという。(9) そして、「その場合、特に重大な不均衡は、受益者の非難すべき主観的事情を推論させる」として、「このような推定準則は、インターネットオークション上で締結された売買契約にも適用可能である」とする。

これに対してＢＧＨは、一般的に、極端な給付の不均衡からは、利益を得る側の非難すべき心情（verwerfliche Gesinnung）という主観的事情が推論されるとするが、インターネットオークションの場合には、特殊な事情があり、この法理はそのままは適用されないとする。すなわち、インターネットオークションでは、入札者はできるだけ低い入札額を入れることで「お買い得価格」で商品を落札できるのがまさにインターネットオークションの魅力である。入札者が出品商品の実際の価値を遙かに下回る価格で入札することも、インターネットオークションの戦略としては完全に合理的なものであり、それだけで入札者の非難すべき心情を推論することはできず、より積極的に出品者等を害するような事情が必要という。このように、ＢＧＨは、いわゆるインターネットオークションの投機的側面を重視することにより、準暴利行為の主観的要件をある意味厳格に解している。

このようなＢＧＨの判断に対して、多くの評者は賛意を表する。

ローレンツ教授は、「ＢＧＨは、適切に、eBay オークションの特殊性が、準暴利行為の転用を許さない、という点を説明している」とし、「過度の「Schnäppchen（お買い得）」を行うことも、この場合、まさに、このような販売方法の魅力であり、いわばゲームのルールである。非難すべき心情についての事実上の推定が基礎においている経験則、すなわち、通常は、異常な給付には、困惑がないわけでないか、あるいは、害される側の意思決定を阻害するその他の事情があるという経験則は、この場合全く影響を及ぼさない」とされる。[10]

クルケ弁護士も、「いわゆるインターネットオークションで成立した契約において、主張されているような給付と反対給付の著しい不均衡のみを理由として、BGHが準暴利行為の原則を持ち込むことを拒否するのであれば、BGHには全面的に賛成される」とされる。そして、アイケルマンの見解[11]を引用し、「非難すべき心情の推定と準暴利行為の基本的組み合わせは、通常は、典型的には最初から良俗に反して騙された者の経済的あるいは知識の面での格差が存するような完全に特定の契約タイプの場合にのみ用いられ」、「まさに、土地あるいはそれに比肩しうる価値の高い動産の売買契約の場合には、一方当事者は何の必要性もなしに、給付と反対給付の間に特に極端な不均衡が存するような法律行為にかかわるわけがないという経験則が当てはまる」が、「そのような必要性は、eBayオークションの際の最高入札者に対する売買においては、基本的に、推定もされず、何らかの特別の証明基準に基づいても認定されえない」という。[12]

三　日本法における暴利行為論

1　判例および学説

日本民法は暴利行為に関する規定を有さないが、判例は古くから、「他人ノ窮迫軽卒若ハ無経験ヲ利用シ著シク過当ナル利益ノ獲得ヲ目的トスル法律行為ハ善良ノ風俗ニ反スル事項ヲ目的トスルモノニシテ無効ナリト謂ハサルヘカラス」（大判昭九年五月一日民集一三巻八七五頁）として暴利行為が無効となる場合を認めている。このように判例法理は、「他人の窮迫・軽率・無経験を利用すること」（主観的要件）と、「著しく過当なる利益」（客観的要件）という二要件を定立しているとされる。[13]

学説の中には、裁判例においては、必ずしもこのような定式が遵守されているわけではなく、客観的事情から主観的要件を推定するものや、客観的要件単独で暴利行為を認める裁判例もかなり存在するとの分析も存在し、そのような方向を支持する学説は、暴利行為の上記二要件のうち、客観的要件をより重視するスタンスを採る。(14) 他方で、裁判例では依然として上記定式が貫徹されていると理解する立場もある。このような立場は、暴利行為を自己決定権侵害の下位類型として理解するがゆえに、主観的要件を重視する方向につながる。(15)

2　法制審における議論

法制審議会民法（債権関係）部会における、債権法改正についての中間試案において、暴利行為については次のような提案がなされた。

(1)　民法（債権関係）の改正に関する中間試案（平成二五年二月二六日決定）(16)

> 第一　法律行為総論
> ：
> 二　公序良俗（民法第九〇条関係）
> 民法第九〇条の規律を次のように改めるものとする。
> ：
> (二)　相手方の困窮、経験の不足、知識の不足その他の相手方が法律行為をするかどうかを合理的に判断することができない事情があることを利用して、著しく過大な利益を得、又は相手方に著しく過大な不利益を与える法律行為は、無効とするものとする。

（注）　上記(二)(いわゆる暴利行為)について、相手方の窮迫、軽率又は無経験に乗じて著しく過当な利益を獲得する法律行為は無効とする旨の規定を設けるという考え方がある。また、規定を設けないという考え方がある。

中間試案では、基本的に、前記大判昭和九年五月一日の判例法理に依拠し、これらの裁判例を踏まえ、「困窮、経験の不足、知識の不足その他の相手方が法律行為をするかどうかを合理的に判断することができない事情」という主観的要素と、「著しく過大な利益を得、又は相手方に著しく過大な不利益を与える」という客観的要素によって暴利行為に該当するかどうかを判断する枠組みが提案されている。これに対しては、上記大判昭和九年五月一日の定式に該当するもののみを暴利行為とすべきであるという立場や、暴利行為の要件を固定化することは判例の柔軟な発展を阻害するとしてそもそも規定を設けないという考え方などが(注)で取り上げられている。[17]

ところが、法制審議会民法(債権関係)部会第九五回会議(平成二六年八月五日開催)において提案された、「民法(債権関係)の改正に関する要綱仮案の第二次案」[18]では、暴利行為の規定については、「明文化すべき適切な要件についてなお意見対立があり、合意形成が困難な状況にある」として、結局、立法化は見送られるに至った。[19]

このように、暴利行為については立法化が見送られた以上、今後も、これまでの判例法理が妥当することになる。

四　小括

既に見たように、日本法における暴利行為論もおおむねドイツ法と同様の判断枠組みを用いている。それゆえ、日本法においても、たとえば、ヴァーチュ事件のように、インターネットオークションにおいて同様の事件が起こった場合に、本判決と同様に解釈されるのか問題となり得よう。

おそらくは、日本においても、インターネットオークションにおいて暴利行為を認定するのはかなり難しいと思われる。ヴァーチュ判決においてBGHも指摘するように、インターネットオークションはそもそも良いものをできるだけ安く落とすことが魅力であり、投機的な性格も有しており、落札者がある程度大きな利益を得たとしても、暴利行為を認定することは難しいかもしれない。

しかし、たとえば、記憶に新しいみずほ証券誤発注事件[20]のような場合に、誤発注に乗じて、ネットトレーダーが巨利を得たような場合には、著しい給付の不均衡が存在し、かつ相手方の軽率に乗じようとする非難すべき主観的事情も認定可能かもしれない[21]。

第五節　性質合意と損害賠償

一　ドイツ法

旧BGB四五九条の瑕疵担保責任は、売買目的物が危険移転時に瑕疵を帯びていた場合には、買主は解除あるいは代金減額を請求できたが、損害賠償については、旧BGB四六三条に定められている通り、保証もしくは瑕疵の悪意の黙秘の場合にのみ請求できるという構造であった。これに対して、二〇〇二年から施行された新BGBでは、瑕疵担保責任は債務不履行責任に統合され、物の瑕疵担保責任としては、まず第一に、追完あるいは修補などの履行請求権の行使があり、それが尽きたときに、各々の要件に応じて、代金減額・解除、あるいは損害賠償等の救済が買主に与えられる。追完および解除・代金減額については帰責事由は不要であるが、損害賠償については、瑕疵ある目的物を給付することが義務違反であり、義務違反のある場合については、新BGB二八〇条において、帰責事由のある場合には損害賠償が認められている。そして、その帰責事由についての定めが、新BGB二七六条にあり、そこでは、債務者の故意・過失以外に、損害担保の引き受けも帰責事由として位置づけられている。(22)

二　ヴァーチュ事件

原審は、被告（売主）は当該携帯電話のオリジナル性について必ずしも明示していたわけではなく、また、スタート価格が一ユーロであったという事情からも、オリジナルであるという性質合意は成立していなかったと判断した。

これに対して、BGHは、スタート価格が一ユーロであったという事実は、必ずしも、性質合意の認定に不利に働くわけではないという。その理由として、インターネットオークションにおけるスタート価格というのは、法的に意味のある表示であるとは見なされないという。すなわち、インターネットオークションでは、低額のスタート価格によって多くの潜在的な入札者の関心を惹起することで、結果として高額の落札額に至ることもありうるのであり、スタート価格から当事者間の性質合意を逆に推論することはできないとする。そして、本件において性質合意を認定するためには、本件におけるすべての事情を総合考慮する必要があるとして、この問題を原審に差し戻す。その上で、ありうる解釈指針として、①被告（売主）は明確に「ヴァーチュ愛好家」に向けて出品していた、②eBayの約款では、レプリカやコピー商品の出品は明確に禁止されている、などの事情が性質合意の認定に有利に働き、逆に、それ以外の事情、特に、本件携帯電話は他の携帯電話とともに被告自らが競落したもので、正規取扱店から購入したものではなく、それゆえ取扱説明書もなく、また高級品の場合には通常はあり得ない、型式番号の表示もない、などの事情は性質合意の認定に不利に働きうるため、これらの事実認定を行う必要があるとする。

このように、原審は、そもそも性質合意の存在を否定したため、損害賠償の範囲の問題には立ち入らなかったが、BGHは、性質合意の成立の可能性を示唆した上で、損害賠償の可能性にも言及する。しかし、その額については、原審に差し戻されているため、本判決からは明らかではない。

この点について、ローレンツ教授は、本判決の評釈の中で、「もっとも、本件機器がオリジナルとして売買され、場合によっては、BGB四三四条一項二号の客観的瑕疵概念から、オリジナルとして履行義務が負わされているということが明らかになる場合であっても、特定物債務の性格に鑑み、原審の引用するBGB二八〇条一項三項、二八一条（履行に代わる損害賠償）からではなく、BGB三一一a条二項[23]（直接適用される。なぜなら、引渡しを欠く場合のBGB四三七条の適用領域はいまだ明らかではないからである）から被告の責任が生じている。必ずしも、性質合意を前提とすることはできないので、その場合、被告は、BGB三一一条二項二文[24]の責任を、売買された機器についてコピー商品が扱われているということについて善意無過失で売買したということを証明した場合にのみ免れることができる。被告がこのような証明に成功しなかった場合、被告は全ての履行利益について責任を負う。このことは、立法者が、二〇〇二年の債権法改正によって、軽過失の場合の売主の損害賠償責任を導入したという事実からの論理的帰結である」と述べ、履行利益の賠償の可能性も排除しない[25]。

また、ヘーレン教授も、「高級携帯電話を販売しているような外観を呈する者は、実は、自分はレプリカしか売るつもりはなかったということを援用することはできない。その場合は、まさに、不履行に基づく損害賠償も支払わねばならず、かつそれは少なからぬ額になる」とされる[26]。

クルケ弁護士は、さらに一般給付障碍法の適用可能性について詳細に論じる[27]。クルケ弁護士によれば、BGHは、給付に代わる損害賠償の根拠条文として、明示的に、BGB四三四条、四三七条三号、四四〇条を引用せず、BG

B二八〇条一項、三項、二八一条一項一文のみを挙げていることからすると、明らかに一般給付障碍法に基づく給付に代わる損害賠償請求権を前提にしているように見えるという。なぜなら、本件では、買主は本件携帯電話の受領を拒絶しており、BGB四四六条一文の危険移転はまだ生じていないため、依然として合意された履行請求権が存在しており、瑕疵担保責任に基づく追完請求権は発生の余地がないからであるという。もっとも、危険移転前にも、瑕疵担保責任の規定は適用可能であるかという問題はあるが、BGHはこの問題には立ち入らない。しかし、買主が目的物を履行として認容して初めて瑕疵担保責任の適用があるという従前の判例法理によれば、本件においては、買主に給付に代わる損害賠償請求権は一般給付障碍法のみから導かれることになるという。(28) そして、給付に代わる損害賠償請求権が一般給付障碍法から導かれる場合には、結局、当事者が、契約において、オリジナルのヴァーチュの携帯電話という性質を合意していたかどうかが重要な問題となるとする。(29) その上で、本件において、オリジナル性が性質合意となっていたかどうかの問題については、売主が、「ヴァーチュ」というブランド名を用いていたことを重視し、コピー商品に対しては、誰も一九九九ユーロもの最高入札額を入れたり、七八二ユーロもの代金を支払ったりはしない、として、それらの事情は性質合意の成立に有利に働くとする。逆に、BGHが性質合意の成立に不利に働く事情として挙げる、正規取扱店から購入したものではなく、取扱説明書もないという点についても、オークションという性格からすると必ずしも異常なものではないとする。(30) そして、最後に、差戻審での審理の方向性について、「原審は、契約締結に付随するすべての事情の考慮のもと、特に、出品の際の写真について立ち入った検討のもと、当事者が売買目的物の性質について、出品されている携帯電話のもとではヴァーチュブランドのオリジナル機が扱われているという合意がなされていたかどうか、ということを判断しなければならない。より良い理由づけが、対応する性質合意の存在の認定にとって有利に働く。原審は、対応する性質合意を肯定すべきなのであれば、買主にヴァーチュブランドのオリジナル機を引渡し、所有権を移転することが、売主にとって当初からどの程度不能だったのか、という問題が新たに生じる。原審が、この問題についても肯定すべきなのであれば、売主は、契約締結時点で、履行障碍、すなわちその不能についてどの程度認識していたのか、あるいは、もし、知らなかったのであれば、その知らなかったことについてどの程度帰責されねばならないのか、ということについて詳細に検討しなければならない。後者については、本件諸事情によれば、完全に肯定されうるであろう。原審が、その場合、ＢＧＢ三一一ａ条二項、二七五条四項、一項、四三三条一項一号に基づき、原則として、売主の責任を認めるに至るのであれば、少なくとも、買主側の過失相殺について検討しなければならない」とする。(31)

三　日本法における瑕疵概念

1　学説及び判例

通説は、瑕疵とは「売買の目的物に物質的な欠点がある場合である」と定義し、欠点と認めるべきかどうかは「一般には、その種類のものとして通常有すべき品質・性能を標準として判断すべき」であるが、「売主が、見本により、または広告をして、目的物が特殊の品質・性能を有することを示したときは、その特殊の標準によってこれを定むべきである」とする。(32) このように、学説は一般的に主観的瑕疵概念と客観的瑕疵概念を併存させる。

第一部第一章で見たとおり判例も、籾摺り土臼の性能が問題となった事案において、大審院は「夫ノ売買ノ目的物カ或性能ヲ具備スルコトヲ売主ニ於テ特ニ保証（請合フノ意）シタルニ拘ラス之ヲ具備セサル場合則チ是ナリ蓋斯カル物ハ縦令一般ノ標準ヨリスレハ完璧ナルニモセヨ偶々此ノ具体的取引ヨリ之ヲ観ルトキハ是亦一ノ缺陥ヲ帯有スルモノニ外ナラサレハナリ」として、性質保証も瑕疵概念の一つとして位置づけられるとしている（大判昭和八年一月一四日民集一二巻一二号七一頁)。

2　法制審における議論

法制審議会民法(債権関係)部会における、債権法改正についての中間試案において、売買の瑕疵担保責任については次のような提案がなされた。

(1)　民法(債権関係)の改正に関する中間試案(平成二五年二月二六日決定)[33]

第三五　売買

：

三　売主の義務

(一)　売主は、財産権を買主に移転する義務を負うほか、売買の内容に従い、次に掲げる義務を負うものとする。

ア　買主に売買の目的物を引き渡す義務

イ　買主に、登記、登録その他の売買の内容である権利の移転を第三者に対抗するための要件を具備させる義務

(二)　売主が買主に引き渡すべき目的物は、種類、品質及び数量に関して、当該売買契約の趣旨に適合するものでなければならないものとする。

(三)　売主が買主に移転すべき権利は、当該売買契約の趣旨に適合しない他人の地上権、抵当権その他の権利による負担又は当該売買契約の趣旨に適合しない法令の制限がないものでなければならないものとする。

(四)　他人の権利を売買の内容としたとき(権利の一部が他人に属するときを含む。)は、売主は、その権利を取得して買主に移転する義務を負うものとする。

(注)　上記(二)については、民法第五七〇条の「瑕疵」という文言を維持して表現するという考え方がある。

四　目的物が契約の趣旨に適合しない場合の売主の責任
民法第五六五条及び第五七〇条本文の規律（代金減額請求・期間制限に関するものを除く。）を次のように改めるものとする。
（一）　引き渡された目的物が前記三（二）に違反して契約の趣旨に適合しないものであるときは、買主は、その内容に応じて、売主に対し、目的物の修補、不足分の引渡し又は代替物の引渡しによる履行の追完を請求することができるものとする。ただし、その権利につき履行請求権の限界事由があるときは、この限りでないものとする。
（二）　引き渡された目的物が前記三（二）に違反して契約の趣旨に適合しないものであるときは、買主は、売主に対し、債務不履行の一般原則に従って、その不履行による損害の賠償を請求し、又はその不履行による契約の解除をすることができるものとする。
（三）　売主の提供する履行の追完の方法が買主の請求する方法と異なる場合には、売主の提供する方法が契約の趣旨に適合し、かつ、買主に不相当な負担を課するものでないときに限り、履行の追完は、売主が提供する方法によるものとする。
五　目的物が契約の趣旨に適合しない場合における買主の代金減額請求権
前記四（民法第五六五条・第五七〇条関係）に、次のような規律を付け加えるものとする。
（一）　引き渡された目的物が前記三（二）に違反して契約の趣旨に適合しないものである場合において、買主が相当の期間を定めて履行の追完の催告をし、売主がその期間内に履行の追完をしないときは、買主は、意思表示により、その不適合の程度に応じて代金の減額を請求することができるものとする。
（二）　次に掲げる場合には、上記（一）の催告を要しないものとする。
ア　履行の追完を請求する権利につき、履行請求権の限界事由があるとき。
イ　売主が履行の追完をする意思がない旨を表示したことその他の事由により、売主が履行の追完をする見込みがないことが明白であるとき。
（三）　上記（一）の意思表示は、履行の追完を請求する権利（履行の追完に代わる損害の賠償を請求する権利を含む。）及び契約の解除をする権利を放棄する旨の意思表示と同時にしなければ、その効力を生じないものとする。

売主の義務について、本文(二)は、売主が引き渡すべき目的物が種類、数量及び品質に関して、当該売買契約の趣旨に適合したものでなければならない旨を明記することにより、民法第五六五条(数量不足及び一部滅失)及び第五七〇条(隠れた瑕疵)の適用場面をカバーするが、同条の「隠れた」という要件は設けないものとしている。なぜなら、「隠れた」とは、瑕疵の存在についての買主の善意無過失を意味するとされてきたが、売主が引き渡した目的物が契約に適合しないにもかかわらず買主に過失があることのみをもって救済を一律に否定することは適切ではなく、むしろ、目的物に存する欠陥等がどこまで売買契約に織り込まれていたかを契約の趣旨を踏まえて判断すべきであるとの考慮に基づく。このように、引き渡された目的物が契約の趣旨に適合しないことは、売主の債務不履行を構成する。(34)

そして、売主の責任については、本文(一)第一文は、売買の目的物が契約の趣旨に適合しないものである場合に、目的物の欠陥か数量不足かといった契約不適合の内容に応じて、その修補を請求し、又は代替物若しくは不足分の引渡しを請求することができる(履行の追完を請求する権利を有する)。修補と代替物等の引渡しのいずれもが想定される場合に、いずれを請求するかは買主の選択に委ねられる。そして、本文(二)は、売主が引き渡した目的物が前記三(二)に違反して契約の趣旨に適合しないものである場合に、債務不履行の一般原則に従って、債務不履行による損害賠償の請求をし、又は債務不履行による契約の解除ができるとしている。また、本文(三)は、買主の選択する履行の追完の方法と売主が提供する追完の方法とが異なるときは、売主の提供する追完の方法が契約の趣旨に適合し、かつ買主に不相当な負担を課すものでないときに限り、履行の追完は、売主が提供した方法によるとする。(35)

さらに、本文(一)は、引き渡された目的物が契約に適合しない場合における買主の救済手段として、その不適合の程度に応じて代金の減額を請求する権利(代金減額請求権)を設ける。この権利は、履行の追完を請求する権利につき履行請求権の限界事由がある場合や、債務不履行による損害賠償につき免責事由がある場合であっても行使することができる点に存在意義がある。代金減額請求権は形成権であり、訴訟外における買主の一方的な意思表示で効力が生ずると説明されている。(36)

(2) 民法(債権関係)の改正に関する要綱(平成二七年二月二四日決定)(37)

第三〇　売買

：

二　売主の義務

売主の義務について、次のような規律を設けるものとする。

(一)　他人の権利(権利の一部が他人に属する場合におけるその権利の一部を含む。)を売買の目的としたときは、売主は、その権利を取得して買主に移転する義務を負う。

(二)　売主は、買主に対し、登記、登録その他の売買の目的である権利の移転についての対抗要件を備えさせる義務を負う。

三　売主の追完義務

売主の追完義務について、次のような規律を設けるものとする。

(一)　引き渡された目的物が種類、品質又は数量に関して契約の内容に適合しないものであるときは、買主は、売主に対し、目的物の修補、代替物の引渡し又は不足分の引渡しによる履行の追完を請求することができる。ただし、売主は、買主に不相当な負担を課するものでないときは、買主が請求した方法と異なる方法による履行の追完をすることができる。

(二)　(一)の不適合が買主の責めに帰すべき事由によるものであるときは、買主は、(一)の規定による履行の追完の請求をすることができない。
四　買主の代金減額請求権
買主の代金減額請求権について、民法第五六五条（同法第五六三条第一項の準用）の規律を次のように改めるものとする。
(一)　三(一)本文に規定する場合において、買主が相当の期間を定めて履行の追完の催告をし、その期間内に履行の追完がないときは、買主は、その不適合の程度に応じて代金の減額を請求することができる。
(二)　(一)の規定にかかわらず、次に掲げる場合には、買主は、(一)の催告をすることなく、直ちに代金の減額を請求することができる。
ア　履行の追完が不能であるとき。
イ　売主が履行の追完を拒絶する意思を明確に表示したとき。
ウ　契約の性質又は当事者の意思表示により、特定の日時又は一定の期間内に履行をしなければ契約をした目的を達することができない場合において、売主が履行をしないでその時期を経過したとき。
エ　アからウまでに掲げる場合のほか、買主が(一)の催告をしても履行の追完を受ける見込みがないことが明らかであるとき。
(三)　(一)の不適合が買主の責めに帰すべき事由によるものであるときは、買主は、(一)及び(二)の規定による代金の減額の請求をすることができない。
五　損害賠償の請求及び契約の解除
損害賠償の請求及び契約の解除について、民法第五六五条（同法第五六三条第二項及び第三項の準用）及び第五七〇条本文（同法第五六六条第一項の準用）の規律を次のように改めるものとする。

三及び四の規定は、第一一の一及び二の規定による損害賠償の請求並びに第一二の一から三までの規定による解除権の行使を妨げない。

民法（債権関係）の改正に関する要綱においても、「瑕疵」という文言を「契約不適合」に改め、不適合の効果として、追完請求権・代金減額請求権が与えられ、さらにこれらの権利は、債務不履行に基づく損害賠償請求および解除を妨げない、というように、より履行請求権を中心とした債務不履行責任との整合性を意識した形での立法がなされている。

ただし、中間試案では立法化が提案されていた、「売主の契約の趣旨の適合した目的物の給付義務」については、法制審議会民法（債権関係）部会第九六回会議（平成二六年八月二六日開催）において提案された、「民法（債権関係）の改正に関する要綱仮案（案）」[38]の段階で、従前の「売主の契約の趣旨の適合した目的物の給付義務」の明文化の提案は、「いわゆる契約責任説の立場から、売主には契約の内容に適合した物や権利の移転義務があることを明示するものであった。しかし、「三　売主の追完義務」において、特定物売買だとしても、引き渡された目的物が種類、品質又は数量に関して契約の内容に適合しないものであるときは、売主には修補義務があること等を明記していることから、従前の案における上記規定はこれと重複している旨の指摘がある。そこで、これらは取り上げないこととした」として、立法化が見送られている[39]。この要綱の文言は、平成二七年三月三一日付けで第一八九回通常国会に提出された「民法の一部を改正する法律案[40]」においても維持されている。

四　日本法における損害賠償の範囲

1　相当因果関係説

中田裕康教授によれば、我が国のかつての通説は、ドイツの学説を継受し、損害賠償の範囲は債務不履行との「相当因果関係」で定まるとする。すなわち、民法四一六条は、一項及び二項を合して相当因果関係説を採用したものであり、一項は、相当因果関係の原則を立言し、二項は、その基礎とすべき特別の事情の範囲を示すとする。判例も、四一六条が相当因果関係の範囲を示すという立場である（大連判大正一五年五月二二日民集五巻六号三八六頁(41)）。

2　法制審における議論

法制審議会民法（債権関係）部会における、債権法改正についての中間試案において、損害賠償の範囲については次のような提案がなされた。

(1)　民法（債権関係）の改正に関する中間試案（平成二五年二月二六日決定）(42)

第一〇　債務不履行による損害賠償
：
六　契約による債務の不履行における損害賠償の範囲（民法第四一六条関係）
民法第四一六条の規律を次のように改めるものとする。
（一）　契約による債務の不履行に対する損害賠償の請求は、当該不履行によって生じた損害のうち、次に掲げるものの賠償をさせることをその目的とするものとする。
ア　通常生ずべき損害
イ　その他、当該不履行の時に、当該不履行から生ずべき結果として債務者が予見し、又は契約の趣旨に照らして予見すべきであった損害
（二）　上記（一）に掲げる損害が、債務者が契約を締結した後に初めて当該不履行から生ずべき結果として予見し、又は

予見すべきものとなったものである場合において、債務者がその損害を回避するために当該契約の趣旨に照らして相当と認められる措置を講じたときは、債務者は、その損害を賠償する責任を負わないものとする。

（注一）　上記（一）アの通常生ずべき損害という要件を削除するという考え方がある。

（注二）　上記（一）イについては、民法第四一六条第二項を基本的に維持した上で、同項の「予見」の主体が債務者であり、「予見」の基準時が不履行の時であることのみを明記するという考え方がある。

中間試案では、本文（一）において、債務不履行による損害賠償の範囲を定める民法第四一六条について、同条第一項の文言を基本的に維持している。本文（一）アは、民法第四一六条第一項の「通常生ずべき損害」を維持している。本文（一）イでは、民法第四一六条第二項につき、①「予見」の対象を「損害」に改める。②当該損害が賠償の対象となるための要件である「予見」が、当該損害につき当該不履行から生じる蓋然性についての評価を含む概念であることを明確にするために「当該不履行から生ずべき結果」という表現を用いている。③民法第四一六条第二項における予見の主体と基準時について、判例・通説は、予見の主体は債務者で、予見可能か否かの基準時は不履行時と解している（大判大正七年八月二七日民録二四輯一六五八頁）ことを踏まえ、この判例法理を条文に明記することにより、規定内容の明確化を図っている。④民法第四一六条第二項の「予見することができた」という文言については、ここにいう予見可能性とは、ある損害が契約をめぐる諸事情に照らして賠償されるべきか否かを判断するための規範的な概念であることを法文上明確にする必要から、「予見すべきであった」に改めている。⑤このような賠償範囲の確定は、契約の趣旨に照らして評価判断されるべきであると考えられることから、本文（一）イに「当該契約の趣旨」（その意義につき、前記第八、一参照）という判断基準を明示している。[43]

(2) 民法(債権関係)の改正に関する要綱

第一一　債務不履行による損害賠償
：
六　損害賠償の範囲(民法第四一六条関係)
民法第四一六条の規律を次のように改めるものとする。
(一)　債務の不履行に対する損害賠償の請求は、これによって通常生ずべき損害の賠償をさせることをその目的とする。(民法第四一六条第一項と同文)
(二)　特別の事情によって生じた損害であっても、当事者がその事情を予見すべきであったときは、債権者は、その賠償を請求することができる。

このように、中間試案の段階では、特別損害については「債務者が予見し、又は契約の趣旨に照らして予見すべき」という文言になっていたが、結局、要綱では、「契約の趣旨に照らして」という文言は落ち、現行の「予見することができた」を「予見すべきであった」という規範的評価を表す表現に修正するにとどまった(44)。この要綱の文言は、平成二七年三月三一日付けで第一八九回通常国会に提出された「民法の一部を改正する法律案(45)」においても維持されている。

五　小括

本件と同様の問題が、日本で生じた場合には、日本法においても、ヴァーチュ判決と同様に、携帯電話の真正が契約の内容となっていたかどうかが問題となろう。本判決は、スタート価格が一ユーロであったということは、目的物のオリジナル性が合意の内容であることを否定するわけではないとするが、おそらく、日本法では、スタート価格が一ユーロ（約一〇〇円）で、かつ、二万四〇〇〇ユーロ（約二四〇万円）の価値を持つ物を、七八二ユーロ（約七万八二〇〇円）で落札できたとしても、当事者の合理的意思解釈として、「本件携帯電話の引き渡し」を超えて、「二四〇万円の価値を持つ携帯電話の引き渡し」義務まで合意した売買契約であるとは認定されにくいのではないかと考えられる。

損害賠償の範囲については、仮に、真正な携帯電話が売買目的物であると認定されれば、真正な携帯電話の価値と買主が支払った売買代金の差額は、いわゆる通常損害（履行利益）として、賠償範囲に入ることになると思われる。しかし、真正な携帯電話が契約内容でない場合には、不履行はないことになり、給付された携帯電話の価値が合意された代金を下回る場合でも、損害は生じないことになろう。ただし、給付された携帯電話の価値と代金額の差があまりに大きい場合には、逆に、売主の側の暴利行為性が問題となる可能性もある。

第六節　結びに代えて

ヴァーチュ事件はインターネットオークションという特殊な契約プラットフォームにおける、法律行為の有効性と瑕疵担保という古くて新しい問題を提起する。本件におけるＢＧＨの判断は、インターネットオークションの特殊性を十分に考慮したものであり、今後の同様の問題に関する日本法における解釈にとっても興味深い示唆に富んでいる。今後は、差戻審において、オリジナルの携帯電話という性質合意が成立していたか、その場合の損害賠償の範囲はどこまでかという点についてどのような判断がなされるのか注目される。(46) また、日本法においても、債権法改正の議論の行方とも相まって、インターネットオークションという特殊な契約プラットフォームにおける法律行為論及び契約責任論について、今後さらに検討を進めていく必要がある。

注

（1）ノキア傘下の富裕層向けの高級携帯電話ブランド。

（2）最高入札額は一種の予算枠のようなもので、最高入札額の枠内であれば、eBay が自動的に競ってくれるシステムである。すなわち、他に自分よりも高額の入札者がいなければ、二番目の入札額に一定の入札単位額(入札額によって決まる)を上乗せした価格が落札額となる。

（3）BGB二八〇条(義務違反に基づく損害賠償)

一．債務者が債権債務関係に基づく義務に違反した場合には、債権者はこれによって生じた損害の賠償を請求することができる。但し、債務者が義務違反について帰責されない場合にはこの限りではない。

…

三．債権者は、二八一条、二八二条、二八三条の要件も満たされる場合にのみ、給付に代わる損害賠償を請求することができる。

BGB二八一条

一．債務者が弁済期の到来した給付を履行せず、又は債務の本旨に適って履行しない場合は、債権者は、彼が債務者に給付又は追完給付のために相当期間を定めて催告したにもかかわらず、それを徒過したときは、二八〇条一項の要件のもとに、給付に代わる損害賠償を請求しうる。債務者が一部給付をした場合は、債権者は、彼が一部給付になんら利益を有しないときにのみ、全部の給付に代わる損害賠償を請求しうる。債務者が債務の本旨に適った給付をなさない場合は、債権者は、義務違反が重要でない場合、全部の給付に代わる損害賠償を請求しえない。

（4）BGB四三四条(物の瑕疵)

一．物が危険移転の際に合意された性質を有する場合は、その物には物の瑕疵はない。性質が合意されないかぎりで、以下のときには、物には物の瑕疵はない。
①物が契約で前提とされた使用に適しているとき、
②物が通常の使用に適し、かつ、同じ種類の物の場合には通常であり、買主が物の種類に従って期待することができる性質を示すとき。買主が、物の一定の性質に関するとくに宣伝またはラベリングの場合の売主、（製造物責任法四条［製造者］一項および二項所定の）製造者又はその補助者による公の表明により期待することができる性質も、前文二号による性質に属する。ただし、売主がその表明を知らず、かつ、それを知る必要がなかったとき、その表明が契約締結の時点で同等の方法で訂正されていたとき、又は、その表明が購入決定に影響を及ぼさなかったときには、このかぎりではない。
二　物の瑕疵は、売主又はその履行補助者による合意された取り付けが不適切に行われた場合にも、存在する。さらに、物の瑕疵は、取り付けの説明に瑕疵があるとき、取り付けのために定められた物に存在する。ただし、その物が間違いなく取り付けられるときには、このかぎりではない。
三　売主が他の物又は数量の少ないものを引き渡すとき、それは物の瑕疵と同じである。
（ライポルト『ドイツ民法総論』（円谷峻訳）四六八頁）

（5）　ＢＧＢ四四二条
一　契約締結時に買主が瑕疵を認識していた場合には、瑕疵に基づく買主の権利は排除される。買主が重過失により瑕疵を認識しなかったときは、売主が瑕疵を悪意で黙秘していたかもしくは目的物の性質（Beschaffenheit）について損害担保を引受けていた限りで、買主は瑕疵に基づく権利を主張しうる。
二　登記簿に登記された権利は、たとえ買主がそれについて悪意であったとしても、売主はそれを除去しなければならない。

（6）　ＢＧＢ一三八条
一　善良な風俗に違反する法律行為は、無効である。
二　とくに、ある者が他人の窮迫、無経験、判断能力の欠如又は意思の重大な薄弱に乗じて、自ら又は第三者に、給付と際だった不均衡にある財産的に有利な給付について約束又は保証させる法律行為は、無効である。
（ライポルト・前掲四五五頁）

（7）　鹿野菜穂子「ドイツの判例における良俗違反」椿・伊藤編『公序良俗違反の研究』（日本評論社、一九九五）一四二頁以下。大村敦志『公序良俗と契約正義』（有斐閣、一九九五）二二七頁以下、ライポルト・前掲二七三頁以下も参照。

（8） http://lorenz.userweb.mwn.de/urteile/viiizr244_10.htm

（9） このような推定に対して、ローレンツ教授は、「このような推定は、気づかないうちに、ドイツ法には存在していない「laesio enormis（暴利行為）」（給付と反対給付が客観的に不均衡である場合には自動的に契約が無効になる）の導入に至ってはならない」という（http://lorenz.userweb.mwn.de/urteile/viiizr244_10.htm）。

（10） http://lorenz.userweb.mwn.de/urteile/viiizr244_10.htm

（11） Sarah Eickelmann, Zur Anwendbarkeit der Vermutung der verwerflichen Gesinnung, JURA 2011, 451, 453.

（12） Ulrich Kulke, Sittenwidrigkeit und Beschaffenheitsvereinbarungen bei Internetauktionen, NJW 2012, 2697.

（13） 山本豊「契約の内容規制（その一）―暴利行為論」法教三三八号一〇〇頁。

（14） 大村・前掲三〇頁以下。

（15） 山本敬三『公序良俗論の再構成』（有斐閣、二〇〇〇）一六三頁以下。

（16） 商事法務編『民法（債権関係）の改正に関する中間試案（概要付き）』別冊ＮＢＬ一四三号一頁以下。

（17） 前掲・別冊ＮＢＬ一四三号一頁以下。

（18） 「部会資料八二-一」一頁。

（19） 「部会資料八二-二」一頁。

（20） 東京地裁平成二一年一二月四日（判タ一三三二号一四九頁）。

（21） もっとも、インターネットオークションと同様に、ネットトレーディングも、常にそのような儲けのチャンスを狙っているものであるから、たまたまそれをつかんだ者をことさら非難することはできないという考え方もあろう。

（22） ドイツにおける性質合意については、前章第四節を参照。

（23） ＢＧＢ三一一ａ条（契約締結の際の給付障害）

一．契約の有効性は、債務者が二七五条（給付義務の排除）一項ないし三項により給付をする必要がないこと、給付障害事由がすでに契約締結の際に存することで妨げられない。

二．債権者は、その選択に従い、給付に代わる損害賠償又は二八四条（無駄になった出資の賠償）に定められた範囲においてその出費の賠償を請求することができる。このことは、債務者が契約締結の際に給付障害事由を知らなかったか、又は、それを知らなかったことについて責めがないときには、あてはまらない。二八一条（給付が提供しきれなかったか又は負担したようには提供されないことによる給付に代わる損害賠償）一項二文及び三文並びに五項は準用される。

（ライポルト・前掲四六四頁）

(24) ＢＧＢ三一一条（法律行為上及び法律行為類似の行為上の債務関係）

一．法律行為による債務関係の設定並びに債務関係の内容変更のためには、法律が別段の定めをしないかぎり、当事者間の契約が必要である。

二．二四一条（債務関係に基づく諸義務）二項による義務を伴う債務関係は、以下によっても生じる。

①契約交渉の着手、

②交渉当事者の一方が何らかの法律行為的な関係を考慮して、相手方に対し同人の権利、法益及び利益への影響可能性を与えたこと、又は、同人にその可能性を委ねる契約締結の用意、又は、

③法律行為に類似する接触、

によって生じる。

三．二四一条（債務関係に基づく諸義務）二項に基づいた義務を伴う債務関係は、自らは契約当事者とはならない者に対しても生じる。そのような債務関係は、とくに、第三者が、特別な程度に自らへの信頼を求め、それにより契約交渉又は契約締結が重大に影響を受けるときに生じる。

（ライポルト・前掲四六三頁以下）

(25) http://lorenz.userweb.mwn.de/urteile/viiizr244_10.htm

(26) Tohmas Hoeren, Entscheidungsrezension zum BGH. Urt. v. 28. 3. 2012, EWiR 2012, 471.

(27) Kulke, a. a. O., NJW 2012, 2697, 2699.

(28) Kulke, a. a. O., NJW 2012, 2697, 2699.

(29) Kulke, a. a. O., NJW 2012, 2697, 2699 f.

(30) Kulke, a. a. O., NJW 2012, 2697, 2700.

(31) Kulke, a. a. O., NJW 2012, 2697, 2700.
(32) 我妻栄『債権各論　中巻二』(岩波書店、一九五七)二八八頁。
(33) 前掲・別冊NBL一四三号一三七頁以下。
(34) 前掲・別冊NBL一四三号一三八頁以下。
(35) 前掲・別冊NBL一四三号一三九頁以下。
(36) 前掲・別冊NBL一四三号一四〇頁以下。
(37) 「民法(債権関係)の改正に関する要綱」NBL一〇四五号四七頁以下。
(38) 「部会資料八三-一」四八頁以下。
(39) 「部会資料八三-二」四二頁以下。
(40) 商事法務編『民法(債権関係)改正法案新旧対照条文』一五二頁以下。
(41) 中田裕康『債権総論　新版』(岩波書店、二〇一一)一六〇頁。
(42) 前掲・別冊NBL一四三号四二頁以下。
(43) 前掲・別冊NBL一四三号四二頁以下。
(44) 前掲・NBL一〇四五号二八頁以下。
(45) 前掲・新旧対照条文九二頁。
(46) 差戻審では、BGHの判決を受けて、本件売買契約の暴利行為性については否定したが、性質合意の成立という点については、BGHによって示唆された、被告(売主)は明確に「ヴァーチュ愛好家」に向けて出品していたこと、eBayの約款では、レプリカやコピー商品の出品は明確に禁止されていること、などの性質合意の成立に有利な事情と、それ以外の事情、特に、本件携帯電話は他の携帯電話とともに被告自らが競落したもので、正規取扱店から購入したものではないこと、それゆえに取扱説明書もなく、また高級品の場合には通常はあり得ない型式番号の表示もないこと、などの性質合意の成立に不利な事情を比較検討し、さらに被告が出品の際に添付した写真には本件携帯電話の型番は写っていなかったこと、などの事情から、本件契約においては、目的物はオリジナルのヴァーチュブランドの携帯電話であるという性質合意は存在していなかったと結論付けた。それゆえ、原告には、一般給付障害法によっても、瑕疵担保責任によっても、損害賠償請求権を根拠づけることはできないとして、原告の控訴を棄却した。なお、本件差戻審判決に対しては、原告が必要な上告手続きを取らなかったため、再度の上告は許可されなかった(OLG Saarbrücken, Urteil vom 30.08.2012 – 8 U 472/09 – 122, BeckRS 2013, 17180)。

第四章　企業買収契約を巡る問題

ドイツにおける二〇〇二年の債権法の改正において、売主が損害担保を引き受けた場合に免責・責任制限を許さない旨を定める規定（新ＢＧＢ四四四条）が新設された。しかし、ドイツでは、この規定が、これまでの企業買収実務に大きな影響を与えることが特に懸念された。(1) 本章では、まずこれまでの企業買収実務と売買法の関係についての問題点について概観し、その後、新四四四条の与える影響について検討する。

第一節　これまでの問題状況

そもそも、二〇〇二年一月一日に施行されたドイツの債権法の改正は、とりわけ、ドイツ法は国際取引における契約規範として「極めて評判が悪い」という（正当な）認識に基づいて行われた。――前々世紀に成立した――ドイツの民法規範は、確かに、ドイツ国内においてはきわめて定評があるが、国際的、特に、英米市場の慣行および要求に答えることはできなかった。(2) そして、瑕疵担保責任法もまた、企業買収契約にとってはきわめて不十分であるというのがこれまで実務の認識であった。すなわち、企業買収の形態によって適用される条文が異なっていた。会社の資産の売買（Asset-Deal）は「物」の売買であるとして旧ＢＧＢ四五九条以下の物の瑕疵担保責任の規定が適用された。これに対して、会社の持分の売買(Share-Deal)は「権利」の売買であるとして、旧ＢＧＢ四三三条以下の権利の瑕疵担保責任規定の対象となった。しかし、企業の持分の全部または大部分(少なくとも七五%以上)が買収されて企業の経営の実質的な支配権を得る場合には物的瑕疵担保責任の対象となる、などかなり複雑であった。(3) さらに、債権法改正によって除去されることが望まれていた、これまでの企業買収の際の瑕疵担保法システムの不十分さは、主として、次のような点にも存していた。すなわち、通説によれば瑕疵に基づく請求権は、あるべき性質との相違が企業の価値あるいは企業の適性に全体として影響を与えた場合にのみ考慮されるという点である(全体としての重大性の理論)。貸借対照表についての正しくない言明は物の瑕疵を構成しなかった。企業の個別的な客体あるいは項目の瑕疵が企業の収益に持続的に悪影響を与える場合、すなわち、その経済上の基礎にダメージを与える場合にのみ、瑕疵担保法が適用され得た。瑕疵担保責任から導かれる解除や代金減額(Wandlung und Minderung)は、企業買収の際には問題が多く、実務上も全く用いられなかった。これに対して、損害賠償請求権は、保証された性質の欠如の場合にのみ主張され得た。判例は、売買目的物の性質についての誤った言明に基づく契約交渉の際の過失に基づく損害賠償請求権は、瑕疵担保責任規定によって排除されていると見なしていたのに対して、企業買収の際の売上高や貸借対照表の要素についての誤った言明の場合には、そのような請求を認めていた。なぜなら、判例はそのような事実を企業の性質とは扱っていなかったからである。そして、判例によって、旧瑕疵担保規定の適用領域が狭く限定されたことは、契約締結上の過失の原則を再び見直す余地を開いた。契約締結上の過失に基づく請求は、それゆえ、たとえば、(i)貸借対照表に引当金の計上を怠る、(ii)企業の債務の不完全な帳簿記載、(iii)誤った売り上げおよび収益についての言明、等の場合に生じ得た。そして、時効の面についても、契約締結上の過失には三〇年の消滅時効が適用されたのに対して(ＢＧＢ一九五条)、売買法上の瑕疵には、六ヶ月という短期消滅時効のみが適用された(旧BGB四七七条)。従来の瑕疵担保法システムのこのような不十分さが、M&A実務をして、瑕疵担保法システムを通常は排除し、私的自治の原則から契約上瑕疵担保-責任法体系を独立的損害担保とその責任の効果(旧BGB三〇五条)により作り上げるという方向に走らせた。[4]

トリーベル/ヘルツレによれば、企業買収契約における典型的な損害担保約束は、①性質保証(売主損害担保約束)、②法律効果の合意、③そのほかの売主の責任の排除、④時効規定という要素から構成されるという。[5] このような損害担保約束は、企業買収契約の契約時から譲渡期日までに生じる不利な変化のリスクを限定し、それゆえ、買主にとって売買代金の決定要素ともなるという。より具体的には次のような例を挙げる。[6]

不確実性の損害担保	不利な変化のリスクを買主にとって不利にならないようにすることを売主が性質保証する。
貸借対照表の損害担保	貸借対照表の損害担保の言明の際には、売主は通常、年度末決算の正しさ、および決算書類の作成の際の規則どおりの簿記の原則の遵守を表示する。この場合、限定的損害担保と無条件の損害担保が区別されなければならない。限定的損害担保は規則どおりの簿記の原則の遵守(GoB)を性質保証する。無条件の損害担保は、具体的な支払い能力についての責任を基礎づける。この損害担保は規則どおりの簿記の性質保証と共に、貸借対照表連続性の原則にしたがい多くの貸借対照表が作成されていることの保証も含む。
自己資本の損害担保	自己資本の損害担保は特定の時点において一定額の自己資本が存在していることの契約上の約束である。
資産の損害担保	企業体の設備、持ち分の種類および立地条件、企業に対する関係、並びに資産および人員の

	状態に関係する。それには、部分的に決算には現れないが、経済的な意味を有するその他の法律関係についての言明も含まれる。これは例えばライセンス契約、競業禁止、処分権の制限の不存在などである。
将来の状況についての約束	売主は、譲渡期日までに一定の関係――例えば、採算の取れない企業部門の閉鎖――を行わなければならないということについて責任を負う。

第二節　新四四四条の実務に対するインパクト

以上のように旧法下での企業買収実務は複雑であると同時に損害担保を用いることで柔軟に対応することもできた。しかし、新ＢＧＢはこの柔軟性を奪い去ってしまった。すなわち、今回の改正によって新たにＢＧＢに導入された四四四条後段は、売主が損害担保を引き受けていた場合には、責任制限もしくは免責についての合意を援用できないと定めている。これによると、企業買収契約の際に売主が企業の状態について、もし損害担保を引き受けると、損害担保に基づく責任を負わなければならないだけでなく、四三七条以下の法定の瑕疵担保責任を制限又は排除することも不可能となる。[7]

この点についていち早く問題提起を行ったのがヴェストファーレンであった。彼は、新四四四条のもとでは「企業買収も念頭に置かれ、そこで無数に生起している『損害担保』、すなわち、法律関係、貸借対照項目、そして法律家、公認会計士の幻想に起因するその他すべてのことについて買主が売主に無条件で求める『損害担保』、が取り上げられる。その際、新ＢＧＢ四四四条は、責任の制限およびその免責に対しても宣戦を布告するということは、当然の帰結である。なぜなら、企業買収はドイツ売買法の支配下にあるからである」として企業買収契約も無条件に新四四四条の適用を受けることを指摘した。(8)

ヴェストファーレンの指摘を受けて、実務及び学説からは四四四条に対する多数の非難が起こった。(9)「その年のワーストワード(10)」、「責任制限にとっての致命的打撃(11)」、「船頭なしに見知らぬ海を渡っているような契約実務(12)」などと表現された。(13)

具体的には、たとえば、ヒルガルト／クラーイファンガーは、四四四条の法律効果はまさに企業買収の法律関係において売主にとっては完全に受け入れられないものであるという。契約違反の場合に正しくない損害担保が存在していたなら、買主は契約を解消でき――おそらく何年か後に――彼にその企業を「返還する」ことができるという考えは全ての企業の売主にとって悪夢であるという。損害担保を与えるということが企業の返還の可能性を買主に開くということを意味するのであれば、一般的に待ち望まれている企業買収の波は急速に砕け散ってしまうであろう。なぜならそのような予測不可能な結果に関わり合う売主などまずいないからであるという。実際、二〇〇二年一月一日以降、損害担保として解釈されることがほぼ確実な契約上の任意の責任負担義務を引き受けることを、解除のリスクを避けるために、売主が拒否しているという若干の事例を彼らは知っているという。利害関係を有している買主は、企業を「現状有姿」で買うつもりはなく、それがために、企業買収が成立しないということはあり得ないことではないという。彼らは「四四四条後段の誤解を招く規定による国民経済上の損失は莫大なものとなりうる」として問題の重大性を指摘する。(14)

第三節　学説の反応

企業買収契約における四四四条の問題を解決するために様々な解釈論が提起された。これらの学説は大きく分けて二つの立場に分かれる。

一　完全適用説

第一の立場は、四四四条の文言に忠実に、売主が損害担保を与えた以上はもはや彼はその責任を制限又は排除することは不可能であり、それゆえ今後は実務において「損害担保」を契約に用いることを避け、代わりに「性質合意」を与えることで責任負担のリスクを適切に軽減することを図るべきであるとする。

この立場の主唱者であるヴェストファーレンは、四四四条によれば、売主には——個別契約のレベルにおいて——本条の意味における「損害担保」の不達成による責任を制限あるいは排除することは、無条件で禁止される。すなわち、売主は、彼によって約束された「損害担保」の不履行の結果生じた二四九条以下の全損害賠償の危険を引き受けなければならない。これは、非常に重要かつ基本的な負担である、とする。(15) 彼の見解によれば、損害担保を引き受けた売主の責任を時間的、金額的に制限することも許されないことになろう。それゆえ、今後の実務においては、「単に『損害担保』あるいは『性質保証』という概念から離れて、『性質合意』を厳密に引き受けることが必要である。その不履行の場合には、当事者は、損害賠償責任を瑕疵担保責任の枠内に限定した形で権利行使を行う」ことになると述べる。(16)

二　制限的適用説

これに対して第二の立場は、企業買収の際に企業の買主に対して損害担保を与えることは今後も不可欠であるとの認識から、何らかの形で四四四条を限定的に解釈する方途を探る(17)。

たとえば、ヒルガルト／クラーイファンガーは、四四四条後段は性質損害担保についての法定の瑕疵担保責任を排除することを禁じており、この規定は強行規定であることを認める。しかし、その改正作業の過程の検証から、四四三条一項及び四四四条後段はその同一の文言にもかかわらず、異なった損害担保の類型を規定していると解する。つまり、四四四条後段の損害担保は四四三条の損害担保ではないという(18)。そうすると、企業買収契約において従来通り独立的損害担保を与えることは何らの問題もないという。すなわち、四四三条の独立的損害担保を与える者がその責任を制限したとしても、それは四四四条の問題ではないことになる。彼は契約実務に対して次のような契約書式を提案する。「ここで与えられた損害担保の全てについて最終的に三一一条一項の独立的損害担保約束として扱われる。四四四条後段の性質言明についての損害担保は与えられない(19)」。

また、カナーリスは、四四四条に損害担保を取り入れたことの本当の目的は、AGBG一一条一一号の規律を新BGBの中に引き継ぎ、それによってその規律を個別合意にも拡大することにあるとする。このAGBG一一条一一号の背後には、約款使用者が、性質保証によって顧客に「右手で」与えた請求権を、約款によって「左手で」再び奪い去ることは、自己矛盾行為禁止の原則あるいは不明確条項禁止の原則に抵触するという思想が存する。それゆえ、改正作業の過程からも明らかなように、四四四条の規律する損害担保を引き受けることは強制されるわけではないから、制限が不明確な方法で定められない限りで、損害担保を引き受けた場合であっても、制限する可能性は認めなければならないとする。すなわち、損害担保が当初から制限された内容でもって引き受けられている場合には、四四四条は適用されないという。[20]

また、四四四条の損害担保には独立的損害担保も含まれると解するファウストも、四四四条の趣旨は、損害担保の責任制限を無効にするためのものではなく、「単に、明確ではない場合（損害担保と責任制限が併存している場合）には損害担保が責任制限に優先するという内容の解釈規定である」と解する。[21]

以上のように、四四四条を何らかの形で限定的に解釈する方向が実務及び学説においては支配的であると言える。[22]しかし、これに対しては第一の立場のヴェストファーレンのように四四四条の文言に忠実に限定的解釈を否定する有力説も存する。

第四節　連邦司法省の二つの文書

以上のような学説の混乱にさらに拍車をかけたのが、二〇〇二年二月一三日付と二〇〇三年一月一〇日付で連邦司法省から出された文書の存在であった。前者は、連邦弁護士協会からの意見照会に対して連邦司法省参事官のシュミット-レンチュが回答したものであり、後者は連邦商工会議所からの意見照会に対して連邦司法省局長のシュタインが回答したものである。特徴的であるのは両者で結論が全く異なっていたことである。

一　二〇〇二年二月一三日付のシュミット-レンチュの文書

この文書で彼は、新四四四条の問題について、売主が特定の性質について損害担保を引受けた場合には、もはやその責任を限定することはできないことを定めた新四四四条を実務は前提にしなければならないとする。そのうえで新四四四条は従来の企業買収契約実務に修正を強いるものではないという主張に対して次の三つの理由を挙げて批判する。①四四四条の制限的解釈を主張する見解に対しては、文言からも起草過程からも支持し得ない。②責任の金額的な限定は四四四条に抵触しないという見解についても、以前はそのように考えていたが[23]、現在では文言と調和しないのではという疑いを持っている。③独立的損害担保を推奨する説に対しても、その独立的損害担保を制限することはまさに四四四条に抵触する。結局、彼は、「金額的な限定を行いたい場合には、今後は性質損害担保をさけるべきである。そのかわり、新四三四条一項一文の性質合意を行うべきである」との提案を行う[24]。このように、シュミット-レンチュの見解は、先に見た第一の立場、特にヴェストファーレンの見解に非常に近いと言える。

以上の見解に対しては、激しい批判が出された。その理由は、性質合意の場合には、合意された性質の不存在は、相当期間を定め、その期間の経過後に初めて、しかも、売主に過失がある場合に限り、買主に損害賠償を根拠づける。それに対し、過失とは無関係の責任負担義務を指向している独立的損害担保はそのような事態を避けうる。さらに連邦司法省の上述のような解釈は、一般的な国際的M＆A実務とも抵触する。国際的M＆A実務では、そのような過失とは無関係の責任は必須である。なぜなら、そのような過失を証明できる売主も買主も存在しないからである[25]。

そうこうするうちに、学説内においても、独立的損害担保は法定の瑕疵担保責任体系の枠外で合意されるので、BGB四四四条の射程外であり、四四四条の適用を受けないという見解が支配的となっていった。明らかにこれらの批判を意識して、連邦司法省は、新しい意見表明において、以前の意見表明とは正反対の見解を採用するに至ったようである。(26)

二　二〇〇三年一月一〇日付のシュタインの文書

シュタインの文書では、先のシュミット-レンチュの見解とは異なり、「四四四条は適切な解釈をすれば、これまでの契約実務と矛盾しない」とする。本文書は「四四四条の趣旨および目的は、AGBG一一条一一号に対応して、矛盾行為、すなわち、当初引き受けていた損害担保を事後的に不意打ち的に不透明な方法で排除もしくは制限することを回避するということ」にのみ存するとする。逆に「損害担保の範囲および内容が当初から制限されていた場合には、後に裏切られうる信頼の要素が全く与えられておらず、四四四条は規定の趣旨および目的に従いそのような損害担保」と抵触しないとする。この限りで、結局、四四四条は自己矛盾行為禁止の原則を具現化したものであるとする。「売主がそのような損害担保を与えていた限りにおいてのみ（soweit）――四四四条の「wenn」はこのような意味で読まれなければならない――（それは契約の解釈の問題である）、売主が責任制限を再び援用することは禁じられる」。以上の考察をもとに、最終的に、「引き受けられた独立的損害担保又は従属的損害担保が合意された責任範囲を明確にし、契約の他の箇所で不意打ち的あるいは不透明に制限されない場合には、四四四条は責任制限と矛盾しないということが結論として確認されなければならない」とする。(27)この立場は先に見た、第二の立場、特にカナーリスらの見解に非常に近いものである。(28)

このように同じ連邦司法省の担当者が回答した文書でありながら、両文書は全く結論を異にしている。しかし、この後に出された「ＢＧＢ四四四条についての連邦司法省の見解」では、後者の文書の立場が連邦司法省の公式見解として公表されている。(29)

このように様々な説が出される中で、実務家の中には、企業買収における独立的な損害担保約束の制限は可能であるという解釈が判例において確立するまでは、この問題に対する法的不安定性は完全には除去されないことから、契約実務において損害担保を与えないという形でリスクを回避すべきであり、損害担保の代替物として性質合意を用いるのが無難であるという提案もなされている。(30)

さらにファウストなどは、四四四条後段は失敗に終わった規定であり、その文言は起草者の意図を大きく超えてしまったとして、やはり、起草者による明確化、すなわち四四四条における「あるいは目的物の性質(Beschaffenheit)についての損害担保を引き受けていた」という文言の削除が望ましかったとして四四四条の修正を求める。(31)このほかにも、ガステイヤー／ブランシャイドのように、企業買収契約における独立的損害担保は四四四条の適用範囲に入らないということを可能な限り明確にすることが、実務において法的安定性を回復するもっとも簡明で確実な方法であるとする論者も少なくない。(32)

第五節　ＣＤＵ／ＣＳＵによるＢＧＢ四四四条の修正提案

以上のような実務界からの改正要求を受けて、二〇〇三年六月三日、野党ＣＤＵ／ＣＳＵは「民法修正法案（企業買収の際の法的不安定性を除去するための法律）」（Entwurf eines Gesetzes zur Änderung des Bürgerlichen Gesetzbuchs（Gesetz zur Beseitigung der Rechtsunsicherheit beim Unternehmenskauf））を連邦議会に提出した。(33)

一　第四四四条を以下のように定める
「第四四四条　免責
瑕疵に基づく買主の権利を排除又は制限する合意を、売主は瑕疵を悪意で黙秘していた場合には援用することができない」。

二　第四七七条を以下のように改める
第二項の次に以下の項を挿入する
「(三)第四四三条の損害担保が買主の権利を基礎づける限りで、この権利は契約によって排除することができない」。
従来の第三項は第四項とする。

三　第三〇九条を以下のように改める
第三〇九条第八号の次に新しい項を付加する
「(c)(性質損害担保に対する責任の排除又は制限)
約款の使用者が性質について損害担保を引き受けていた限りで、売買又は請負の際の性質メルクマールの瑕疵に基づく契約当事者の給付に代わる損害賠償請求権を排除又は制限するような約款規定」。

法案の提案理由によると、この法案は、前述した企業買収の際の責任法システムの法的不安定性を除去するために提案された。提案理由は、四四四条による責任制限の禁止によって、事後的に企業買収契約を解除することも制限できなくなるが、これは企業買収実務において受け入れ難いことであり、国民経済上も好ましいものではないという。なぜなら、企業の売却は、しばしば、企業あるいは企業の一部およびそれに伴って職場をも救う最後のチャンスであるという。確かに連邦司法省はその意見表明によって、責任制限は依然として可能である旨を表明したが、そのような拘束力のない意見表明では法的不安定性を取り除くことはできず、それよりも本法案が提案しているように制限が可能であることを明確に文章化する方が意義が大きいとする。そして、ＥＵ消費者売買指令の基準はこの法案によっても満たされ、さらに、法文の明確化は、企業買収の領域におけるドイツ法が、国際的に後れを取らず、ヨーロッパ契約法の審議の際に模範的・指導的役割を果たすことに寄与するであろうと述べる。以前から、ドイツの売買法の不十分性は、企業買収契約がドイツにおいても、結局は、ほとんどアメリカ法の契約モデルに従って構想されるという事態を引き起こしていた。債権法改正法はこのような傾向にいっそう拍車をかけ、それどころか、この間、少なからぬ国際取引の関係者が、ドイツ売買法における法的不安定性ゆえに、企業買収契約において外国法の適用が合意されているということを指摘している。これはドイツの視点から見れば望ましいことではないとして、法改正の必要性を訴える。

以上の問題を解決するためにこの法案は、損害担保責任の制限あるいは排除の禁止を、従前はＡＧＢＧ一一条一一号に規定されていた状況に対応しているＥＵ指令と調和して、消費者売買の領域に限定し、さらに具体的に合意された損害担保の内容に限定する。瑕疵の悪意の黙秘に基づく責任の制限もしくは排除の禁止については従前の通りとする。(34)

これに対し、与党及び連邦司法省も四四四条が全く問題がなく修正の必要がないと考えていたわけではないが、野党の修正法案は起草者の意図を大きく越えるものであると批判する。連邦議会における本法案の第一読会において、ＳＰＤの議員であるランプレヒトも、四四四条の解釈を巡って、「法的不安定性が現に存するのであれば、我々はその点について議論するにやぶさかではない」と述べつつ、「しかし、野党の法案は、四四四条を消費者売買に限定することで、それを大きく越え、四四四条をすべての売買契約および請負契約に適用させるつもりである起草者の意図に明確に反している」と野党の法案を批判する。(35) また、連邦司法省政務次官のハルテンバッハも、野党の提出したこの法案は、解釈問題を大きく越えているとして非難する。この法案は、批判のある文言「wenn」を「soweit」に置き換えるだけでなく、(36) 不明確で相反する形での損害担保の制限の禁止を消費者売買に限定する。このことは、消費者売買以外の場合、たとえば企業買収契約の場合に、不明確で相反する形での制限を無制限に認めるという帰結に至る。これはこれまでの判例および法実務の継続的形成を意図した起草者の意図に明確に反しているとする。(37)

しかし、実務家はこの法案に対して諸手をあげて賛成している。たとえば、ザイプト／ライヒェは、「法案によって提案されている新しい規定は無条件で歓迎されるべきである。なぜなら、法案は、企業買収および資産買収契約の領域において試みられている独立的損害担保約束を用いた責任体系の継続にとっての法的安定性をもたらすからである」と述べている。(38)

第六節　連邦司法省の修正提案

金融サービスの際の通信販売契約についての規定の改正法(Gesetz zur Änderung der Vorschriften über Fernabsatzverträge bei Finanzdienstleistungen)(39)

第一条　第六号
四四四条、六三九条においては、「wenn（場合は）」の文言を「soweit（限りで）」に置き換える。

ＣＤＵ／ＣＳＵ草案の審議中の二〇〇四年一月一四日に連邦司法省は、不正競争防止法（ＵＷＧ）の改正法案の中に、ＢＧＢ四四四条、六三九条の「wenn」を「soweit」に置き換えるという修正案を差し込んだ、いわば「便乗的」改正案を突如として法務委員会に提案した[40]。この修正は、ＢＧＢ四四四条、六三九条の「wenn」の文言は「soweit」の趣旨で読むべきであるという連邦司法省の従来からの見解に沿った提案である[41]。その後、連邦司法省は「便乗先」をＵＷＧから、金融サービスの際の通信販売契約についての規定の改正法案（Entwurf eines Gesetzes zur Änderung der Vorschriften über Fernabsatzverträge bei Finanzdienstleistungen（BT-Drucks. 15/2956））に「乗り換え」、その一条六号に、「ＢＧＢ四四四条と六三九条の、『wenn』の文言を各々『soweit』に置き換える」ことを提案した[42]。

法案の理由書によれば、まず冒頭で、「この修正は通信販売指令の国内法化には必要ない」と「便乗」的改正であることを断りつつ、法案の目的を「引き受けられた（独立的あるいは従属的）損害担保の合意された責任範囲が明確であり、契約の他の箇所で、不意打ち的あるいは不透明な方法で制限されない限りで、ＢＧＢ四四四条、六三九条は合意された責任制限と抵触しないということを明らかにする」点にあるとする[43]。その上で、現行のＢＧＢ四四四条はこれまでの企業買収実務と抵触するかのような誤解が時折なされるが、債権法改正の立法者はそのようなことを意図していたのではないとし、「この提案されている宣言的な明確化は、このような解釈問題について最後に残った疑問を一掃することに寄与する」と述べる[44]。四四四条の趣旨目的はもっぱら矛盾行為を回避することにあり、損害担保の内容および範囲が当初から限定されている場合には四四四条とは抵触しないという見解は、完全に支配的であるにもかかわらず、少数説によれば、法的不安定性はまだ残っているという。それゆえ、法的明確性を形成することを意図して、ＢＧＢ四四四条と六三九条の各々の「wenn」の文言を「soweit」に置き換えることが提案された。この提案によって、(1)要件の面で損害担保の種類および額を内容的に(例えば、損害担保に基づいて発生する請求権の責任額に関してあるいは時間的に)限定することが明確に許容され、(2)法律効果の面で、免責あるいは責任制限をすることは、損害担保が引き受けられた(場合によっては種類および額を限定された形で)範囲内においてのみ禁じられる、という点が明確になるという。[45] そしてこの損害担保の内容および範囲は契約解釈の方法で確定される。[46] さらに、四四四条のような規定の必要性は、消費者売買や約款規制の領域のみに存するのではなく、「企業間で個別に合意された損害担保が個別的な付随合意によって不透明あるいは不意打ち的な方法で制限されたような案件の際にも、債権法改正の立法者と一致して、そのような振る舞いに対抗する規定の必要性は依然として存する」とする。[47] 結局、二〇〇四年一二月に法案は原案通り可決・成立した。[48]

このように、債権法改正と企業買収実務をめぐる一連の騒動は、ＢＧＢ四四四条と六三九条の「wenn」を「soweit」に置き換えるという「最小限の侵襲による治療(minimal-invasive Therapie)」[49]によって一応の決着が付いた。ザイプトはこの修正によって「契約実務において伝統的に合意されてきた、私的自治のもとでの、売主、場合によっては経営者は独立的損害担保約束を行い、同時にそれを金額的、時間的あるいは法律効果の側面で制限するという責任体系は有効であるということについての疑いを少なくとも払拭する」という。[50] 他方、ダウナー‐リープは、このような改正は「確かに進歩ではある。もっとも、改正後の文言が最善の方法かどうかは疑問の余地はある」と若干の懸念を表明する。[51] また、ヴェストファーレンは、仮に責任制限が約款によって行われた場合には、結果的にＢＧＢ三〇五条以下の約款規制のルールと抵触するおそれがあるという点を指摘する。[52]

第七節　小括

以上の見てきたように、ドイツ債権法改正によって新ＢＧＢに導入された「損害担保責任」は、起草過程の途中までは、二つの異なる意味で用いられていた。すなわち、その一つは、政府草案二七六条一項一文において債務不履行責任の帰責事由として新たに導入された「損害担保の引き受け」である。これは、改正理由によれば、従来の四六三条の「性質保証」を引き継いだものであるという。さらに悪意の黙秘について定めていた旧四六〇条、及び性質保証責任の約款による免責を制限したＡＧＢＧ一一条一一号の後継規定として、「性質保証」の代わりに「損害担保」を用いた、政府草案四四二条、四四四条が存在する。しかし、これに対して、ＥＵ消費者売買指令六条の損害担保を国内法化した規定である政府草案四四三条が存在し、ここに規定されている「損害担保」は前者とは異なるものとして想定されていた。さらにこの点を明確にするために、連邦議会での審議では、前者の二七六条、四四二条、四四四条の「損害担保」を「性質保証」に置き換えることが提案された。まさにこの時点までは、起草者の意図は二種類の損害担保を使い分けるものであったといえる。しかし、その後の法務委員会での審議では、すでに一九九二年の債権法改正委員会の提案の時点でも問題がある概念であるとされていた「性質保証」が再び復活することを警戒し、結局、すべて「損害担保」の概念で統一すべきであるとの決議がなされ、それが最終的に成文化された。

このように、新ＢＧＢでは、「損害担保」を引き受けた者は、損害賠償義務を負うと同時に、その免責・制限も許されないという重い責任を負うことになった。このように、新ＢＧＢにおいて興味深いのは、二七六条において帰責事由として位置づけられた「損害担保」が、同時に四四四条によって、売主の免責を制限する根拠とされている点である。

そして、この四四四条の規定が企業買収契約にも適用されるかどうかが、新法施行後、新たに実務家を悩ませた。学説および実務家は、損害担保責任の免責・制限を許さない四四四条の適用を企業買収契約の局面ではなんとか制限しようと様々な解釈を試みたが、未だ決定的な説は存在せず、ＢＧＨの判例も存在しないため、状況は流動的なままである。このような状況を打開するために、野党ＣＤＵ／ＣＳＵは損害担保責任の免責・制限の禁止を消費者売買に限定する法案を提出したが、政府与党側からは四四四条と六三九条の「wenn」の文言を「soweit」に置き換えるという最小限の修正が提案され、結局、政府案が成立した。これによって、企業買収実務における法的不安定性は除去されると政府側は説明するが、懐疑的な意見も存する。

以上のようなドイツの企業買収契約実務と新四四四条の衝突の問題は、特殊ドイツ法的な問題であり、そこから直ちに日本法に対する示唆が得られるわけではない点に留意する必要がある。しかし、この議論は立法と実務の関係を巡る興味深い問題であり、ここから「性質保証」と「損害担保」の民法典における意義と実務における意義が浮き彫りになってくるように思われる。

注

（1）もっとも債権法改革法案の審議過程において、所管庁である連邦司法省は、新法に潜んでいるこのような潜在的な危険を認識してはいなかったようである（Dauner-Lieb, Schuldrecht aktuell 2003 – Entwicklungstendenzen und Probleme zwei Jahre nach der Rechtsreform, in: Dauner-Lieb/Heidel/Ring, ANWALTKOMMENTAR BGB, S. 7）。というのも、当時の連邦司法大臣ドイプラーグメリンは、「この法案によって実務家の活動は極めて容易になり、企業家からもアメリカ流の方式の契約、すなわちすべての詳細について繰り返し新たに定義しなければならないような契約を締結する手間を省く」と述べているからである(Herta Däubler-Gmelin, Die Entscheidung für die so genannte Große Lösung bei Schuldrechtsreform, NJW 2001, 2281, 2289)。

(2) Gerhard Picot, Die Garantieproblematik nach § 444 BGB in der M&A-Praxis, in: Unternehmenskauf und Schuldrechtsmodernisierung, S. 69.

(3) Von Gierke/Paschen, Mängelgewährleistung beim Unternehmenskauf, GmbHR 2002, 457 ff.

(4) Picot, a. a. O., S. 71 f.

(5) Triebel/Hölzle, Schuldrechtsreform und Unternehmenskaufverträge, BB 2002, 528.

(6) Triebel/Hölzle, a. a. O., BB 2002, 528.

(7) この点については、H. P. ヴェスターマン／小川浩三訳「ドイツ債務法改革」ジュリ一二四五号一五七頁も参照。

(8) Friedrich Graf von Westphalen, Ein Stein des Anstoßes: § 444 BGB n.F., ZIP 2001, 2107.

(9) ダウナー-リープの表現を借りれば、ヴェストファーレンのＺＩＰ論文(von Westphalen, ZIP 2001, 2107)が出た後、「突然、ドイツにおけるＭ＆Ａの立場は危険にされされたように思われる。論文の洪水が起こり、顧問弁護士は今日まで熱に浮かされたように回避策を探し求め続けている」かのような状態に至ったという(Dauner-Lieb, Schuldrecht aktuell 2003, S. 7)。

(10) Dauner-Lieb/Thiessen, Das neue Leistungsstörungsrecht – Leistungshemmend und störanfällig ?, DStR 2002, 809, 815.

(11) Graf von Westphalen, „Garantien“ bei Lieferung von Maschinen und Anlagen – Todesstoß für Haftungsbegrenzungen durch §§ 444, 639 BGB?, ZIP 2002, 545.

(12) Triebel/Hölzle, a. a. O., BB 2002, 529.

(13) もちろん「コップの中の嵐」にすぎない(Klaus J. Müller, Unternehmenskauf, Garantie und Schuldrechtsreform – ein Sturm im Wasserglas?, NJW 2002, 1026)、「見せかけの問題(Schein Problem)」にすぎない(Stephan Lorenz, Schuldrechtsreform 2002: Problemschwerpunkte drei Jahre danach, NJW 2005, 1889, 1895)、という意見もある。

(14) Hilgard/Kraayvanger, Schuldrechtsreform, MDR 2002, 678.

(15) Graf von Westphalen, Nach der Schuldrechtsreform: Neue Grenzen für Haftungsfreizeichnungs – und Haftungsbegrenzungsklauseln, BB 2002, 209. Marc Hermanns, Garantie beim Unternehmens- und Anteilskaufvertrag, ZIP 2002, 696, 698も同旨。

(16) Graf von Westphalen, a. a. O., ZIP 2002, 549. 性質合意の有用性を強調する点では、Hermanns, a. a. O., ZIP 2002, 700も同旨。フォン・ギールケ／パッシェンも、結論としては、売主が売買目的物の性質について損害担保を与えていた場合には、新四四四条により免責若しくは責任制限を援用することはできず、企業買収契約において企業の性質についての独立的損害担保あるいは性質保証を与えるという従来の契約実務は新四四四条に抵触する危険性をはらんでいるとする。そのような危険を避けるために、企業買収契約においては性質保証と独立的損害担保はできるだけ避けるべきであり、その代わりに、企業買収契約における瑕疵担保責任のシステムを四三四条一項一文の性質合意によって構築すべきであるとする(Von Gierke/Paschen, a. a. O., GmbHR 2002, 464)。このような「『損害担保』の代わりに『性質合意』で足りる」とするヴェストファーレンの見解に対して、ダウナー－リープ／ティーセンは、義務違反と帰責性の間の分離と過失責任主義という新ＢＧＢの重要な原則を無視していると批判する(Dauner-Lieb/Thiessen, a. a. O., DStR 2002, 816)。ローレンツも、「債権法改正に対するしんがりでの小競り合いのような、法規範の概念法学的故意の歪曲」と批判する(Lorenz, Neues Leistungsstorungs- und Kaufrecht, 2004, S. 27)。

(17) Thiessen, Garantierte Rechtssicherheit beim Unternehmenskauf?, ZRP 2003, 272.

(18) Hilgard/Kraayvanger, a. a. O., MDR 2002, 678. このほかにも多くの説が、改正作業の過程の検証をもとに四四四条と四四三条の損害担保を区別し、四四四条の適用領域を制限する(Hermann J. Knott, Unternehmenskauf nach der Schuldrechtsreform, NZG 2002, 249, 255; Triebel/Hölzle, a. a. O., BB 2002, 530; Gronstedt/Jörgens, Die Gewährleistungshaftung bei Unternehmensverkäufen nach dem neuen Schuldrecht, ZIP 2002, 52 ff.; Dauner-Lieb/Thiessen, a. a. O., ZIP 2002, 111; Horst Eidenmüller, Rechtskauf und Unternehmenskauf, ZGS 2002, 290, 296)。しかし、その背後には、企業買収契約実務において、四四四条の損害担保と四四三条の損害担保を区別することで、四四三条の損害担保を四四四条の免責禁止の対象からはずし、従来とおなじように四四三条の損害担保を用いた企業買収契約の責任体系を維持したいという意図が存在することに留意する必要がある。これに対してカナーリスは、「四四四条を『従属的』損害担保にのみ適用し、『独立的』損害担保には適用しないという見解には十分な根拠があるとは思えない」とする(Canaris, in: Karlsruher Forum 2002: Schuldrechtsmodernisierung, S. 85)。

(19) Hilgard/Kraayvanger, a. a. O., MDR 2002, 678 ff.

(20) Canaris, in: Karlsruher Forum 2002: Schuldrechtsmodernisierung, S. 84 ff. Eidenmüller, a. a. O., ZGS 2002, 290, 296; Ulrich Huber, Die Praxis des Unternehmenskaufs im System des Kaufrechts, AcP 202 (2002), 179, 239; Lothar Haas, in : Das neue Schuldrecht, 2002, S. 232 Rn.

289; Müller, a. a. O., NJW 2002, 1026 f.; Triebel/Hölzle, a. a. O., BB 2002, 530 も同旨。

（21）Florian Faust, Garantie und Haftungsbeschränkung in § 444 BGB, ZGS 2002, 271, 274.

（22）Thiessen, a. a. O., ZRP 2003, 272.

（23）本書第二部第一章注（51）。

（24）シュミット-レンチュ自身によれば、この文書は、その当時、連邦司法省の担当部局の責任者として（上司の決裁も得た上で）書いたものであるとのことである（Jürgen Schmidt-Räntsch, Die Haftung des Verkaufers nach der Schuldrechtsreform am Beispiel des Unternehmenskaufs, AnwBl 2003, 529, 533, Fn. 45）。なお、本文書は未公刊であるが、その内容については、Gerhard Picot（Hrsg.）, Unternehmenskauf und Restrukturierung, 2004, S. 161（Picot）; Graf von Westphalen, § 444 BGB: zwei Briefe des Gesetzgeber – es lede der Widerspruch!, ZIP 2003, 1179; Seibt/Reiche, Beschränkung der Garantiehaftung beim Unternehmenskauf und § 444 BGB: Klarstellung durch Gesetzentwurf, DB 2003, 1560 Fn. 7; Thomas Gasteyer, BMJ-Stellungnahme zu Garantie und Haftungsausschluss beim Unternehmenskauf, AG 2003, R160 を参照。ちなみにシュミット-レンチュは二〇〇二年七月二九日付で連邦通常裁判所民事第五部の判事に任命された（Bundesgerichtshof Mitteilung der Pressestelle Nr. 79/2002）。

（25）Picot, a. a. O., S. 161 f.

（26）Picot, a. a. O., S. 162.

（27）本文書も未公刊であるが、その内容は、「ＢＧＢ四四四条についての連邦司法省の見解」（Stellungnahme aus dem Bundesministerium der Justiz zu § 444 BGB, ZGS 2003, 307 ff.）とほぼ同じである。

（28）Thiessen, a. a. O., ZRP 2003, 272. シュミット-レンチュによれば、連邦司法省は二〇〇二年二月一三日の文書によって、予防を目指す実務の期待に反応したのに対して、二〇〇三年一月一〇日付の文書では、その拘束力の無い見解に基づいて法状況を明らかにするという立場に立っていた。その際、連邦司法省がその自己の見解を表明した時よりも、抑制的になるということは通常のことであると評する（Schmidt-Räntsch, a. a. O., AnwBl 2003, 529, 534, Fn. 51）。

（29）Stellungnahme aus dem Bundesministerium der Justiz zu § 444 BGB, ZGS 2003, 307 ff. 当然のことながらここでは先のシュミット-レンチュの文書については全く言及されていない。

（30）Thomas Zerres, Schuldrechtsreform – Haftungsausschlüsse und -beschränkungen beim Unternehmenskauf, MDR 2003, 368 ff.; Faust, a. a.

O., ZGS 2002, 274;.

（31） Faust, a. a. O., ZGS 2002, 274.

（32） Gasteyer/Branscheid, Garantie und Haftungsausschluss beim Unternehmenskauf, AG 2003, 307, 316. Canaris, in: Karlsruher Forum 2002: Schuldrechtsmodernisierung, S. 87; Dauner-Lieb, Ein Jahr Schuldrechtsreform – Eing Zwischenbilanz, ZGS 2003, 10, 12; Dauner-Lieb/Henssler, Vorwort, in: Unternehmenskauf und Schuldrechtsmodernisierung, 2003 も改正の必要性を訴える。

（33） BT-Drucks. 15/1096, S. 1 ff.

（34） BT-Drucks. 15/1096, S. 1 ff. 法案提出議員の一人であるレットゲン博士によれば、この法案は、ハイデルベルク大学教授のトーマス・プファイファーの提案（Thomas Pfeiffer, Editorial, ZGS 2003, 161）をベースに作成された（Norbert Röttgen, Zeit für Korrekturen beim Unternehmenskauf, NJW-Editorial Heft 26/2003）。

（35） BT-Plenarprotokoll 15/56, S. 4737 f.

（36） このような、ＢＧＢ四四四条と六三九条の「wenn」を「soweit」に置き換えるという連邦司法省側の解決に対して、ティーセンは「損害担保の際の免責禁止は今後も誤解されやすい文脈であり続けるであろう。売主が特定の性質を損害担保していた限りにおいて、彼は『買主の瑕疵に基づく権利』を排除もしくは制限できなくなろう」と予測する。というのも、売主がいくら限定された損害担保を与えるつもりであっても、買主はＢＧＢ四三七条以下の法定の瑕疵担保権を完全に保持しているのであり、その限りで抵触が起こるとする（Thiessen, a. a. O., ZRP 2003, 274）。また、ドイツ弁護士協会もその意見表明において、「この修正は確かに重要な解釈の指針を与えることはできるが、法規定という意味においてはそれは問題を何ら解決できない。」という。なぜなら「そのような修正では、責任が引き受けられる限りにおいてのみ損害担保は存在し、あるいはその裏返しとして、結果に対する責任が排除もしくは制限される限りにおいてのみ、損害は存在しないということが明確にされているに過ぎないことにな」り、結局、四四四条は「純粋にトートロジーあるいは抽象的な規定でしかないということを意味する」と述べる（Stellungnahme des Deutschen Anwaltvereins durch den Ausschuss Zivilrecht zum Entwurf eines Gesetzes zur Änderung des Bürgerlichen Gesetzbuches（Gesetz zur Beseitigung der Rechtsunsicherheit beim Unternehmenskauf）der CDU/CSU-Bundestagsfraktion vom 03.06.2003 BT-Drs. 15/1096, S. 4）。

（37） BT-Plenarprotokoll 15/56, S. 4741 f.

(38) Seibt/Reiche, a. a. O., DB 2003, 1561. ドイツ弁護士協会も大筋では本法案を支持する（Stellungnahme des Deutschen Anwaltvereins, a. a. O., S. 3）。

(39) BGBl. I 2004, S. 3102, 3103.

(40) Christoph H. Seibt, Rechtssicherheit beim Unternehmens-, Beteiligungs- und Anlagenverkauf: Analyse der Änderungen bei §§ 444, 639 BGB, NZG, 2004, 801 f. その驚きは、ＣＤＵ／ＣＳＵの議員であるレットゲン博士の「昨日――もう一度言おう：昨日！――すなわち法務委員会の報告についての議論の前日、連邦司法省から不正競争に対する法案についての、ＢＧＢ四四四条と六三九条の周辺的な修正を意図した文書（Formulierungshilfe）が出てきた」という発言に表れている（BT-Plenarprotokoll 15/86, S. 7653））

(41) Stellungnahme aus dem Bundesministerium der Justiz zu § 444 BGB, ZGS 2003, 307, 309.

(42) BT-Drucks. 15/3483 S. 50 ff.

(43) BT-Drucks. 15/3483 S. 50.

(44) BT-Drucks. 15/3483 S. 50 f.　このように、本修正法の目的は従来からの司法省の見解を確認するためのだけのものであるという点は、新ＢＧＢ施行日（二〇〇二年一月一日）から本修正法の施行日（二〇〇四年一二月八日）までの間の期間についての経過措置の規定が存在していないことからも明らかである（AnwK-BGB/Büdenbender, § 444 Rn. 27.）。

(45) BT-Drucks. 15/3483 S. 51 f. このように、立法理由において要件面だけでなく法律効果の面においても制限の内容の明確化が行われたのは、法務委員会における専門家公聴会においてこの点が強く求められた結果であるという（Seibt, a. a. O., NZG, 2004, 802）。これによって、前注(36)のティーセンやドイツ弁護士協会の批判を回避できるという。

(46) BT-Drucks. 15/3483 S. 52.

(47) BT-Drucks. 15/3483 S. 52. この点について、法務委員会の公聴会において専門家はＣＤＵ／ＣＳＵ草案の方向性を支持した。その理由として、（1）ＢＧＢ四四四条、六三九条の第二要件の意味が不明確である、（2）すでにＢＧＢ一三三条、一五七条の解釈規定もしくは一三八条、二四二条の一般規定を用いて矛盾行為の法原則は適用可能である、（3）加えて、このような法改正の代わりに、このように買主場合によって注文主の保護の必要性の観点において原則的構造的に様々な事実関係を一律に扱うのではなく、法政策的に、売主場合によっては企業に責任を問うことについて、（a）悪意と損害担保の引き受け、（b）消費者売買と一般的売買、請負契約、（c）約款と個別合意、の間を区別すべきである、という意見が出されたが、これは実現しなかった

（Seibt, a. a. O., NZG, 2004, 803）。

（48） BGBl. I 2004, S. 3102 ff.

（49） Thiessen, a. a. O., ZRP 2003, 274.

（50） Seibt, a. a. O., NZG, 2004, 803.

（51） Dauner-Lieb, Drei Jahre Schuldrechtsreform, Anwaltsblatt 2004, 597, 599 Fn. 29.

（52） Friedlich Graf von Westphalen, Wenn das „wenn" zum „soweit" wird, ZGS 2004, 281.

第五章　企業買収契約における表明・保証違反と重過失免責

第一節　問題の所在

前章で検討したように、ドイツでは、二〇〇二年の債権法改正を契機として、免責条項の効力を制限する新ＢＧＢ四四四条が企業買収契約の表明・保証条項にも適用されるかどうかが問題となったが、法文の修正によって、一応の立法的解決を見た。

一方、日本法においては、ＢＧＢ四四四条に相当する条文は存在しないため、ドイツのような問題は未だ生じていない。しかし、表明・保証条項は日本における企業買収契約においても広く用いられており、近時、表明・保証条項をめぐる様々な法的問題が議論されるようになってきている。本章では、表明・保証条項をめぐる問題の中でも、表明・保証違反と重過失免責の問題を取り上げる。その理由として、まず、第一に、下級審に於いてこの問題を扱ういくつかの裁判例が見られるようになっており、それに呼応して学界における議論も盛んになってきていること、第二に、ドイツ法においても同様の議論が存在し、前章の検討と合わせて、比較法的な視点からも、有益な示唆をえることが出来ること、等を挙げることが出来る。

以下ではまず、日本法における表明保証責任の位置づけについての議論を紹介した後、議論の契機となった東京地裁平成一八年一月一七日判決およびそれに対する評価を概観し、その後、瑕疵担保責任において重過失免責についての明文の規定を有するドイツ法の議論を紹介し、最後に、若干の日本法への示唆を行う。

第二節　日本法における議論

一　企業買収契約における表明保証条項の機能

企業買収契約における表明保証条項の機能としては、①売主の表明・保証は、買主が当該取引で取得する売買の目的物につき、売主が負う担保責任の内容を特定する機能を有する、②売主の表明・保証が正確であることは通常、買主がクロージングを行う前提条件とされるため、株式買取契約締結後クロージング前に買主が売主の表明・保証違反を発見した場合は、買主は対象案件から手を引くことができる。また、買主としては、売主の表明・保証違反を挺子として売買代金の値引き交渉を試みることが可能となる場合もある、③表明保証条項をドラフトする過程で、売主は各条項の対象となる事項につき確認を行い、表明保証違反となり得る事項については表明・保証の対象から外してもらうべく買主に開示するという手順が踏まれる、というものがあるとされている。(1)

二　表明・保証条項の位置づけ

江平亨弁護士は、表明・保証条項は、英米法において発展した概念であって、日本の民商法には存在しない概念であり、アメリカについていえば、表明・保証条項は、統一商法典（U.C.C.）における明示的保証（express warranty）に相当し、また、表明・保証条項に付随する補償規定も、日本の民商法には存在しない損害填補責任であるとされる(2)。しかし、日本法にはない概念であったとしても、日本法に準拠した契約書において用いられる以上、日本法の中に位置づけられる必要があり、また、海外における議論を参考にするにせよ、結局は日本法に従って解釈されることになるとされる(3)。

では、表明・保証条項を日本法において位置付けるとすれば、どのように考えるべきであろうか。

この点について、潮見佳男教授は、表明保証条項について、「①当該条項に表示された一定の事項について表意者がその真実性を保証したときに、このことが表意者の債務の内容を構成しているということ（真実性保証義務。結果債務の一種である（ただし、保証された結果が何かは、前述した契効の解釈を経て確定される））、②したがって、当該事項と真実とが食い違っているときには、表明保証違反という表意者の債務不履行が認められること、③そして、この場合に表明保証違反という債務不履行により相手方に生じる損害について、表意者は、補償を記述した条項により填補を義務付けられることが帰結される」とされ、「いずれにせよ、この枠組みによったときにも、表明保証は損害担保契約ないし損害担保約束であると捉えられることとなる」と位置付けられる(4)。

高橋美加教授は、「表明保証条項はまさに債務者たる売主が当事者間で合意した事項の真実性や正確性といった事実状態を保証する典型的な結果債務といえ、そこからの逸脱が即、債務不履行を構成するというのであれば、表明保証条項は現在の我が国の民法上の債務不履行構成にもきれいに乗るといえる」とされ、「この見解からは瑕疵担保責任も契約不適合に関する規律として扱われ、特約による無過失責任の可能性を論じる必要性はない」とされる。そして、「問題は当該条項の法的性質論というよりも、この表明保証条項が真に「結果債務」であったのか、契約当事者の意思解釈として売主にどこまでの、そしてどのような「結果」について責任を問うことを求めていたかにあるように思われる」として、表明保証責任をいわゆる結果債務・手段債務論の結果債務として位置付けられる。(5)

これに対し、金田繁弁護士は、日本の法制度下における表明保証の法的性質について、まず、債務不履行責任との比較を行い、「「契約違反」との概念は、必ずしも債務不履行と同義ではない。表明保証違反に基づく責任は、契約書上のさらなる義務の存在やその不履行、故意・過失といった要素を前提としてはおらず」、……「表明保証した行為自体に基づくものであるから、これを債務不履行責任と同一に解することは困難と思われる」とされ、さらに、保証債務履行責任との比較においても、「表明保証の「保証」は英米法上の warranty に相当し、当事者自身の約束を意味するのに対し、民法上の保証債務は英米法上の guarantee ないし surety に相当し、主たる債務者の債務履行について第三者が責任を負うことの約束を意味する。よって、両者の性質は似て非なるものである」として、結局、「日本の法制度上での表明保証違反に基づく責任は、債務不履行や保証債務といった民法上の債務を前提とするものではなく、本来は、違反当事者の主観的事情を問わずして発生し得るものと解されていることから、むしろ、特約に基づく担保責任の一種と解するのが妥当であると解される」と結論づける。(6)もっとも、表明保証と瑕疵担保責任の相違点として、①表明保証の対象となる事項の範囲が契約の目的物だけにとどまらず、民法上の瑕疵担保責任と比べて、対象とする範囲が広範である、②民法上の瑕疵担保責任と比較すると、補償の範囲が信頼利益にとどまらない、請求する側の善意・無過失が要件とされない点などにおいて、保護の要件・効果が拡大している、③表明保証違反に基づく責任の内容には、広い意味では、クロージングの前提条件を欠く要素になることや、ローン契約における期限の利益喪失事由になることなども含まれるのであって、民法上の瑕疵担保責任のように、損害の賠償（補償）や契約解除だけにとどまらない、の三点を挙げ、「以上に照らせば、表明保証違反に基づく責任は、民法上の瑕疵担保責任と比較すると、特約により、保護の対象・範囲を拡大しているものと位置付けることができる」とされる。(7)

三　東京地裁平成一八年判決

東京地裁平成一八年一月一七日判決（判時一九二〇号一三六頁）(8)

【事実関係】

Xは、消費者への貸金業務その他の金融業等を目的とする株式会社である。Y_1は、観光事業、不動産の売買、賃貸等を目的とする株式会社、Y_2は、観光事業、ホテル、旅館等を目的とする株式会社、Y_3は、Y_1の代表者であり、訴外A社の代表取締役である。訴外A社は、金銭の貸付け及びその仲介、消費者への貸金業務等を目的とする株式会社であり、その資本の額は一〇億円であって、株式会社の監査等に関する商法の特例に関する法律一条の二第一項一号所定の大会社に相当し、同法二条一項により、監査役の監査のほか会計監査人の監査を受けることが義務付けられていた。

訴外A社の財務部は、平成一四年一一月七日、第二八期（同年四月一日から平成一五年三月三一日まで）において、営業利益がよくなく、赤字決算となるとの予測を出したことから、訴外A社営業本部は、決算対策用として、もともと元本の弁済に充当していた債務者からの和解契約（和解債権）に基づく返済金を利息の弁済に充当することを考案し、訴外A社営業本部から同社の全店、全部門に宛てた、平成一四年一一月二五日付け連絡、通知文書（以下「本件通達」という。）により、和解債権の返済金の充当方法について、元本優先から利息優先に切り替えるように指示し、訴外A社の全店、全部門にこれを実施させたが、同額の元本についての貸倒引当金の計上はしなかった（以下、この処理を「本件和解債権処理」という。）。本件和解債権処理は、平成一五年三月期の訴外の決算書に注記されなかった。

Xは Yらとの間で、訴外A社の買収の話を始め、第一次、第二次のデューディリジェンスを経た上で、平成一五年一二月一八日、Yらが保有する訴外A社の全株式を、Xへ譲渡する旨の合意をした。本件株式譲渡契約の約定のうち第九条に、「担保責任」として「一項被告らは、前条により規定された表明、保証を行った事項に関し、万一違反したこと又は被告らが本契約に定めるその他義務若しくは法令若しくは行政規則に違反したことに起因又は関連して原告が現実に被った損害、損失を補償するものとし、合理的な範囲内の原告の費用（弁護士費用を含む。）を負担する」との定めがおかれていた。

本件は、Xが、本件和解債権処理は本件表明保証に違反していると主張して、Yらに対し、本件表明保証責任の履行として合計三億五二九万三五二三円及びこれに対する本件株式譲渡契約締結の日の翌日である平成一五年一二月一九日から支払済みまで商事法定利率年六分の割合による遅延損害金を連帯して支払うことを求めたのに対し、Yらが、Xは、本件和解債権処理について悪意であったか、又は重大な過失によってこれを知らずに本件株式譲渡契約を締結したのであるから、Yらは本件表明保証責任を負わないなどと主張してこれを争っている事案である。

【判旨】

東京地裁は、「企業会計原則第一の一は、企業会計は、企業の財政状態及び経営成績に関して、真実な報告を提供するものでなければならないと定めているところ、本件和解債権処理は、元金の入金があったのに利息の入金として計上する点でこの規定に違反している」等の理由から、本件和解債権処理は本件表明保証に違反していると認定した上で、Xの悪意についても否定した。さらに重過失の問題については一般論として、「本件において、Xが、本件株式譲渡契約締結時において、わずかの注意を払いさえすれば、本件和解債権処理を発見し、Yらが本件表明保証を行った事項に関して違反していることを知り得たにもかかわらず、漫然これに気付かないままに本件株式譲渡契約を締結した場合、すなわち、XがYらが本件表明保証を行った事項に関して違反していることについて善意であることがXの重大な過失に基づくと認められる場合には、公平の見地に照らし、悪意の場合と同視し、Yらは本件表明保証責任を免れると解する余地があるというべきである」とするが、本件においては、結論において、「企業買収におけるデューディリジェンスは、買主の権利であって義務ではなく、主としてその買収交渉における価格決定のために、限られた期間で売主の提供する資料に基づき、資産の実在性とその評価、負債の網羅性（簿外負債の発見）という限られた範囲で行われるものである。前記のとおり、アーンストアンドヤングは、本件のデューディリジェンスにおける営業貸付金の評価については、修正純資産法を採用し、一般的な手法である一部DCF法及び営業権（のれん）の考え方を採用して、将来金利収入及び将来元本返済の合理的な見積額（将来キャッシュフロー）を算定し、その現在価値を求めることとしており、和解債権については、和解内容のとおりに返済がなされているか否かの確認も行わず、上記生データについても、和解債権については、一般的なフォームを知るために数通の合意書を提出させるにとどめ、サンプリングで抽出された三五件全部について照合を行うことはしなかったのであるが、このことについては特段の問題はない。また、Aが監査法人による監査を受けていたことからすると、アーンストアンドヤングがAの作成した財務諸表等が会計原則に従って処理がされていることを前提としてデューディリジェンスを行ったことは通常の処理であって、このこと自体は特段非難されるべきでない。アーンストアンドヤングは、Aの監査法人の変更の理由についても、ビーエー東京及びBに対して確認しており、トーマツに確認しなくてもそれが重大な落ち度であるということはできない。本件においては、取り分け、前記のとおり、A及び被告らが原告に対して本件和解債権処理を故意に秘匿したことが重視されなければならない。以上の点に照らすと、原告が、わずかの注意を払いさえすれば、本件和解債権処理を発見し、被告らが本件表明保証を行った事項に関して違反していることを知り得たということはできないことは明らかであり、原告が被告らが本件表明保証を行った事項に関して違反していることについて善意であることが原告の重大な過失に基づくと認めることはできない」と判示し、Xの請求を認容した。

四　本判決に対する評価

本判決がデューディリジェンスとその不履行および買主の重過失との関係について述べた点について、学説及び実務においてその評価は分かれている。

1　潮見佳男教授の見解

潮見佳男教授は、一般論としては、表明・保証の相手方が当該事実を知らなかったことに重過失がある場合について、「錯誤(民法九五条ただし書)におけるのと同様に、相手方は表明された事項が真実であることに対する信頼の保護を主張するに値する地位にあるとは言えず、表明保証条項に基づく権利主張は権利濫用・信義則により封じられるのが適切である」(9)とされる。しかし、本件における具体的な処理において重過失を認めなかった点については、重過失とはいえ、それが過失の一種である以上、Xの側に行為義務違反と評価するに値する行為が存在していることが前提であるとされ、「本件では、デューディリジェンスはX側に義務付けられた行為ではないのであるから、ここにXの行為義務違反、したがって過失を認めることはできない。デューディリジェンスを実施しなかったからといって、Xの行為は違法行為(過失行為)と評価されないのであるから、重過失判断の前提を欠く」として、「それにもかかわらず、「過失」という評価に値しないときでもXからの損失補償請求を否定したいというのであれば、もはや「故意に比する重過失」などという枠組みを用いずに、端的に権利濫用・信義則による処理に依拠すればよい」と結論づける。(10)

2　高橋美加教授の見解

高橋美加教授は、「買主による情報の知・不知を第一義的な問題としているように見える「悪意・重過失」の枠組みでは、検討対象の多様性を正当化しにくいばかりか、ドラフティング実務をいたずらに混乱させるように思われる。実質的には同じことではあるが、当事者の具体的行為態様を見る必要があるのは、あくまで契約内容の意思解釈としてどこまでの「結果」を保証したものかを事後的な紛争処理時に詰めなければならない場合であることを明確にした方が良いように思われる」として、買主の主観的態様として重過失を考慮することに慎重な態度をとる。(11)

3　金丸和弘弁護士の見解

金丸和弘弁護士は、デューディリジェンスは買主の権利であって義務ではなく、限られた期間で、限られた資料に基づき、限られた範囲で行われるものにすぎず、買主に注意義務を認めるべき根拠がないため、デューディリジェンスにより当該事実を発見できなかった場合には、仮にこの点について過失があったとしても、補償請求は否定されないとする。これに対して、デューディリジェンスにより表明保証違反の事実を発見できなかったことに重大な過失がある場合については、一般論として「たとえば、売主が買主の要求に応じて提供した資料の中に、表明保証に違反する事実が明確に記載されており、一見すれば当該事実が判明するような場合、売主としては、買主は当該事実を認識しているとの前提で合意に至ることはあり得るところである。ところが、実際には買主は当該事実を認識せずに合意していたというのは、売主の立場から見ると、民法九五条の錯誤の場面に類似しているといえよう。そうすると、善意の買主といえども重大な過失（同条ただし書参照）があり、売主が買主も当該事実を認識しているとの前提で合意したのはやむを得ないと認められる場合には、信義則あるいは権利濫用の法理等に基づき、買主は補償請求をなし得ないと解することも合理性があろう」と結論づける。(12)

4　岡内真哉弁護士の見解

これに対して、岡内真哉弁護士は、表明・保証条項を債務不履行責任の要件および効果に関する特約と捉えつつ、重過失の問題については、「買主の重過失は抗弁となるか」という問題を立て、具体例を挙げつつ詳細に検討されている。

（a）デューディリジェンスの不履行ないし不完全な履行の問題

「デューディリジェンスにおいて開示される情報は膨大であり、短期間に書類やデータを分析して対象企業の価値を把握し、問題点を発見しなければならない。情報に近い位置にあるのは、対象企業および対象企業の株主である売主であり、売主サイドは、将来、表明保証の対象となる事項について、単にそれを見れば問題点を発見することが可能な書類を買主候補者に渡せば済むものではなく、買主候補者に端的に告知する必要があると思われる。売主が支配している対象会社がデューディリジェンスにおける義務（将来表明保証の対象となる事項の告知）を十分に履行しなかった場合に、売主を補償責任から免れさせる必要はないように思われる」とされる。また、「M&Aや流動化案件においては、主観的要件も含め、要件および効果に関して当事者間でシビアな交渉を行い、その結果、買主の故意・過失を補償請求の阻害事由としない条項で合意に至るのである。売主側は、買主に告知した事項については表明保証の対象から除外するよう求めるチャンスがある。とすれば、表明保証の対象から除外されていない以上、当事者の合理的な意思は、少なくとも買主の無重過失を補償請求の要件としないことに決定したものと考えられ、当事者の合理的な意思に反してまで、契約条項にない要件を創設することにはかなり躊躇を覚える」とされる。さらに、「表明保証において除外されなかった事項については、当該事項が真実であるとの前提に基づいて価格決定がなされていると考えられる。売買契約締結までに表明保証違反の事実を買主に告知していれば、当該事実を考慮して減額していたはずであり、補償請求を認めないと売主は不当な利益を享受することになる。仮に減額した価格で合意していれば、買主に損害が無いとして損害賠償請求が棄却されることになると思われるので、買主の重過失を抗弁事実としなくても不都合な事態が生じる可能性は低いと考えられる。かかる観点からも、補償請求を認める方が公平に資するように思える」と述べる。

(b)　重過失の抗弁の問題

さらに、要件事実的側面から、「買主の重過失が規範的要件であるため、重過失を補償請求の抗弁として認めると、如何に売主側が立証責任を負担しているとしても、買主側の反証活動の負担が大きく、また結論を下すのに長期間を要してしまい、場合によってはその間に売主の資産が散逸する危険もあることである。契約書作成の現場においては、可能な限り将来の紛争を防止し、仮に紛争が発生した場合にも迅速に解決できるように条項を工夫するのであり、重過失を抗弁として認めること自体によって生じるこのような事態（紛争の長期化だけでなく、紛争自体を惹起することにもなりかねない)は、契約締結当時の両当事者の意思に反するばかりか、公平にも反すると思われる」とされる。そして、譲渡価格に影響しない、または影響の有無が不明である表明保証事項について、買主が容易に知り得た場合にも補償請求を認めることは、当該事件のみを見れば妥当性に欠けるとの考え方も十分あり得るとされるつつ、「そもそも重過失が具体的に如何なる状況において認められるのか、議論が十分なされているとは言い難い。真実の情報が開示されていた場合などが該当するとするのが主要な見解であると思われるが、如何なる情報が開示されていれば将来表明保証の対象となる事項を容易に知り得ることができるのかの立証(特に買主側の反証)には困難がつきまとう。おそらく買主の重過失を要件として要求する説は、表明保証事項を直接に知り得る情報を開示しているケースを想定していると思われる。とすれば、売主はかかる情報を開示しつつ表明保証の除外をせず、かつ当該事項は譲渡価格の減額に結び付かないにもかかわらず、買主から補償請求がなされ、しかも損害算定方法について合意があるため、そのままでは一定額の補償請求が認められる場合に、買主の重過失を抗弁としない説を採用した場合の不当な結果が発生することになる。かかるレアケースを想定して重過失を抗弁とすれば、より一般的な事例においては売主の重過失の抗弁を反証する負担が買主に課されることになるが、これは妥当とは思えない。表明保証条項を直接に知り得る情報を開示するのであれば、当該事項を表明保証から除外する手続も簡単であり、簡単な手続すら怠った売主に対する補償請求を認めてもさほど不都合とも思えない」とし、最終的に、「重過失が認められる場合が今後明確化し、補償請求を否定した方が妥当な事例が具体的に想定されれば見解を変更する可能性はあるが、現時点においては、買主の重過失を抗弁とすべきではないと考えられる」と結論づける。(13)

五　日本法における議論の小括

1　東京地裁平成一八年判決の提起した問題点

(1)　表明・保証責任の位置付け

まず、東京地裁平成一八年判決が提起した問題点として、日本法における表明・保証責任の位置づけの問題がある。この点に関しては、損害担保約束や結果債務の一種として位置づける見解と、瑕疵担保責任に関する特約と解する見解がある。もっともこれらの立場の相違は、そもそも瑕疵担保責任と債務不履行責任の関係をどのように理解するのかにかかっており、表明・保証責任の法的性質自体についての見解の相違はそれほどないといえる。

(2)　デューディリジェンスと取引慣行

次いで、日本法において、企業買収の際にデューディリジェンスを実行することが取引慣行といえるのかどうか、そして、その不履行ないし不完全履行が重過失として評価されうるのかという点については、未だ十分な検討がなされていないといえる。

(3)　重過失による免責の根拠

さらに、東京地裁平成一八年判決は買主に重過失がある場合には表明保証責任を援用できないという一般論を述べるかのように見えるが、果たして、日本法においてこのような買主の重過失による売主の免責が法的に正当化されるのであろうか。潮見教授によれば、瑕疵担保については、隠れた瑕疵という要件によって、通説は、買主が瑕疵について善意・無過失であることを求めている[14]。つまり、日本法の場合には、買主が軽過失の場合であっても売主は瑕疵担保責任を結果的に負わない。そうすると、東京地裁平成一八年判決が、なぜ、重過失の債権者は保証責任を追及できないという一般論を述べたのか、また、その論理はどこから導かれうるのかがそもそも問題となる。重過失免責について明文の規定を欠く日本法において、東京地裁平成一八年判決は「公平の見地に照らし、悪意の場合と同視し」て重過失の抗弁を認めるが、「公平」というのみで果たして十分なのであろうか。重過失による免責の根拠についてさらなる検討が必要である。

(4)　重過失と保証責任

最後に、たとえ買主に重過失があったとしても売主が保証を与えていた場合には、売主を免責する余地はないのではないか、という問題もあり得る。この点に関しては日本法においてほとんど議論がなされていない。

次節では、買主に重過失がある場合に、売主の瑕疵担保責任の免責を認める明文の規定を有するドイツ法の検討を通じて、これらの問題点に対する一定の示唆を得たい。ドイツ法を参照する理由としては、ドイツにおいても、アメリカからの影響で、企業買収におけるデューディリジェンスが、かなりな程度普及しており、デューディリジェンスと瑕疵の認識に関するドイツ民法(以下「ＢＧＢ」という)四四二条の関係についての議論がかなり積み重ねられており、日本法におけるこの問題を考える際に興味深い示唆を得ることができるものと考えられるからである。

もっとも、日本法には、そもそも、重過失の場合には売主が瑕疵担保責任を免れるという条文は存在しない以上、ドイツ法の議論をそのまま日本法に当てはめることはできない。しかし、東京地裁平成一八年判決の提起した問題点は、ドイツ法における企業買収とＢＧＢ四四二条を巡る議論と問題状況を共通にしており、今後の日本法における検討の指針を得るという点では有益であると考える。

第三節　ドイツ法における議論
――ドイツの企業買収契約における保証責任とデューディリジェンス――

前章で検討したように、旧ＢＧＢ下での企業買収実務は複雑であると同時に損害担保を用いることで柔軟に対応することもできた。しかし、二〇〇二年の債権法改正によって新たにＢＧＢに導入されたＢＧＢ四四二条一項二文[15]では、買主に重過失があった場合でも売主が損害担保を引き受けていたときには免責を主張できない旨の規定があり、これが企業買収実務に対してどのような影響を与えるのかが問題となった[16]。

以下では、最初に、ＢＧＢ四四二条の立法過程の検討から条文の立法趣旨を明らかにし、次いで、企業買収契約における保証責任、デューディリジェンスとＢＧＢ四四二条の関係についての学説の立場を概観する[17]。

一　BGB四四二条

BGB四四二条
（一）　契約締結時に買主が瑕疵を認識していた場合には、瑕疵に基づく買主の権利は排除される。買主が重過失により瑕疵を認識しなかったときは、売主が瑕疵を悪意で黙秘していたか又は目的物の性質(Beschaffenheit)について損害担保を引受けていた限りで、買主は瑕疵に基づく権利を主張しうる。
（二）　登記簿に登記された権利は、たとえ買主がそれについて悪意であったとしても、売主はそれを除去しなければならない。

BGB四四二条によれば、買主が契約締結時に瑕疵を認識していた場合には、その限りで、瑕疵担保請求権は排除される。売主が損害担保(Garantie)を与えていなかったかあるいは悪意で行動していなかった限りで、買主の重過失の場合も同様である。それゆえ、もし検査義務がなければ、損害担保の存在を問題にすることなしに、買主は重過失の非難を免れうるという意味で、買主の検査義務の存在が重要である。そして、その文言によれば「瑕疵に基づく」請求権を包摂する、BGB四四二条一項二文の規定は、売主の過失を要件とする請求権にも妥当する。このことは、その欠如について買主に損害担保(Garantie)を与えていないあるいは悪意の説明義務違反のもとに約束された瑕疵を買主が重過失で見落としていた場合には、契約締結上の過失に基づく請求権も存在し得ないということを意味する。(18)

二　旧BGB四六〇条（現行BGB四四二条）の起草過程

> 旧BGB四六〇条
> 買主が売買契約締結の当時、売買の目的物の瑕疵を知っている場合は、売主は、その瑕疵について責を負わない。買主が重大な過失により、第四五九条第一項に掲げる種類の瑕疵を知らない場合においては、売主は、その欠点を知りながら告げなかったときにのみ、その責めに任ずる。但し、売主が欠点の不存在を保証したときは、この限りではない。

二〇〇二年のドイツ債権法改正前の旧BGBにおいては、現行BGB四四二条に相当する条文は旧BGB四六〇条に規定されていた。この立法過程では、以下のような議論が行われていた。

1　部分草案二四条

旧BGB四六〇条の起草のたたき台となったキューベルの手による部分草案二四条は次のように規定されていた。

> 部分草案二四条
> 契約締結時に譲受人が認識していた瑕疵について譲渡人は責任を負わない。譲受人が認識していなかったが、通常の注意を尽くせば認識できた瑕疵について、譲渡人はその不存在について保証していた場合にのみ責任を負う。(19)

理由書においては、部分草案二四条が、通常人が取引においてなすべき注意を払って気付き得た瑕疵についても同様に譲受人は責任を負わないと定めている点について、「法は、譲受人を彼の自己の過失から守る契機を持たない、そして、これは、取引を著しく害することなしにはできない。それは、いかなる者も、取引において適切であるべきであるという一般的な法観念と一致する」という理由を述べる。しかし、他方で、「譲受人には何ら目的物の特別の検査あるいは調査も強制され得ず、物が通常あるいは契約によって前提とされた性質を持っているということを信用できなければならない。譲受人に高度の注意義務を課すことは法律上の責任義務と矛盾する」と述べる。さらに、性質保証との関係については、「物を取得するつもりのあるいかなる者も、譲渡人が譲受人に瑕疵のないことを保証していた場合には、個別的な場合において、そのような瑕疵に配慮し、そのような注意を尽くす義務から解放される。保証でもって、譲渡人に検査義務が生じる。それゆえ、譲受人はそれを信頼してもよい。譲渡人が譲受人に特に保証した物の性質についても、譲受人が保証の際に性質の不存在を知らなかった場合には、譲渡人は譲受人に責任を負わねばならない」と述べる。これに対して、譲受人が、性質が存在しないということを知っていた場合には、「彼は保証を完全には真剣に受け取ってはいないし、譲受人がそれについて責任を負うべきであるということを見て取ることはできない。つまり、譲受人も、そのようなものであるということを知っているなにか不能なものの約束である」とする。そして、重過失によって譲受人が瑕疵を知らなかった場合については、「重過失(culpa lata)が譲受人に責任を負わせるかどうかの問題は、総じて、事案の状況、特に対象物の性質にも依っている。それに対して、その性質についての対象物の検査が取引において通常ではない場合、譲受人に一定の注意深さを要求する、一般的な取引準則は、検査の不実行および瑕疵に気付かなかったことを理由に、譲渡人を責任義務から免れさせない」と述べる[20]。

2　第一草案三八二条

第一草案三八二条
　契約締結時に譲受人が認識していた瑕疵について譲渡人は責任を負わない。
　譲受人が重過失の結果認識していなかった瑕疵について、譲渡人が瑕疵の不存在について保証していたか、又は、瑕疵を認識しつつ譲受人に黙秘していた場合にのみ、譲渡人は責任を負う。(21)

　続いて、第一草案の理由書においては、譲受人が瑕疵を認識している場合の責任については、「契約締結時に譲受人が、物を検査せねばならないこと及び、検査を怠ったことについての規定は必要ない。第一草案三八二条の規定で十分である」とする。そして、譲受人が重過失によって瑕疵を認識しなかった場合には、「譲渡人が瑕疵の不存在を保証した、あるいは譲渡人が瑕疵を知りかつそれを黙秘していたときには、重過失による不認識のような譲渡人の責任を排除する事情は、譲受人を害さない」。確かに、「一般的な法慣習によると、取引においては、いかなる者も注意を払うべきであるという規範が妥当する」が、「この目を見開いておく義務は、譲受人の僅かの過失が譲渡人の責任義務を排除するほどに高度なものである必要はない」。その一方で、「この義務は、譲渡人の特別の保証および譲渡人の悪意に対しては後退する」と述べる。(22)
　そして、続く、帝国司法省準備委員会の議論においては、第一草案三八二条一項について、買主が契約締結時に認識していた瑕疵について売主は責任を負わないという草案の立場は、委員会の多数意見によって承認された。これに対して、売主が瑕疵の不存在を保証していた場合には、たとえ買主が認識していた瑕疵であっても売主は責任を負わされるという提案がなされたが、そのような提案は極端であるとして容れられなかった。理由は、そのような場合には、通常、買主の側から意識的に売主を性質保証へ誘引しており、かつ、買主が瑕疵を認識しているということを売主が知っていたならば、売主は性質保証を与えることはなかったであろうということを想定することは正当化される、というものである。また、二項についての委員会の多数意見は、重過失の結果、買主が認識していなかった瑕疵に基づく売主の責任は、売主が瑕疵の不存在を保証したか、もしくは瑕疵を悪意で黙秘していた場合にのみ規定されるべきであると考えた。この点については、瑕疵を黙示的に考慮することで価格が適切に安く定められ、従って、買主も瑕疵の存在に気づいていたということを想定することが承認される場合においても、売主に自ら明白な瑕疵を明確に指摘することを強いることによって、草案は売主に不当な困難性をもたらしてしまうという考慮が決定的であった(23)。

3　第二草案三九八条

第二草案三九八条
　買主が契約締結の際に瑕疵を認識していた場合には、売主は売却された目的物の瑕疵について責任を負わない。買主が三九七条一項の瑕疵を重過失の結果、認識していなかった場合には、売主は瑕疵の不存在を保証していなかった限りで、売主は瑕疵を悪意で黙秘していた場合にのみ責任を負う。

第二委員会では、買主の重過失による売主の免責について、「売買契約を締結する者は、重過失の場合にのみ見逃されうるような目的物の瑕疵が、その者にとって隠れていなかった場合には注意深く事を進めるのを常とする。それゆえ、売主が隠れていない瑕疵を有している物を売った場合には、売主は瑕疵のない物としてではなく、瑕疵のある物としてそれを売ったと同じ意味で買主はそれを買うつもりであるということを売主は推定する権利がある。重過失がなければ気づかなければならなかった瑕疵を買主が援用することを法が拒否するということは、それでもって、取引の利益のために、いわゆる「意思のドグマ」を法は制限しているのである」という説明がなされた(24)。

三　ＢＧＢ四四二条一項の立法趣旨

以上のようなＢＧＢ四四二条(旧ＢＧＢ四六〇条)の立法過程から、同条の立法趣旨をどのように理解するのかについては争いがある。

１　旧ＢＧＢ四六〇条一文(買主による瑕疵の認識)

買主が売買契約締結の際に瑕疵を認識していたことによって、瑕疵担保責任が排除される理由として、様々な説が唱えられている。瑕疵を認識しつつ売買契約を締結した買主は、それによって、瑕疵担保責任を放棄していることを理由とする(瑕疵担保責任の放棄)説(25)、旧ＢＧＢ四六〇条一文の中に、自己矛盾行為の禁止の具現化を見いだす説(26)、買主に対する厳格な瑕疵担保責任による保護は、買主が目的物に瑕疵がないことについての正当な期待を裏切られた場合にのみ正当化されると考え、このことは、買主が瑕疵を認識している場合には当てはまらないという説(27)、瑕疵担保責任の排除は取引慣行に反する行為に対する制裁であるという説(28)、などがある。

これに対して、ケーラーは、これらの見解を批判し、旧ＢＧＢ四六〇条一文は、契約の履行および瑕疵担保の際のコストとリスクを避けることについて、売主の利益の保護および合理的な買主の利益の保護も目的としている。瑕疵担保責任排除のサンクションは、契約締結の前に瑕疵を認識している買主に、契約交渉の際にすでにその利益

を守ることを強いている、ということを挙げる。(29)

2　旧BGB四六〇条二文（買主の重過失による不認識）

第一草案の理由書によれば、この規定は、買主には少なくとも、「買主は目を見開け」という義務が課されるという、伝統的な「買主注意せよ」の原則の残滓として立法されたものである。(30)

これに対して、フーバーは、このような「買主注意せよ」、「目を見開かぬものは財布を開く」という法政策的義務は、法が重過失の場合しか買主に不利益を与えておらず、買主に一般的な検査義務を課していないことにも現れているように、今や、時代遅れで、克服されている。そして、第二文の正当化の根拠は、一つには、第一文の買主の認識の証明の困難性を軽減する点にあるという。たとえば、中古品の取得の際に、たとえ明白な瑕疵であっても、その売買を後悔している買主が、あとから、彼は何も見ておらず、何も気付かなかったと主張する場合に、第二文によって、認識がなくとも重過失であるとして売主の免責を導くことができる。さらに、第二文は、中古品の取得および類似の場合における責任排除に関する証明責任を軽減する。すなわち、買主がそれほど詳細に検査していない中古品を売った売主は、一般的に、買主はその物を現状有姿で買うつもりであるということを前提とできる。しかし、この現状有姿の売買の立証が困難な場合も、第二文が役に立つ。結局、この場合も、自己矛盾行為の原則が登場する。なぜなら、中古車、中古の家、中古のピアノの買主で、何ら注意を払わずに、明白な瑕疵を見逃していた者が、後にそれに不具合があったからといって、瑕疵を帯びていることを援用するということは許されない。

さらに、フーバーは、以上のような証明責任の軽減という正当化根拠でもって、旧BGB四六〇条第二文の例外事由である、「性質保証（Zusicherung）」（現行の損害担保（Garantie））が与えられた場合の売主の帰責についても説明する。すなわち、性質を保証した売主は、それによってまさに、その物を検査しなければならない義務から買主を解放する。なぜなら、買主は売主の保証を信頼してよいからである。目的物が保証された性質を欠いているので、売主は保証を守ることができないことを買主が知っているにも関わらず、買主が売主から保証を与えてもらうことが許される場合というのは、まったく通常ではなく、本来買主が悪意である場合にのみ考えられる。そのような事情が存在するということの証明責任は、当然売主に課される。よって、第二文によって導入された証明責任の軽減は、保証の場合には適当ではなく、黙示の責任排除も保証の場合には問題とならないとする。(31)

以上のような見解に対して、ケーラーは、いずれの見解も旧BGB四六〇条の正当化理由としては十分ではないとして、法と経済学に依拠して、旧BGB四六〇条の目的は、不要な取引コストを避ける点にあるという。ケーラーによれば、売主の利益において、しかし、しかるべく理解された買主の利益においても、契約の履行およびそれに続く瑕疵担保の際に生じるコストとリスクが避けられるという。(32)

四　ドイツにおける企業買収の際のデューディリジェンス

では、次に、BGB四四二条一項二文が企業買収の際にどのように問題となるかを見てみよう。フライシャーによれば、一般的に、例えば、中古車や不動産を購入しようとする者が、試乗や実地検分を行わなかった場合には、判例によれば、BGB四四二条一項二文に基づいて、瑕疵担保請求権を喪失する。これに対して、企業買収の場合には、デューディリジェンスは、中古車や不動産の売買の場合の試乗や検分のように履行が容易ではなく、時間とコストがかかるという点が留意されなければならない。それゆえ、BGB四四二条一項二文が適用されるかどうかは、デューディリジェンスが取引慣行として定着しているかどうかが決定的に重要となる。(33)

この点について、ドイツでも、企業買収を行う際には、デューディリジェンスを行うのが通常である。ある研究者の調査によれば、財務および税務のデューディリジェンスの普及率は、九四・七％、法務上のデューディリジェンスの普及率は、八九・八％、商業的なデューディリジェンスの普及率は八四・九％に上っている。(34) このように、ドイツ法においても、企業買収の際にデューディリジェンスを行うことはかなり普及しているといえる。

しかし、いかに広く普及し、遵守されている実務といえども、それがしばしば実行されない場合には、いまだ取引慣行として定着しているとはいえないと言われており、(35) これらのデータをもって取引慣行が存在していると言って良いのか、仮に取引慣行であるとしても、ＢＧＢ四四二条一項二文に定められている重過失が存在しているといえるのかが問題となる。以下では、研究者であるヴェスターマン教授と、実務家であるミュラー弁護士、ベッチャー弁護士の見解を中心に、デューディリジェンスとＢＧＢ四四二条がどのような関係に立つのかを見てみる。

1　ヴェスターマンの見解

(1)　企業の瑕疵に関する買主の重過失による不認識

ヴェスターマンによれば、「何ら特定の損害担保を与えられていない買主が、デューディリジェンスの枠内において与えられた説明や約束についての明白な矛盾や明白な瑕疵を見逃した場合にのみ、そのような重過失による不認識が認められる」という。「本来、デューディリジェンスは、買主にとっての注意義務の基準の厳格化に至るものではなく――このことは、ドイツ法の「買主注意せよの原則」よりもより強い規範においては異なりうる――、買主によって主張されている瑕疵が、デューディリジェンスにおいて自由に用いられ得る証拠資料のおおざっぱな校閲のみでも明白であり、その際に、照会するチャンスも存在していた、という指摘によって売主が自らを守る可能性をもたらす。もっともこのような可能性は、性質合意や説明義務の不履行によって奪われるものである。このような要件が存在する場合には、買主による解除あるいは減額を禁じられ、契約締結上の過失に基づく損害賠償請求権は排除されるか、もしくは過失相殺の抗弁によって減額される」[36]。

(2) デューディリジェンスの不履行の結果

さらに、ヴェスターマンは、「買主が一定の措置を怠ったために、買主の重過失が認定されるのであれば、その場合には、取引についての(もっとも、それについての法律上の根拠は存在していない)法的義務が存在していなければならないはずである」という。しかし、これに対して、適切な取引慣行が存在しているということが主張され、この点については、少なくとも、財政と法的デューディリジェンスの極めて高い普及度が有利に働く。他方で、「取引慣行の存在についての判断が依拠しなければならない、経験上の根拠は幾分狭すぎると思われる」という。「ドイツでは、その種の売買からのリスクの限定にデューディリジェンスは適してはいるが、しかし、同時に必要性も認められ得ないのに対して、米国の場合、買主は、自らが講じる必要のある特別の安全対策をしていないならば、一般的には、企業の瑕疵に基づく請求権は何ら生じないので、米国の実務は、この場合、基準とはなり得ない、ということは私には正しいように思われる」という。そして、「買主が、買主もしくはその専門的助言者が調査の際に問題なく発見できたであろう、またしなければならなかった事情の援用を拒絶される、という危険を冒して、デューディリジェンスを実行することなく企業を買収することのリスクを受け入れてよいかどうかという評価問題が決定的である」という。そして、「デューディリジェンスの実行および評価についての自己の(あるいは報酬に対して考慮される)専門知識の十分ではない売買当事者にとって、それに対応した取引慣行が存在しているのか？」という疑問を呈し、「買主のデューディリジェンスの義務の承認は、すでに述べたように、デューディリジェンスを実行していたとしても援用することはできなかったような明白な瑕疵ではなく、その瑕疵を発見し、買主の決断にそれが影響を与える形で、その瑕疵を相当確実に判断できると言うことを期待して良いことが前提となろう」と述べ、デューディリジェンスの不履行による買主の責任については否定的な立場を採る。(37)

2　ミュラーの見解

(1)　デューディリジェンスの定義

ミュラーによれば、企業買収の前に買主は、通常は、包括的な監査を行う。このようないわゆるデューディリジェンスは、その起源を英米法に有している。正確には、「買主注意せよ」の法文にその起源を有している。それによると、あらかじめ売買目的物のあり得る瑕疵を念入りに探すことが買主の義務であった。買主がそれを行わなかった——そして、売主が自ら瑕疵の不存在について損害担保を与えていなかった——場合には、買主はあり得る瑕疵のリスクを買主のみが引き受けた。ドイツ瑕疵担保法はこのような理解を知らない、という。そして、ドイツにおけるデューディリジェンスの目的は、「可能な限り包括的に目的企業の全体像を取得し、あり得る瑕疵あるいはリスクを明らかにすることである」という。そして「実務において、ほとんどの場合、目的企業の会計事務、法的、特に契約法及び会社法上の状況、税務上の事情、そして、環境法上の状況が非常に重要である。デューディリジェンスによって、企業買収前の買主と売主との間の情報格差が減少する。買主は取得のリスクをよりよく評価でき、場合によっては、売買代金を下方修正できる。獲得された認識はさらに、契約書作成の際に助けとなる」と述べる。(38)

（2）デューディリジェンスの不履行による責任

そして、ミュラーは、デューディリジェンスが履行されなかった場合の責任について、ＢＧＢ四四二条を手がかりに、以下のような考察を行う。すでに見たように、ＢＧＢ四四二条は、買主が重過失によって認識し得なかった瑕疵について、保証と悪意の黙秘の例外を除いて、売主を免責するが、判例・学説は一致して、ＢＧＢ四四二条は買主に一般的な売買目的物の検査義務を課す条文ではないとする[39]。また、ＨＧＢ三七七条は検査義務を規定するが、企業買収には同条は適用されないため、デューディリジェンスの履行義務すなわち、企業買収の際の検査義務が存在するとすれば、条文上の根拠以外のものに基づかなければならない。

この点に関して、ミュラーは、瑕疵が明白である場合、買主の側が特別の専門知識を有している場合と並んで、デューディリジェンスが取引慣行となっているにもかかわらず、それを無視した場合を挙げる[40]。

では、企業買収の際にデューディリジェンスを行うことは取引慣行となっているのであろうか。

（3）デューディリジェンスと取引慣行

この点については、ミュラーは「デューディリジェンスが広く浸透した実務であるという点については争いはない」とする。ただし、企業買収と判例によってこれまで判断されてきた事例を等置することには疑いが存するという。「例えば、試乗すること無しに中古車を買うことは重過失と見なされ、同じく、有名なオークションハウスは私人による著名な芸術家の作品の受け入れの際には、その真正について調査することが義務づけられていると見なされ」る。そして、その場合には、取引慣行の存在が認められ、旧ＢＧＢ四六〇条（現行ＢＧＢ四四二条）により買主の権利の喪失が認められる、という。そして、これらの場合においては、「売買目的物が瑕疵を有する場合には、典型的な特定の種類の瑕疵を有する（車が走らない、美術品が真正ではない）ことが多い」。これに対して、企業買収の場合には、「どのような瑕疵が典型的に企業に付着しているのか」……「想定されうる瑕疵の数が多数であるため、この問いには誰も答えられない」という。「むしろ、企業の複雑な性質に鑑み、これまで判断された事例に基づいて、買主はその瑕疵担保請求権において日常生活の取引の場合よりもより強く保護されねばならないという結論が導かれうる」という。そして、取引慣行を基礎づけるためには、結局、具体的にどのような調査を行わなければならないのか、ということが買主にとって明確に認識されていなければならない。それに対して、デューディリジェンスの種類及び方法、対象及び範囲は、むしろ、大幅に、個別事例の事情に依拠している。さらに、複雑かつ常に変化する手続であるデューディリジェンスは、そのような具体的な調査義務が買主には明確に認識しがたい、とする。その上で、「デューディリジェンスの取引慣行は、その輪郭は一般化して示され得ないという理由から承認され得ない。それゆえ、買主には原則としてデューディリジェンスの義務は何ら課せられない。従って、デューディリジェンスの不履行も、買主にとって、重過失とはならない（そして、過失相殺あるいは売主に対する説明義務違反ともならない）。すなわち、買主は瑕疵担保請求権を失わない」と結論づける。(41)

（4）デューディリジェンス実行の際の重過失

さらに、ミュラーは、デューディリジェンスは実行されたが、それが不完全あるいは注意を欠いたものであった場合について、特に、企業買収の際にデューディリジェンスを注意深く行えば、自ずと瑕疵が明らかになったであろう場合にもかかわらず、買主がそれを見逃してしまった場合について、そもそも、デューディリジェンスの実行の義務は存在しないとするため、「自由意思で調査を行い、そしてその際、単に不注意をしたに過ぎない買主が、なぜ、最初から検査を行わなかった買主よりも不利な地位におかれるのか」という疑問を提示し、「このようなことはつじつまが合わないであろう」という。さらに、「デューディリジェンスにもかかわらず瑕疵が発見できなかった買主であっても、その場合にはその調査の目的が達成されなかったということによってすでに報いを受けている」という。さらに、デューディリジェンスの実務においてもこのようなことは正当化されない、という。すなわち、「デューディリジェンスの実務というのはほとんどの場合、買主の顧問弁護士が二、三日のうちに、かなりのプレッシャーのもとに、ほぼ全ての法領域に関わる情報と証拠書類の山の前に座っているというものである。より強く集中し、注意をしたとしても、彼ら顧問弁護士が、素材の獲得と並んで、さらにそれを法的にあらゆる角度から徹底的に調査できるということは、まずあり得ない。むろん、それどころか、顧問弁護士が大急ぎで四〇番目のファイルの三〇二八頁を誤って見落とし、そしてそこには、企業用地の重大な環境汚染についての何らかの記載があった、ということさえも起こりうる。そして、その場合、それが重過失である、すなわち、要請された最低限の注意の特別に重大な怠慢になるのであろうか?これは正しくないであろう」とする。

以上の点から、「デューディリジェンスの不履行は、原則として、ＢＧＢ四四二条一項により売主にとっての責任限定に至る、重過失ではない。デューディリジェンスを実行する取引慣行は存在しない。同様に、買主が確かにデューディリジェンスを実行したが、不完全もしくは注意を欠いて実行し、その結果、瑕疵が見つからないままであった場合でも、買主の瑕疵担保請求権の制限はほとんど問題とならない。買主が明白な瑕疵あるいは疑わしい事実にもかかわらず、さらに詳細に調査しなかった場合には、適切な（例外的な）場合において、このことはＢＧＢ四四二条一項の重過失となりうる」と結論づける。(42)

3　ベッチャーの見解

(1)　ドイツにおけるデューディリジェンスの普及度と取引慣行

ベッチャーによれば、以前から、ドイツにおいて、デューディリジェンスを行うことは事実上普及しているにもかかわらず、それが取引慣行となっているのかという点については、何ら理論的な根拠なく疑問が投げかけられている状況にあったという。そこで、ベッチャーはこの問題について、理論的に、デューディリジェンスの取引慣行は存在するのか、そしてそれはBGB四四二条の適用に影響を及ぼすのかという点について考察する。

まず、取引慣行とは、「取引に参加する者の範囲内において、事実上支配的な慣習であり、それは確実で、安定的なものでなければならない。その場合、慣習は、契約当事者に認識されあるいは拘束力のあるものとして認識されている必要はない。慣習は法規範ではなく、解釈が決定に参与する事実上の要因である」と定義する。[43] そして、個別の売買契約について、たとえば、不動産、中古車、美術品、特に高価な物品の取得の場合などに、売買目的物の徹底的な検査義務を課す慣習が形成されているという。

ベッチャーによれば、デューディリジェンスの取引慣行の承認に反対する学説は、従来の実態調査は内容の乏しいデータベースに拠って立っているということを持ち出しているという。しかし、ベッチャーは、企業買収の実態調査によれば、「特に財務、税務、法務のデューディリジェンスはほとんどすべての企業買収（約90％）の際に行われており、従って確固たる十分な慣習である」と結論づける。

また、取引慣行の存在に反対する説は、「拘束力を持ってあるいは一般的に受け入れられているデューディリジェンスの範囲についての定めが何ら存在しない」という論拠を持ち出すが、「しかし、中古車売買、中古不動産および美術品の取得について、一般的に承認されている取引慣行についても、何ら確定した検査手続きが存在しているわけではない。中古車の買主は、試乗を行わなければならず、疑わしい点がある場合には美術品は検査されなければならないということが抽象的に求められるにすぎない」という。そして「詳細に検討してみると、様々なデューディリジェンスのリクエストリストは、それらの中心領域において、同じ資料を求めている。それゆえ、分析されたチェックリストにおいて、法務上のデューディリジェンスの実行にとって必要な資料が一致しているということが確定されうる。従って、法務上のデューディリジェンスの実行については、定式化された手続きが存在するということが結論として確認されうる」とし、「さらに、財務と税務のデューディリジェンスの場合においても、一定の資料が必然的に検討されねばならない（年末決算、コスト計算、短期の損益決算、企業統計、ビジネスプランなど）。IDW（Institut der Wirtschaftsprufer in Deutschland e.V.）は、この点について、ずっと以前から、利用されうるデータについて、指針と調査資料を仕上げていた。税務のデューディリジェンスでは、これまた同様に、重要な税の種類に関して、通常の税の説明、および前期の税務上の営業の審査および社会保障法上の資料が分析される」とする。そして、以上の点から、「何ら拘束力のある、あるいは一般的に承認されたデューディリジェンスの実行についての定めが存在しないという論拠は、従って、それらの主要な領域については、論破される」と結論づける。

このように、ベッチャーは、デューディリジェンスの実行の取引慣行の存在は承認する。(44)

(2)　デューディリジェンスの実行とBGB四四二条一項二文の重過失

では次に、仮に、取引慣行が存在するとすると、それがBGB四四二条一項二文の適用可能性についてどのような影響を与えるかについて、ベッチャーは、以下のような考察を行う。

まず、BGB四四二条一項二文の「重過失」について、「一般的な見解によれば、取引において要請される注意を甚だしい程度に欠き、最も簡単な当然の考慮を行わず、従って当該事例において、誰の目にも明らかであることを考慮しない場合に、重過失が存在する」と定義する。そして、中古車売買や中古不動産の売買を例にとり、中古車の買主の場合には、その義務は、中古車を検分し、試乗することに尽き、中古不動産の取得者についても、当該不動産を検分することに尽きている。このように、これらの取引類型においては、簡単な履行義務が問題となっている。これに対して、デューディリジェンスの実行は、「取得者にとって、高額の費用がかかる」とする。先の中古車や中古不動産の取引の場合には、そこに存在している検査義務は、取得者にとって、簡単で、コストの安い方法で履行可能だからである。

たとえば、私人の中古車取得者には検分と試乗のみで製造工場の調査は期待されていない。その場合のコストは、平均的な売買代金の〇・九％以下である、という。これに対して、平均的なデューディリジェンスの費用は売買代金の約一・〇八％に上ることが明らかとなる、という。それゆえ、「重過失の非難を避けるために、「鑑定」に多大の費用を費やすことを企業買収者はなぜ強いられねばならないのか明らかではなく……、デューディリジェンスの不履行は、従来の判例の原則および実務の考察のもと、何ら、重大な注意義務違反ではない。譲受人がデューディリジェンスの実行を中止した場合であっても、取得者は譲渡人に対して重過失によって行為していない」と結論づける。(45)

以上の考察から、最終的にベッチャーは、「企業買収前のデューディリジェンスの実行は、今日のドイツでは、取引慣行である。しかし、この取引慣行を顧慮しないことは、瑕疵担保法の観点から、ＢＧＢ四四二条一項二文の免責に至らない。なぜなら、重過失の要件が存在しないからである。」と結論づける。(46)

五　ドイツ法のまとめ

以上検討したように、ドイツ法においては、デューディリジェンスの実行が取引慣行となっているかどうかについては、争いがあるが、デューディリジェンスの不履行もしくは不完全あるいは過失ある実行による瑕疵の不認識がＢＧＢ四四二条一項二文の重過失に該当するかどうかという問題については、一致して重過失には該当しないという立場を採る。

第四節　結びに代えて

では、最後に、ドイツ法の検討から得られた知見によって、日本法における表明保証を巡る問題点についてどのような示唆を得ることができるであろうか。

1　表明・保証責任の位置付け

ドイツ法における損害担保責任(Garantiehaftung)についての検討が、いわゆる日本法における表明・保証責任といわれる一群の責任条項の解釈に、直ちに当てはまるものとはいえない。しかし、表明・保証責任といわれるものの中にも、「特にその内容が存すること、あるいは瑕疵のないことについての責任を引き受ける」旨の合意がその中核にあるものが存在し、それらについては、ドイツ法における損害担保責任に関する議論が示唆を与え得る。すなわち、保証がなされている事項について、違反が存する場合には、保証していたこと自体が帰責事由となり、損害賠償の請求が可能となる。さらに、保証をしていることによって、保証を与えた者は、それと矛盾する免責条項を援用することができなくなる。また、BGB四四二条一項二文を参考にして、たとえ、買主に瑕疵の存在について重過失があったとしても、売主の側が保証を与えていれば、売主の免責は許されないと解する余地もあろう。(47)

2　デューディリジェンスと取引慣行

さらにドイツでは、デューディリジェンスの不履行は重過失を基礎づけないとされている。日本法でも、まず、デューディリジェンスを行うことが、取引慣行となっているのかどうかを実証的に明らかにする必要があろう。もっとも、デューディリジェンスが取引慣行であるとしても、直ちに、その不履行ないし不完全・不注意な履行が買主の重過失をもたらすものではないと思われる。ドイツ法における学説の検討からも明らかなように、仮に取引慣行であるとしても、デューディリジェンスのコストや、作業の複雑性から、企業の瑕疵を見落としたとしても、通常は重過失であったということは難しいと思われる。この点において、東京地裁平成一八年判決の重過失の認定についての判断はドイツ法における学説の傾向と一致するものといえる。しかし、ドイツ法においても指摘されているように、著しい瑕疵が明白な場合や、買主が特別に専門知識を有している場合には、例外的に、重過失が認められる可能性があり、今後は、どのような場合に例外的に重過失が存すると認定できるか、その基準の確定が検討課題となろう。

3　重過失による免責の根拠

そして、東京地裁平成一八年判決は、買主に重過失がある場合に買主は表明保証責任を追及できないと述べるが、その根拠については、「公平の見地に照らし、悪意の場合と同視」するという理由を挙げるのみである。他方、ドイツ法においてはこの点について様々な見解が存しており、帰一するところがない。やはり、日本法においても、旧ドイツ民法典第一草案の理白書が述べるように、「買主注意せよ」の原則が根底にあると考えるべきなのか、あるいは、証明の困難性の側面から根拠づけることも可能なのか、さらに検討を進める必要がある。

4　重過失と保証責任

最後に、保証責任と重過失の関係については、すでに見たように、日本法は、BGB四四二条一項二文のような明文の規定を持たないが、売主が保証を与えた場合には、買主はそれを信頼してよいのであり、たとえ重過失であったとしても、そのような信頼を惹起した売主は、自らの保証責任を免れることはできないと考えるべきではないだろうか。

5　今後の課題

以上、東京地裁平成一八年判決が提起した表明・保証責任を巡る諸問題について、ドイツ法を参考に、一定の示唆を得ることができた。しかし、具体的な問題点の検討は不十分なままであり、今後はさらに、日本法における企業買収契約の契約責任の問題についてより実証的な研究を進めていく必要がある。

注

（1）　西村総合法律事務所編『M&A法大全』（商事法務、二〇〇一）五二三頁以下（新川麻執筆）。青山大樹ほか「不実表示等と表明保証」ＮＢＬ九一九号九頁以下も参照。

(2) 江平亨「表明・保証の意義と瑕疵担保責任との関係」弥永真生ほか編『現代企業法・金融法の課題』(弘文堂、二〇〇四)八六頁。

(3) 江平・前掲八六頁以下。

(4) 潮見佳男「表明保証と債権法改正論」銀法七一九号二四頁以下。青山大樹「英米型契約の日本法的解釈に関する覚書(下)」ＮＢＬ八九五号七五頁も「表明保証条項・補償条項は、一般的には、損害担保契約を成立させるものと解するのが適当である」とする。

(5) 高橋美加「表明保証条項違反に関する雑感」立教法学七六号一五五頁。

(6) 金田繁「表明保証条項をめぐる実務上の諸問題(上)」金法一七七一号四五頁以下。堂園昇平「表明保証をめぐる東地平18.1.17」金法一七七二号五頁も同旨。

(7) 金田・前掲金法一七七一号四七頁。

(8) 浜辺陽一郎「国際Ｍ＆Ａ取引における表明保証条項の事務上の諸問題」国際商取引学会年報二〇一〇年一二号六〇頁注三〇によれば、本件は控訴審において和解が成立したとのことである。

(9) 潮見・前掲銀法七一九号二二頁。

(10) 潮見佳男「消費者金融会社の買収に際しての表明保証違反を理由とする売主の損害補填義務」金法一八一二号七〇頁。青山大樹弁護士も、一般論としては、「表明保証を損害担保契約と解する立場からは、結論が演繹的に導かれる問題ではないが、実務上は、表明保証の相手方が悪意・重過失である場合には、一般法規等を根拠に免責が肯定される可能性があると解しておくことが必要であろう」と述べる(青山・前掲ＮＢＬ八九五号八〇頁)。

(11) 高橋・前掲立教法学七六号一五九頁。

(12) 金丸和弘「Ｍ＆Ａ実行過程における表明保証違反」ＮＢＬ八三〇号四頁以下。牧山市治「消費者金融会社の企業買収における売主の表明保証違反について売主が買主に対する損害賠償義務を負うとされた事例」金法一八〇五号三九頁以下、も同旨か。

(13) 岡内真哉「表明保証違反による補償請求に際して資主の重過失は抗弁となるか」金判一二三九号三頁以下。浜辺陽一郎弁護士も、「国際Ｍ＆Ａの契約書においては完全合意条項が設けられていることが多いので、そうした場合に、当事者間で合意した内容を超えて、裁判所が重過失を論じることを許容することには大いに疑問があり、実務的にはこれらの抗弁を認めるべきではないだろう」として、重過失の抗弁を認めることには反対される（浜辺・前掲国際商取引学会年報一二号六〇頁）。金田繁弁護士も、「裁判所がデューディリジェンスの態様を逐一検討したのも、被告らの主張にのっとって原告寄りの事実認定を丁寧に行う趣旨に過ぎなかったかも知れない。これらを善解すれば、本裁判例は、被告らの主張内容を一定程度斟酌した、いわゆる事例判決と見ることもできる。いずれにせよ、本裁判例だけをもって、表明保証違反につき悪意や重過失の場合における責任追及が、裁判所の運用として一般に認められないものと解するのは、やや早計である」とされる（金田繁「表明保証条項をめぐる実務上の諸問題（下）」余法一七七二号四〇頁）。若松亮「アルコ事件」判タ一二五九号六九頁以下も同旨。

（14）潮見・前掲金法一八一二号六九頁以下。

（15）たとえば、大陸法系の民法典において、スイス債務法二〇〇条、オーストリア一般民法典九二八条、フランス民法一六四二条、イタリア民法一四九一条などが同趣旨の規定をおいている（Holger Fleischer, Due Diligece und Best Knowledge beim Unternehmenskauf, in: Dauner-Lieb/Henssler (Hrsg.), Unternehmenskauf und Schuldrechtsmodernisierung, 2003, S. 107）。

（16）同様の問題は、新ＢＧＢ四四四条についても生じた。この問題については、本書第二部第一章〜第三章を参照。

（17）もっとも、企業買収契約に民法の瑕疵担保責任の規定が適用されるのかどうかがそもそも問題となるが、ヴォルフ／カイザーによれば、「（新ＢＧＢの）立法者は、物および権利と並んで、その他全ての対象物を含めることによって、企業買収契約にも、売買法の規定、とりわけ、瑕疵担保責任の規定を完全に適用する可能性を開くつもりであった」とする。（Wolf/Kaiser, Die Mägelhaftung beim Unternehmenskauf nach neuem Recht, DB 2002, 411, 420.）。

（18）Harm Peter Westermann, Due Diligence beim Unternehmenskauf, ZHR 169 (2005), 248, 257.

（19）現行法では、「重過失（grober Fahrlässigkeit）」となっている部分が、部分草案二四条ではドレスデン草案を継受し、「通常の注意（gewöhnlicher Aufmerksamkeit）」という文言となっている。この点について、同条の理由書においては、通常の注意という言葉の後ろに「重過失」という意味のラテン語（culpa lata）が補足されており、起草者の意図としては、これは、「軽過失（geringer Fahrlässigkeit）」とは区別される意味での通常の過失という意味であったと思われる。その後、第一委員会において、「軽過失」という文言は誤解を招くものであり、軽過失以外の過失が想定されている場合には、「重過失」等の補足をすればよいということで、旧ＢＧＢ四六〇条の「通常の注意」も「重過失」に修正された（Jakobs/Schubert, Die Beratung des Bürgerlichen Gesetzbuchs.

Band 1. Recht der Scbuldverhältnisse（§§ 241–432）, 1978, S. 240 f.）。

（20） Franz Philipp Friedrich von Kübel Recht der Schuldverhältnisse. Teil 1–Allgemeiner Teil, Abschn. 1, Tit. 2. I. 3 c., 1882, S. 35, herausgegeben von Werner Schubert, Die Vorlagen der Redaktoren für die erste Konmission zur Ausarbeitung des Entwurfs eines Bürgerlichen Gesetzbuches, Neudruck 1980, S. 415 f.

（21） 第一委員会において、部分草案二四条の第二項について、悪意の譲渡人は譲受人の注意の欠如を援用することはできないということを理由として、「又は譲渡人がその存在を認識しつつ譲受人に黙秘していた」という文言を追加することが提案され、承認された（Jakobs/Schubert. Die Beratung des Bürgerlichen Gesetzbuchs, Band II, Recht der Schuldverhältnisse（§§ 433–651）, 1980, S. 128 f.）。

（22） Mot. II, S. 226 f.

（23） Jacobs/Schubert, a. a. O.,（§§ 433–651）, 1980, S. 130 f.

（24） Mugdan, Protokolle der Kommission fur die II. Lesung des Entwurfs des BGB, S. 925

（25） RGRK/Mezger, § 460 Rn. 1; Soergel/Huber, § 460 Rn. 3.

（26） BGH MDR, 1989, 727; Staudinger/Honsell, § 460 Rn. l.

（27） BGH MDR, 1989, 727.

（28） Jauernig/Vollkommer, § 460 Anm. 1a; Münchkomm/H. P. Westermann, § 460 Rn.1.

（29） Helmut Köhler, Zur Funktion und Reichweite der gesetzlichen Gewährleistungsausschlüsse, JZ 1989, 761, 763.

（30） Mot II, S. 226.

（31） Soergel/Huber, Bürgerliches Gesetzbuch, 3. Bd., Schuldrecht II, §§ 433–515, 12. Aufl., 1991, S. 1051, Rn. 4. この点については、後述のケーラーも同旨。

（32） Köhler, a. a. O., S. 764. このようなケーラーの見解に対して、フーバーは「この経済的な分析の手法による旧ＢＧＢ四六〇条の説明の試みは、実感として理解することが難しい。彼は、（推定的な）規定の経済効果と規定の立法趣旨、すなわち立法者の意思を混同しているようである」と再批判をする（Soergl/Huber, § 460, S. 1049 Fn. 12.）。

（33） Fleischer, a. a. O., S. 107 f.

(34) Berens/Strauch, Due Diligence bei Unternehmensakquisitionen, WPg 2002, 511, 517.
(35) Fleischer, a. a. O., S. 108.
(36) Westermann, a. a. O., S. 261.
(37) Westermann, a. a. O., S. 263 ff.
(38) Klaus J. Müller, Einfluss der due diligence auf die Gewährleistungsrechte des Kaufers beim Unternehmenskauf, NJW 2004, 2196.
(39) RGZ 131, 343, 353; Soergel/Huber, Bürgerliches Gesetzbuch, 3. Bd., Schuldrecht II, §§ 433–515, 12. Aufl., 1991, S. 1051, Rn. 7; MünchKomm/Westermann, 3. Bd, Schuldrecht BT I (§§ 433–606), 3. Aufl., 1995, S. 268, Rn. 7.
(40) Müller, a. a. O., S. 2197.
(41) Müller, a. a. O., S. 2198.
(42) Müller, a. a. O., S. 2199.
(43) Lars Böttcher, Due Diligence beim Unternehmenskauf als Verkehrssitte, ZGR 2007, 20.
(44) Böttcher, a. a. O., S. 23.
(45) Böttcher, a. a. O., S. 24 f.
(46) Böttcher, a. a. O., S. 25.
(47) 以上の点については、本書第一部第二章、第三章、第二部第一章を参照。

第三部　債権法の改正と日本法への提言

第一章　日本法への提言

以上のような比較法による検討によって得られた成果から、どのような形で日本法に示唆を得ることができるであろうか。既に明らかなように、比較法の対象としてきたドイツ法及びスイス法と日本法は同じ大陸法系に属する法体系とはいえ、その構造及び社会的な背景に至るまで、日本法とは大きく異なっており、比較法的検討の成果をそのまま日本法の解釈に持ち込むことはできない。

しかし、本書の冒頭の分析視角で述べたように、本書の比較法の対象は「性質保証概念の生成過程」を探究することにあり、そして、その立法過程の検討からも多くの示唆を得ている。それゆえ、本研究の成果も、現行法の解釈にそのまま当てはめるというよりも、むしろ法改正の議論の文脈の中で位置づけた方がよりその意義が明らかになるものと思われる。

おりしも、現在、民法改正法案が国会に提出されており、本書の成果も民法（債権法）改正の議論の行方を視野に入れたうえで、日本法に対する提言を行うことが適切であると考えられる。

それゆえ、以下ではまず、債権法改正における債務不履行責任の位置づけをめぐる議論を整理し、その上で日本法に対する提言を行う。

第一節　債権法改正のうごき

平成二一年一一月から、法制審議会民法（債権関係）部会で審議が行われ、平成二七年三月末に国会に法案が提出された民法改正の議論においては債務不履行責任の帰責事由についてどのような定めを置くのかという点については、帰責事由についての伝統的な理解である「債務者の故意・過失および信義則上それと同視しうる事由」という定式と、それに対する近時の結果債務・手段債務二分論を用いた新たな見解(1)をめぐって、重要な論点として議論されている。(2)

一　民法（債権法）改正検討委員会の提案

債務不履行の帰責事由に関して、法制審での審議に先立ち、学者有志で構成された民法（債権法）改正検討委員会からは、次のような立法提案がなされた。

【3.1.1.62】（債務不履行を理由とする損害賠償）
債権者は債務者に対し、債務不履行によって生じた損害の賠償を請求することができる。
【3.1.1.63】（損害賠償の免責事由）
〈1〉　契約において債務者が引き受けていなかった事由により債務不履行が生じたときには、債務者は【3.1.1.62】の損害賠償責任を負わない。
〈2〉　債務者が【3.1.1.54】または【3.1.1.55】に定められた抗弁権を有しているときには、債務者は【3.1.1.62】の損害賠償責任を負わない。

検討委員会は、本提案の提案理由について次のように説明する。「債務者は、契約により、債権者に対し債務を負担している（契約の拘束力）。ここで、債務者が契約に基づいて負担した債務を履行しなかったとき（債務不履行）、債務者は債権者に対して損害賠償責任を負う。もっとも、債務不履行をもたらした事態（不履行原因）が契約において想定されず、かつ、想定されるべきものでもなかったときには、債務不履行による損害を債務者に負担させることは、契約の拘束力から正当化できない。契約のもとで想定されず、かつ、想定されるべきものでもなかった事態から生じるリスクは、当該契約により債務者に分配されていないため、このような損害を債務者に負担させることは契約の拘束力をもってしては正当化できないからである(3)」。このように、検討委員会の提示するあらたな債務不履行責任のモデルは、従来の債務者の行動の自由を保障するための「過失責任主義」に立脚したものから、「契約の拘束力」に基礎を置くものに転換することになる。このモデルによれば、債務不履行をした債務者は、契約の拘束力に基づいて、原則として損害賠償義務を負うことになるが、不履行の原因が契約において想定していないあるいはしえなかったものである場合には免責されるという構造になる。しかし、検討委員会によれば、これは決して無過失責任を債務不履行の場面で導入しようとするものではなく、債務者が債務不履行責任から免責されるかどうかは契約に基づくリスク分配が基準となるということを明らかにする趣旨であるとする(4)。そして、その場合には、どのような事情が「契約において債務者が引き受けていなかった事由」に当たるかという点が重要となる。この点について検討委員会は、この「契約において債務者が引き受けていなかった事由」と従来からよくいわれる「不可抗力」との異同について次のように述べる。「「契約において債務者が引き受けていなかった事由」とは、上述のように、債務不履行をもたらした事態（不履行原因）が契約において想定されず、かつ想定されるべきでもなかった場面で、当該事態から生じる不履行による損失を債務者が負担することは「契約の拘束力」から正当化されないとの観点からとらえられるものである。ここでは、当該事由が契約において債務者が引き受けなかった事由と評価されるか否かが、免責の可否にとって決定的となる。免責事由自体が、個々の契約のもとで――当該契約の内容や契約締結に至った事情などから契約解釈を通じて――個別的・相対的に評価されるわけである」[5]。さらに検討委員会は、このような免責が認められない債務の類型も存在するとする。すなわち、「債務のなかには、その内容が履行過程の具体的状況下での事態を前提として、具体的事情に即して確定されるというタイプのものがある。診療債務や雇用契約上の安全配慮義務に代表されるような誠意債務・最善努力義務・手段債務型の債務が、これである。この種の債務にあっては、本提案〈1〉のもとで想定されている考慮は、すでに、履行過程の具体的状況下での事態を前提として債務内容を確定し、債務不履行責任の成否を判断する際に取り込まれている。ここでは、帰責・免責の判断は、【3.1.1.62】の準則のもとで行われる債務の内容が何か、および債務の不履行があったか否かの判断に尽きる。その結果、この種の債務にあっては、【3.1.1.62】のもとでの債務不履行責任の成否判断とは別に、本提案〈1〉のもとでの判断を行う必要がない」とする[6]。

しかし、検討委員会は上述のように、いわゆる結果債務の場合と手段債務の場合とでは、免責の判断が異なることは認めつつも、いわゆる結果債務・手段債務二分論を明文化することは提案していない。これは、いわゆる結果債務・手段債務二分論について学界において議論の一致を見ていないことを理由とする。

以上のような、検討委員会の新たな債務不履行モデルのもとでは、本書の検討する性質保証はどのように位置づけられるのであろうか。おそらく、性質保証は契約において当事者が性質の存在についてリスクを引き受けていたことの根拠として位置づけられることになろう。しかし、そうすると本書の第一部第三章で検討した免責条項との関係はどのようになるのであろうか。すなわち、性質の存在を保証しつつ、他方で、免責・減責条項を契約に挿入する場合には、免責・減責条項が、「契約において債務者が引き受けていなかった事由」に該当するのか問題となろう。

二　民法改正研究会の提案

これに対して、先の検討委員会と同様に学者有志の研究会である、「民法改正研究会」の立法提案においては、債務不履行の帰責事由については次のような提案がなされている。(7)

（債務不履行による損害賠償）
三四二条
① 債務者がその債務の本旨に従った履行をしないときは、債権者は、債務者に対し、次の各号に定める損害の賠償を請求することができる。
一　債務の履行が不能であるとき、又は給付の追完が不能なときは履行に代えた損害
二　前条第二項により遅滞に陥ったとき、又は給付の追完が遅れているときは、遅延による損害
三　前二号に定めるもののほか、債務の本旨に従った履行がないことに起因する損害
② 前項の請求に対じ、債務者は、その債務の不履行が自己の責めに帰すべき事由によるものでないことを証明して、その責任を免れることができる。

提案理由では、「三四二条の二項をみればわかるように、現在の判例、通説と同様、帰責事由については、それが存在しないことの立証責任が債権者《マ　マ》にある、とするのが、研究会正案である。近時の有力な学説は、一部の債権につき帰責事由が問題とならない旨を指摘する。これは、正当な指摘であると考えるが、この研究会正案の枠組みのもとでは、そのような債権については第二項の帰責事由不存在の抗弁が提出されないことになるので、この研究会正案は、オーソドックスな判例、通説を受けつぐとともに、近時の有力説の実質をとりこんだものとなっている、と考える」と説明されている。

このように、民法改正研究会の債務不履行における帰責事由の理解は、従来の通説の理解に沿ったものであると評価できる。

三　法制審議会民法（債権関係）部会における議論

1　法制審議会民法（債権関係）部会第三回会議（第一読会）（平成二二年一月二六日開催）

（1）民法（債権関係）の改正に関する検討事項（一）詳細版（部会資料五－二）(8)

（二）「債務者の責めに帰すべき事由」の意味・規定の在り方
「債務者の責めに帰すべき事由」（民法第四一五条）の意味は、条文上、必ずしも明らかではない。そのため、この意味については、学説上、債務不履行による損害賠償責任の帰責根拠を過失責任主義に求めるか否かという点に関連して、争われている。債権債務関係の最も基本的なルールの一つを定める規定の意味が不明確であることは望ましくないとして条文の文言等を再考すべきという考え方もあるが、このような点を踏まえ、「債務者の責めに帰すべき事由」の規定の在り方について、どのように考えるか。

事務局からの説明によれば、帰責事由の意味について、伝統的見解は、過失責任主義に立脚し、これを「故意・過失又は信義則上これと同視すべき事由」と解していたが、近時、契約に拘束される当事者間には過失責任主義が前提とする行動の自由が認められない上、裁判例も帰責事由を故意・過失ととらえていないなどとして、契約の拘束力に根拠を求めるべきという考え方が主張されている。この考え方は、現在の帰責事由の内容を実質的に変えることを意図するものではないが、過失責任主義と結びついて解釈される「責めに帰すべき事由」という文言の不明瞭さ、理論的な問題点を克服して、条文の文言を分かりやすく変更すべきとする。そして、方向性としては、〔A案〕過失責任主義に根拠を求める考え方、〔B案〕契約の拘束力に根拠を求める考え方、があり、条文案としては、A案の方向からは、現行の文言の維持や、「故意・過失又は信義則上これと同視すべき事由」などが考えられ、B案の方向からは、「不可抗力」を免責事由として規定する考え方や、「契約により引き受けていない事由」を免責事由として規定する考え方、そして、B案の方向からも現行法維持の考え方がありうることなどが提案されている。

（2）法制審議会における議論[9]

この点に関し、高須幹事[10]の「実はこの「責めに帰すべき事由」というのは案外、使い勝手のよい言葉なのかなという理解があります」という発言に端的に表れているように、弁護士・実務家の委員からは、従来から実務において責に帰すべき事由とは必ずしも過失を意味するものではないという理解には共感するが、だからと言って、一〇〇年以上にわたって実務に定着してきた「責に帰すべき事由」という文言を捨ててしまってよいのかという意見（大島委員[11]発言。学者委員ではあるが鹿野幹事[12]も同趣旨）や、「圧倒的多くの社会の人たちは、やはり「引受け」という言葉が出れば、契約書に書いたか書かなかったかという点に尽きる、端的に言えばそういう問題になります」（木村委員[13]発言）という「契約による引き受け」というワーディングに対する批判が相次いだ。これに対して、学者委員からは、「責に帰すべき事由」という文言が使いやすかったというのは、まさにそれだから無意味だったのではないか、「責めに帰すべき事情」があれば、責任を負わせる、というのはトートロジカルなことしか言っていない、という意見や(道垣内幹事発言)[14]、また、「責に帰すべき事由」の対案として「契約によって引き受けられていなかった事由」という文言が一人歩きしている感があるが、問題は、契約の内容をどう確定するかということであって、そのようにして確定された契約上のなすべきことを怠ったがゆえに契約責任が追及されると考えるべきであるという意見(山本敬三幹事発言)[15]が出された。

また、最後に、高須幹事から、今回の債権法改正にあたって、免責条項の効力を一般的に定める規定を置くことを検討することが提案された。すなわち、契約当事者の力関係の違いに基づいて一方当事者にのみ有利な免責条項が盛り込まれるような事態に対して一定の制限法理を設けるべきであり、例えば、ユニドロワの第7.1.6条では、免責条項の主張が著しく不公正なものである場合には、その主張はできないと規定されていることから、このような規定が日本の債権法にも必要なのではないかという提案がされた。

2　中間論点整理

平成二三年五月に法制審議会民法(債権関係)部会から出された、「民法(債権関係)の改正に関する中間的な論点整理[16]」では、債務不履行の帰責事由については、次のようなまとめが行われている。

(二)「債務者の責めに帰すべき事由」の意味・規定の在り方
「債務者の責めに帰すべき事由」の意味は、条文上必ずしも明らかではないが、伝統的には、債務不履行による損害賠償責任の帰責根拠を過失責任主義(故意・過失がない場合には責任を負わないとする考え方)に求め、「債務者の責めに帰すべき事由」の意味を、故意・過失又は信義則上これと同視すべき事由と解する見解が通説とされてきた。これに対し、判例は、必ずしもこのような帰責根拠・判断基準を採用しているわけではなく、また、「債務者の責めに帰すべき事由」の意味を、契約から切り離された債務者の不注意と解しているわけでもないという理解が示されている。このような立場から、「債務者の責めに帰すべき事由」の意味も、帰責根拠を契約の拘束力に求めることを前提として検討すべきであるとの見解が提示された。他方で、帰責根拠を契約の拘束力のみに求めることについては、それが取引実務に与える悪影響を懸念する意見もあった。これに対しては、ここでいう「契約」が、契約書の記載内容を意味するのではなく、当事者間の合意内容を、当該合意に関する諸事情を考慮して規範的に評価することにより導かれるものであるとの指摘があった。

以上の議論を踏まえ、債務不履行による損害賠償責任の帰責根拠を契約の拘束力に求めることが妥当かという点や、仮に帰責根拠を契約の拘束力に求めた場合には、損害賠償責任からの免責の処理はどのようにされることが適切かという点について、判例の立場との整合性、取引実務に与える影響、債務の種類による差異の有無等に留意しつつ、更に検討してはどうか。

その上で、「債務者の責めに帰すべき事由」という文言については、債務不履行による損害賠償責任の帰責根拠との関係で、この文言をどのように理解すべきかという検討を踏まえ、他の文言に置き換える必要があるかどうか、また、それが適当かどうかという観点から、更に検討してはどうか。その際、文言の変更が取引実務や裁判実務に与える影響、民法における法定債権の規定に与える影響、その他の法令の規定に与える影響等に留意しながら、検討してはどうか。

3　法制審議会民法（債権関係）部会第三七回会議（第二読会）（平成二三年一二月一三日開催）

（1）　民法（債権関係）の改正に関する論点の検討（五）[17]

（二）　債務不履行による損害賠償一般の免責要件の規定の在り方

債務不履行による損害賠償一般に適用される免責事由（前記（一）参照）については、具体的な免責要件の文言等の見直しに関して次のような考え方があり得るが、どのように考えるか。

【甲案】契約の趣旨に照らして債務者がそのリスクを負担していなかったと評価される事由によって債務不履行が生じた場合には、免責される旨を規定する。

【乙案】債務者の責めに帰することができない事由によって債務不履行が生じた場合には、免責される旨を規定する。


事務局からの説明によれば、「債務者の責めに帰すべき事由」という文言が無内容であって、免責の可否に関する考慮要素が不明確であるとの指摘などを踏まえ、甲案では、より具体的に免責の枠組みを明示した文言に改めることが提案されている。一方、乙案では、「債務者の責めに帰すべき事由」という文言を維持することが提案されている。

(2) 法制審議会における議論[18]

審議に先立って、高須幹事と潮見幹事[19]から条文案について意見書が出された。

まず、高須幹事は下記のような条文案を提案された。


【高須案】

（想定される条項の骨子）
一　債務者がその債務の（本旨に従った）履行をしないときは、債権者は、これによって生じた損害の賠償を請求することができる。ただし、債務者の責めに帰することのできない事由による場合は、この限りではない。
二　債務者の不履行は、次の各号のいずれかに該当する場合には、債務者の責めに帰することのできない事由による場合である。
（一）　不可抗力によるとき

（二）　債権者の行為および債務者の支配の及ばない領域における第三者の行為によるとき
（三）　契約その他債務の発生原因に照らし、債務不履行を生じさせた原因が債務者の負担とされるべきでないとき

これに対して、潮見幹事の意見書では、下記のような条文案のたたき台を提案されている。

【潮見案】
債務者がその債務の〔本旨に従った〕履行をしないときは、債権者は、これによって生じた損害の賠償を請求することができる。ただし、契約その他債務の発生原因に照らし、債務不履行を生じさせた原因が債務者の負担とされるべきではないときは、この限りでない。

さらに会議の席上では、中井委員[20]から、下記のような文言の提案がなされた。

【中井案】
ただし、契約その他債務の発生原因及びその後に生じた事情に照らして、債務不履行又は履行不能を生じさせた原因が社会通念により、その債務者の責めに帰すべきでないときはこの限りではない。

中井委員によれば、「その後に生じた事情」という文言を付け加えることにより、高須案の不可抗力等のいくつかの例示を取り込むことができるとする。さらに、ここであえて「社会通念」という言葉を持ち出したのは、「契約のみならず、その他外在的な事情もあるものですから、それを踏まえて債務者の責めに帰すことができるのか、債務者の負担に帰すことができるのか、それを判断するには一定規範的・客観的基準を持ってくるべきと考えてい

る」からであるとされる。

このように、高須幹事や中井委員の提案は、責めに帰すべきという用語は維持してはいるが、「契約その他債務の発生原因に照らし」という文言を入れることにより、甲案の考え方にも配慮したものとなっている。

他方、潮見幹事の提案も、「責に帰すべき」という文言こそ用いられてはいないが、実質的には、高須案、中井案とほとんど同じであり、条文の表現としてはかなりすりあわせがなされてきたと見ることができる。

会議の席上では、潮見幹事より意見書に基づいてこれまでの議論の論点整理が行われた。

まず、これまでの議論で共通理解が形成されているものとして、次の3点を挙げる。

（一）
① 【債務不履行を理由とする損害賠償の正当化原理】　契約上の債務に関して、債務不履行を理由として債務者が損害賠償責任を負わなければならないのは、債務者が契約で約束したことを守らなかったからである。
② 【損害賠償責任からの免責可能性】　契約上の債務に関して、債務不履行が認められる場合でも、債務者は常に損害賠償責任を負わされるわけではなく（絶対責任の否定）、債務不履行であるにもかかわらず、債務者が免責されることがある。
③ 【免責評価の規準】　契約上の債務に関して、上記の免責が認められるかどうかは、契約内容との関係で吟味されるべきである。

さらにおおよその確認がされている点として次の五つを挙げる。

（二）

①【実務における「行動自由の保障」原理の不採用】　伝統的学説は「債務者の責めに帰すべき事由」という言葉を「過失責任の原則」（＝行動自由の保障）に結びつけて捉えているけれども、実務においては、こうした原理レベルでの連結に執着することなく、「債務者の責めに帰すべき事由」・「債務者の責めに帰することができない事由」という言葉を用いてきた。

②【学説レベルでの学説継受事象（過失責任原則の継受）の確認】　実務での利用実態はともかく、わが国の学説では、債務者の「責めに帰すべき事由」を「過失責任の原則」（＝行動自由の保障）に結びつけて捉える伝統がある。

③【厳格責任・結果責任化の否定】「債務者の責めに帰すべき事由」という言葉を用いない立法をすることは、債務不履行における免責の余地を一切否定すること（厳格責任）につながるものではない。上記（一）②に挙げたように、債務不履行が認められる場合でも損害賠償責任からの免責可能性が認められるべきであるという共通理解を承認するのであれば、債務不履行があるにもかかわらず債務者の「免責」を認めるか否かを判断するための「場」は必要である（上記（一）③の問題）。あとは、この「場」をどのような言葉で表現するかということが、問題として残される）。

④【主張・立証責任】　債務不履行を理由として損害賠償請求をする際に、債権者は債務不履行の事実（なお、履行遅滞の場合には、さらに諸説あり。）までを主張・立証すればよい。「債務者の責めに帰すべき事由」に関しては、債務者側が「債務者の責めに帰することのできない事由」につき、主張・立証責任を負担する。

⑤【「債務者が契約で引き受けていなかった事由」という言語表現への直結問題】　債務不履行を理由とする損害賠償とそこからの免責の枠組みを上記（一）①・②・③のように捉えることと、その際の免責の「場」の言語表現を「債務者が契約で引き受けていなかった事由」とすることとは、直結するものでない（上記（一）①・②・③を支持するときには免責事由は「債務者が契約で引き受けていなかった事由」と書かなければならない、というわけではない）。

これに対して、債務不履行であるにもかかわらず債務者が免責される場合を、どのように言語表現するのかについては、なお一致をみていないとされる。

さらに、以下の点については、損害賠償責任の免責の枠組みや免責の表現（ワーディング）をどうするのかということは直結しない問題であるとされる。

（三）

①【免責条項の問題】 当事者が「本契約で（具体的に）定められた所定の事実が生じたときに、債務者は損害賠償責任を負わない」という条項を契約書中に挿入することにより、債務者が免責されるかどうかの問題。これは、当該免責条項の解釈および約款規制（不当条項規制など）に関する問題である。「債務者の責めに帰すべき事由」という言葉を残すか、残さないかということは、全く関係がない（免責事項を契約書に書けば免責されるのかということは、そもそも現行法下でも起こりうる問題である）。

②【厳格責任化への誤解】「債務者の責めに帰すべき事由」という言葉を残さなければ、債務者が結果責任（厳格責任）を負うことになってしまうとの懸念。これも、上記（一）②および（二）③を否定したときに、はじめて成り立つ懸念である。しかしながら、今般の一連の議論で、上記（一）②および（二）③——免責の余地——を否定するという意見は示されていない。とすれば、上記（一）③および（二）③に述べた免責の「場」を用意すれば足りることであり、あとは、この「場」をどのように言語表現するかに尽きる。

③【債務内容確定および債務不履行の成否の問題との混線】 診療債務など、いわゆる手段債務型の債務において、「債務不履行があった・なかった」（＝履行過程における具体的行為義務の違反があった・なかった）ということを表現するために、「債務者に『責めに帰すべき事由』があった・なかった」とか、「債務者に『過失』があった・なかった」といった表現が用いられたりすることがある。しかし、その際に問題となっているのは「債務不履行があったか否か」ということであり、ここでは、債務の内容とその違反の事実が問われているのである。「債務不履行があった」と評価された後に問題となる「免責」の問題が扱われているのではない。したがって、「責めに帰すべき事由」・「責めに帰することのできない事由」という言葉を別の言葉で改めたり、「過失責任の原則」（＝行動自由の保障）を採用しないこととしたからといって、診療債務ほかこれらの債務が結果債務になったり、結果不実現を理由とする厳格責任が採用されたりするというわけではない。

しかし、会議の席上では、大島委員の「商工会議所には甲案が採用された場合、条文の文言の表現振りによっては不可抗力のようなものも含めて、防衛的に契約書に免責事由を大量に書き込むといった契約実務を強いられるのではないかと懸念する意見がございました」……「中小企業の契約実務における無用な混乱を避けるには、乙案の責めに帰すべき事由という文言を維持する方向が良いのではないかと思います。現行法の責めに帰すべき事由という文言は、一般取引概念として定着しており、中小企業にとってイメージのしやすい表現だと思いますし、紛争が起きた場合、裁判所で争う手前の段階で双方が納得できる解決策を見出すには、この文言はそれなりの機能を果たしているのではないかと思います」という発言や、岡本委員[21]の「甲案あるいはそれに類似した考え方を支持される研究者の先生方と、それから、乙案を支持する主に実務家との議論がちょっとすり合っていないのではないかというふうな気がしております」という発言に端的に表れているように、第二読会でも、依然として、実務界は、従来の「帰責事由」という枠組みの維持を求めている。

また、最高裁事務総局の岡崎幹事[22]から「しかし、それでもなお、これまでの実務の中で定着している概念である責めに帰すべき事由等々の概念を放棄しなければいけないほどのものなのかどうか」というように、甲案に対して否定的な意見が出されていることが注目される。

さらに、第三回会議で、高須幹事から提案された、免責条項の効力についての制限については、潮見、山本両幹事とも、基本的には、不当条項規制の問題であり、債務不履行の帰責性の問題ではないという立場を維持しているが、これに対して、第三八回会議[23]において、高須幹事の方から、「横浜弁護士会の意見などでは、この帰責の根拠の問題と免責条項の問題というのは表裏一体だと、つまり、先般来、議論していますように契約というようなことを損害賠償帰責事由の中身として考えていった場合には、今、山本先生から御指摘があったわけですけれども、それを無にするような約定というのは、そもそも認められないのではないかというところで、数ある不当条項のリストの候補のようなものの中でも、ここはむしろ債務不履行法理と直結しているのではないかと、こういう御意見を頂いておりますので、そういう意味では、私も同じ意見なんですが、この論点を切り出して前向きに考えるということはあり得るのではないかと思っております」という発言があり、第二読会においても依然として、債務不履行の帰責の問題と免責の問題を表裏一体のものとしてとらえる立場からの主張を行っている点が注目される。

4　法制審議会民法（債権関係）部会第三分科会第二回会議（平成二四年二月二一日開催）(24)

分科会では、もっぱら、先の第三七回会議で各委員から提案のあった条文案の表現ぶりについて審議がなされた。特に、中井委員の提案の中の「社会通念」という言葉を巡っては、山野目幹事(25)の方から強い懸念が表明された。理由は、「みんながそう考えるから、という感覚で、社会という言葉を振りかざして襲いかかってくるものの前に置かれる個人というものが、危うい」というものである。

内田委員(26)の「現在、出されている改正案というのは、具体的な中身の例示をするかどうかは別として、書き込もうとしている判断基準に、ほとんど差はなくなっていて、あとは言葉をどう選ぶかというところにきていると思います」という発言に表れているように、条文の表現についての議論はかなり収斂してきているといえる。

しかし、中井委員の「弁護士会が危惧しているのは、それでもピュアな契約の趣旨ということになるんでしょうか、合意の徹底化に対して常に危惧があります。」という発言に象徴されているように、「契約の趣旨」という文言によって、契約中心の合意構成を主張する学者側と、契約だけですべてが決まるわけではないということを何とか文言に盛り込みたいと考える実務家、特に弁護士会側との溝はこの段階ではまだ埋まらないままであったといえる。

5　法制審議会民法(債権関係)部会第六四回会議(平成二四年一二月四日開催)

(1)　民法(債権関係)の改正に関する中間試案のたたき台(一)(27)

第八　債務不履行による損害賠償
一　債務不履行による損害賠償とその免責事由(民法第四一五条前段関係)
民法第四一五条前段の規律を次のように改めるものとする。
(一)　債務者がその債務の履行をしないときは、債権者は、債務者に対し、その不履行によって生じた損害の賠償を請求することができるものとする。
(二)　契約による債務の不履行が、当該契約の趣旨に照らして債務者の責めに帰することのできない事由によるものであるときは、債務者は、不履行による損害を賠償する責任を負わないものとする。

事務局からの説明によれば、本条第二項は、債務不履行による損害賠償の一般的な免責要件について定めるものであり、債務不履行の原因が一定の要件を満たすこと(帰責事由の不存在又は免責事由の存在)を債務者が主張立証したときは、損害賠償の責任を免れることについては、異論がないことから、これを条文上明記したとする。条文の文言については、現行民法四一五条後段の「責めに帰すべき事由」という文言を維持した上で、その基本的な判断基準が当該契約の趣旨に求められることを付加する考え方を提示している。本文にいう「契約の趣旨に照らして」とは、当事者が契約をした目的、契約締結に至る経緯を始めとする契約をめぐる一切の事情に基づき、取引通念を考慮して評価判断することを示すものであり、単に契約書の記載内容などといった明示の合意内容のみによって判断するとの趣旨ではないとのことである。また、裁判実務において「契約の趣旨」という言葉が使われる場合にも、おおむねこのような意味で用いられているのではないかと考えられるとして、このことを明確に表現するために、契約の目的、契約締結に至る経緯や取引通念といった「契約の趣旨」を導く考慮要素を条文上例示することも考えられることから、本文ではブラケットを用いてそれを記載したとする。

これに対して潮見幹事の方から、「中間試案のたたき台(一)についての意見」として、「(二)で「当該契約の趣旨に照らして」という文言を付加した点は、多としたい。なお、「契約の趣旨に照らして」という表現ぶり(言葉遣い)にはこだわらない(衆目の一致するものであればよい。)」……「(一)と(二)を分けた点も、多としたい」という意見が表明された。(28)

会議の席上では、潮見幹事から、「責めに帰することのできない事由」という文言が残ることについては「少し気持ち悪いところもないわけでは」ない旨の発言があった。これに対して高須幹事からは「弁護士会の中にもいまだに「契約の趣旨に照らし」という言葉を入れることに対して、抵抗感を持つという考え方もあ」る旨の発言があり、弁護士会としては、「「債務者の責めに帰することのできない事由」という言葉も入れ込んだ一つの中間試案提案が出ているということについては、引き続き、これを維持」することを求めた。(29)

6　民法(債権関係)の改正に関する中間試案(平成二五年二月二六日決定)(30)

第一〇　債務不履行による損害賠償
　一　債務不履行による損害賠償とその免責事由(民法第四一五条前段関係)
　　民法第四一五条前段の規律を次のように改めるものとする。
(一)　債務者がその債務の履行をしないときは、債権者は、債務者に対し、その不履行によって生じた損害の賠償を請求することができるものとする。

（二）契約による債務の不履行が、当該契約の趣旨に照らして債務者の責めに帰することのできない事由によるものであるときは、債務者は、その不履行によって生じた損害を賠償する責任を負わないものとする。
（三）契約以外による債務の不履行が、その債務が生じた原因その他の事情に照らして債務者の責めに帰することのできない事由によるものであるときは、債務者は、その不履行によって生じた損害を賠償する責任を負わないものとする。

この中間試案に対して寄せられた意見としては、（一）については、「債務不履行を「履行遅滞」「履行不能」「不完全履行」の三分類に分けて論じられてきたものを放棄し、包括的要件を維持することに実務上の影響はない」などの理由から、最高裁をはじめ比較的多数が賛成している。これに対して、（二）については、「帰責事由という慣れ親しんだ文言を残しながら、「契約の趣旨に照らして」という文言により、当事者の意思を尊重し、かつ、取引通念という客観的事情も考慮するという融合的な提案と言える」などの理由から賛成する意見も多いが、「「契約の趣旨に照らして」という文言は、立法趣旨から離れて契約書の文言を過度に意識させることになりかねず、妥当でない」などのように、「契約の趣旨」という文言が入ることに対して反対する意見のほか、「従来の解釈を変更するのであれば、帰責事由という文言を変更すべきである」として、「帰責事由」を意味する文言を維持することに対する反対意見も出されている。(31)

7　法制審議会民法（債権関係）部会第七八回会議（平成二五年一〇月八日開催）

（1）民法（債権関係）の改正に関する要綱案のたたき台（3）(32)

第二　債務不履行による損害賠償
一　債務不履行による損害賠償とその免責事由（民法第四一五条関係）
民法第四一五条の規律を次のように改めるものとする。
（一）債務者がその債務を履行しないとき（債務の履行が不能であるときを含む。）は、債権者は、これによって生じた損害の賠償を請求することができるものとする。
（二）上記（一）の債務の不履行が債務者の責めに帰することができない事由（その債務が契約によって生じたものである場合にあっては、当該契約の趣旨に照らして債務者の責めに帰することができない事由をいう。後記四において同じ。）によるものであるときは、債務者は、その債務の不履行による損害賠償の責任を負わないものとする。

事務局からの提案理由によれば「素案（一）及び（二）は、上記の問題の所在を踏まえ、民法第四一五条の前段と後段とを統合した上で（素案（一））、その債務不履行が債務者の責めに帰することができない事由によるものであるときは債務者の免責が認められる旨を定めることによって（素案（二））、①履行不能以外の債務不履行についても債務者の責めに帰することができない事由によるものである場合の免責が認められること、②債務者の側でその債務不履行が債務者の責めに帰することができない事由によるものであることを主張立証しなければならないことを明確にするものである。また、その債務が契約によって生じたものである場合については、その債務不履行が当該契約の趣旨に照らして債務者の責めに帰することができない事由によるものであるときに債務者の免責が認められることを明確にしている」と説明されている。

この点については、会議の席上では特に意見は無かった。

8　法制審議会民法(債権関係)部会第九〇回会議(平成二六年六月一〇日開催)

(1)　民法(債権関係)の改正に関する要綱仮案の原案(その一)補充説明[33]

第八　債務不履行による損害賠償

一　債務不履行による損害賠償とその免責事由(民法第四一五条関係)

民法第四一五条の規律を次のように改めるものとする。

(一)　債務者がその債務の本旨に従った履行をしないとき(債務の履行が不能であるときを含む。)は、債権者は、これによって生じた損害の賠償を請求することができる。

(二)　(一)の債務の不履行が、契約その他の当該債務の発生原因及び取引上の社会通念に照らして債務者の責めに帰することができない事由によるものであるときは、債権者は、その債務の不履行によって生じた損害の賠償を請求することができない。

事務局からの補足説明によれば、従前の案である、「契約の趣旨に照らして債務者の責めに帰することができない事由」との要件については、「契約の趣旨に照らして」との文言からは取引通念が考慮されるべきであることが読み取りにくいとの問題があったとして、「取引上の社会通念に照らして」との表現を加えたとのことである。「取引通念」ではなく「取引上の社会通念」との表現を用いたのは、両者の意味が異なることを前提とするものではなく、「取引通念」との表現が比較的難解であることを理由とするものであり、規律の内容を変更する趣旨ではないとする。そして、契約及び取引通念に照らして帰責事由の有無が判断されるといっても、例えば、売買契約上の特約において、目的物に特定の瑕疵(契約不適合)があった場合には売主の帰責事由の有無を問わずに一定額の損害賠償責任を負う旨が定められ、現にそのような瑕疵(契約不適合)があった場合に、契約及び取引通念に照らして判断した結果、債務者の帰責事由が否定され損害賠償責任も否定されるといったことは想定されていないとして、「契約及び取引上の社会通念に照らして債務者の責めに帰することができない事由によって生じた債務不履行に基づく損害賠償の責任は負わない」旨の規律は、その意味で任意規定であり、その点は現行法と何ら変わらないと説明している。

このような文言の修正に対して、潮見幹事、山本敬三幹事、松岡委員から提出された「民法(債権関係)の改正に関する要綱仮案の原案(その一)についての意見及び説明の要望[34]」において、次のような意見が述べられている。

> ①　「取引上の社会通念」という新規概念に関しては、再考をお願いしたい。
>
> ②　「取引上の社会通念」という新規概念を用いる場合には、「契約その他の当該債権の発生原因及び取引上の社会通念に照らして」を、「取引上の社会通念を考慮し契約その他の債務の発生原因の趣旨に照らして」に、修正していただきたい。

①の理由については、「仮案の原案は、中間試案が用いていた「当該契約の趣旨に照らして」を、「取引上の社会通念」に置き換えている。この間の説明によれば、「当該契約の趣旨」とは、「契約の目的、契約締結に至る経緯そ

の他の事情に基づき、取引通念を考慮して定まる」ものとされてきた。これを単に、「取引上の社会通念」と置き換えたならば、「契約の目的、契約締結に至る経緯その他の事情に基づき」とされていた部分に含意されている考慮が判断の過程から落ちてしまうとの危惧を禁じ得ない（この部分もまた、原案にいう「契約その他の当該債権の発生原因に照らして」では捕捉できないとの理由から、当部会での審議を重ねるなかで重視されてきた点である。）。さらに、単に「取引上の社会通念」と書き、かつ、原案のように「契約その他の当該債権の発生原因及び取引上の社会通念に照らして」と書いたときには、次の②で示す問題を増長させることとなり、いっそう適切でない。」とする。

そして、②については、仮案の原案は、「契約その他の当該債権の発生原因及び取引上の社会通念に照らして」特定物債務者の保存義務の程度、履行請求権の限界（履行不能の有無）、損害賠償の免責事由、催告解除権の阻却要件等が定まるとの定式を採用しているが、「契約その他の当該債権の発生原因」の趣旨が何かを判断する際に主観的事情と客観的事情がともに考慮されるということを考慮に入れたとき、この定式は、このことを記述するものとしては不完全であるという。なぜなら、「契約その他の当該債権の発生原因」に照らして特定物債務者の保存義務の程度、履行請求権の限界（履行不能の有無）、損害賠償の免責事由、催告解除権の阻却要件等を判断する際には、そこにおいて既に、「取引上の社会通念」（中間試案の表現では、契約の目的、契約締結に至る経緯その他の事情に基づき、取引通念を考慮して定まる「契約の趣旨」）が考慮に入れられているからであるとする。むしろ、特定物債務者の保存義務の程度はどれほどのものか、履行請求権の限界（履行不能の有無）がどこに引かれるか、損害賠償の免責事由の内容はどのようなものか、催告に応答がなくても解除ができない場合はどのような場合か等は、「契約の目的、契約締結に至る経緯その他の事情」を基礎に据え、「取引上の社会通念」を考慮に入れて導かれる「契約その他の当該債権の発生原因」の趣旨に照らして判断されるというのが正しいとする。さらに、「契約その他の当該債権の発生原因」と「取引上の社会通念」とを「及び」でつなぐことにより同格のものとして位置づけたときには、契約で明確に定めている場合でも、「取引上の社会通念」を重視して、それと実質的に異なる解決が導かれるおそれが払拭できないという。

そうすると、仮に「取引上の社会通念」という新規概念を用いるにしても、「契約その他の当該債権の発生原因及び取引上の社会通念に照らして」は、「取引上の社会通念を考慮し契約その他の当該債権の発生原因の趣旨に照らして」に修正すべきである。このように修正したとしても、契約規範や契約責任を取り巻く問題を処理するにあたり、当事者の「合意」ないし主観的事情だけでなく、「社会通念」など客観的事情をも考慮に入れた判断がされるべきであるとの意見――中間試案に「[契約の目的、契約締結に至る経緯その他の事情に基づき、取引通念を考慮して定まる]当該契約の趣旨に照らして」という文言を入れることを積極的に提唱していた意見――の主張者にとっても、十分に受け容れうるものと考えるとする。

部会の審議に於いては、意見書を提出した潮見幹事等と、他の委員、特に弁護士会選出委員との間で、議論の応酬があったが、最終的には、事務局がこれまでの議論をふまえて、成案を取りまとめることになった(35)。

9　民法(債権関係)の改正に関する要綱仮案(平成二六年八月二六日決定)(36)

第一一　債務不履行による損害賠償

一　債務不履行による損害賠償とその免責事由(民法第四一五条関係)

民法第四一五条の規律を次のように改めるものとする。

債務者がその債務の本旨に従った履行をしないとき又は債務の履行が不能であるときは、債権者は、これによって生じた損害の賠償を請求することができる。ただし、その債務の不履行が、契約その他の当該債務の発生原因及び取引上の社会通念に照らして債務者の責めに帰することができない事由によるものであるときは、この限りでない。

平成二六年八月二六日に決定された要綱仮案では、内容的には要綱仮案の原案とほとんど変更はなく、原案では第二項に規定されていた免責事由が、但書に改められた。しかし形式的な修正であり、本質的な変更はない。また、第九〇回会議で提案された、潮見幹事らの修正提案は容れられなかった(37)。

この要綱仮案の文言は、法制審議会第一七四回会議において決定された「民法(債権関係)の改正に関する要綱(38)」、さらには、平成二七年三月三一日付けで第一八九回通常国会に提出された「民法の一部を改正する法律案(39)」においてもほとんど修正なく維持された。

四　小括

このように、現在の学説の傾向としては、債務不履行の帰責根拠は、契約の拘束力にもとめ、債務者はそれについての免責事由を主張立証することによって責任を免れるというモデルが有力であるが、法制審の審議においては、「責に帰すべき事由」という文言を残すべきであるとの実務界からの提言を受けて、従来の帰責事由についての文言の構造は基本的に維持しつつ、「契約の趣旨に照らし」という文言を入れることで、基本的な判断基準は契約にあると言うことを明らかにしつつ、帰責事由については第二項に明記することで、抗弁としての免責事由としての性格を明確にするという方向に至っている(40)。

注

(1) 吉田邦彦「債権の各種――『帰責事由』論の再検討」『民法講座別巻(二)』(有斐閣、一九九〇)一頁以下(『契約法・医事法の関係的展開』(有斐閣、二〇〇三)二頁以下所収)、森田宏樹『契約責任の帰責構造』(有斐閣、二〇〇二)五四頁以下。アプローチは異なるが、潮見教授の立場も同じ方向性を指向する(潮見佳男『債権総論Ⅰ〔第二版〕』(信山社、二〇〇三)二六七頁以下)。
(2) 改正の議論については、渡辺達徳「債務不履行(特集　債権法改正を論ずる)」法時八六巻一二号二一頁以下も参照。
(3) 民法(債権法)改正検討委員会編『詳解・債権法改正の基本方針Ⅱ』(商事法務、二〇〇九)二四四頁。
(4) 前掲・『詳解・債権法改正の基本方針Ⅱ』二五二頁。
(5) 前掲・『詳解・債権法改正の基本方針Ⅱ』二五二頁。
(6) 前掲・『詳解・債権法改正の基本方針Ⅱ』二五三頁。
(7) 民法改正研究会「日本民法典財産法改正試案」判タ一二八一号三三頁。
(8) 『民法(債権関係)部会資料集第一集〈第一巻〉』(商事法務、二〇一一)四二五頁以下。
(9) 前掲・部会資料集第一集〈第一巻〉一二九頁以下。
(10) 東京弁護士会
(11) 株式会社千疋屋総本店代表取締役社長
(12) 慶應大学教授
(13) 東京電力株式会社総務部法務室長
(14) 東京大学教授
(15) 京都大学教授
(16) 『民法(債権関係)の改正に関する中間的な論点整理の補足説明』(商事法務、二〇一一)二六頁以下。
(17) 「部会資料三二」二二頁以下(前掲・部会資料集第二集〈第四巻〉三九六頁以下)。
(18) 前掲・部会資料集第二集〈第四巻〉一一七頁以下。
(19) 京都大学教授
(20) 大阪弁護士会

(21) 株式会社みずほ銀行法務部担当部長

(22) 最高裁判所事務総局民事局第一課長

(23) 前掲・部会資料集第二集〈第四巻〉一九二頁以下。

(24) 「第三分科会第二回会議 議事録」三五頁以下（http://www.moj.go.jp/content/000097962.pdf）。

(25) 早稲田大学教授

(26) 法務省経済関係民刑基本法整備推進本部参予

(27) 「部会資料五三」三五頁以下。

(28) 潮見佳男「中間試案のたたき台（一）についての意見」四頁（http://www.moj.go.jp/content/000104779.pdf）。

(29) 第六四回議事録四九頁以下（http://www.moj.go.jp/content/000111136.pdf）。

(30) 商事法務編『民法（債権関係）の改正に関する中間試案（概要付き）』別冊ＮＢＬ一四三号三八頁以下。

(31) 「「民法（債権関係）の改正に関する中間試案」に対して寄せられた意見の概要（各論）【速報版（五）】」（部会資料六四-六）一三頁以下（http://www.moj.go.jp/content/000117663.pdf）。

(32) 「部会資料六八Ａ」五頁以下。

(33) 「部会資料七九-三」九頁以下。

(34) 「民法（債権関係）の改正に関する要綱仮案の原案（その一）についての意見及び説明の要望」二頁以下（http://www.moj.go.jp/content/001124061.pdf）。

(35) 第九〇回議事録三八頁以下（http://www.moj.go.jp/content/001128483.pdf）。

(36) 「民法（債権関係）の改正に関する要綱仮案」ＮＢＬ一〇三四号一一頁以下。

(37) 渡辺達徳教授は、法制審における審議の経過に照らすと、「「基本方針」における「契約の拘束力」（リスクの引受け）という思想は、「要綱仮案」にも受け継がれていると見ることができる」と評される（渡辺達徳「債務不履行（特集　債権法改正を論ずる）」法時八六巻一二号二五頁）。

(38) 「民法（債権関係）の改正に関する要綱」ＮＢＬ一〇四五号二七頁以下。

(39) 商事法務編『民法（債権関係）改正法案新旧対照条文』九一頁以下。

(40)　潮見教授は、本提案の「ただし書は、損害賠償責任の免責事由を――その主張・立証責任が債務者にあることを示すとともに――定めたものである。現民法四一五条に関する「債務者の責めに帰することのできない事由」に、「契約その他の当該債務の発生原因及び取引上の社会通念に照らして」という修飾語を明示的に付加することで、ここでの免責事由が債務発生原因、契約の場合には免責の可否が契約の趣旨に照らして判断されるべきものであって、「帰責事由＝過失」を意味するものではないことを明らかにしたものである(過失責任原則の否定)」と述べる(潮見佳男『民法(債権関係)の改正に関する要綱仮案の概要』(きんざい、二〇一四)四五頁以下)。

第二章　本書のまとめと提言

一　債務不履行責任の帰責事由としての性質保証責任

本書第一部第二章および第二部第一章において検討したように、ドイツ法では、ローマ法以来の伝統を受け継いだ「性質保証(Zusicherung)」により損害賠償を基礎づけていた旧BGB四六三条は、二〇〇二年の債権法改正により、債務不履行責任の損害賠償責任の帰責事由として、故意・過失と並んで、「損害担保(Garantie)の引き受け」を導入した新BGB二七六条に改正されるに至った。このことは、日本法においても従来、性質保証責任として様々に議論されていたものが、現行の日本民法四一五条の債務不履行責任の責めに帰すべき事由の一つして位置づけうる可能性を示しているといえる(1)。

また、日本の民法改正法案においては、帰責事由に関する条文の構造について、当初、研究者と実務家の間で議論の応酬があったが、法案によれば、基本的には、現行民法四一五条の基本構造は変わらない方向での立法がなされるようである。そうであるならば、現行法と同様に、性質保証を帰責事由の一つとして位置づけることも依然として可能であるといえる。さらに「契約の趣旨に照らして」という文言が加わるのであれば、「性質保証」によって損害賠償責任を根拠づけるという考え方にもより親和的であると考える。

また、日本民法の帰責事由についての条文がどのような形で改正されるにせよ、第一部第一章の冒頭の事例βのように、債務者が性質保証をすることによって、当事者が合意した債務の内容がより明確になるという機能は変わらないのであり、性質保証責任を論じる意義は依然として存するといえよう。

二　性質保証の要件

次に性質保証の要件の問題として、売主の「責任を引き受ける意思」が要件として必要かどうかについてはやや問題が残る。第一部第四章におけるスイス法の検討からも明らかなように、単に瑕疵概念を補完する機能しか有さないスイス債務法の性質保証責任には「責任負担意思」は必要なく単なる言明で足りるとするのが判例・通説であるのに対し、旧ＢＧＢの瑕疵担保責任における損害賠償請求権を基礎づける「性質保証」およびその「性質保証」の後継概念としてドイツ債権法改正によって導入された「損害担保責任(Garantie)」には、要件として「責任負担意思」が必要であると解されていることに鑑みると、やはり責任を加重する機能を担う「性質保証責任」にとって「責任負担意思」は重要な意味を持っているとも言える。それゆえ、「性質保証」を損害賠償等を基礎づける帰責事由の一つとして位置づけるのであれば、その帰責の「根拠」は債務者の「責任を負担する意思」に求めるしかないものと思われる。

三　性質保証の証明責任

では、性質保証を債務不履行責任の帰責事由のひとつとして位置づける場合には、その主張・立証責任についてはどのよう考えるべきであろうか。この点については、第一部第五章で検討したように、帰責の根拠を「責任負担意思」に求めたとしても、債務者が「責任負担意思」を持って保証したということまでも、債権者が主張・立証しなければならないと言うことを意味しない。ドイツ法との比較からみても、新ＢＧＢでは二七六条の損害担保について、証明責任は債権者の側にあると解されている。そして、新二七六条の「損害担保」は、旧四六三条の「性質保証」の後継概念であり、その判断基準については、従前の性質保証についての判例が妥当すると解されている。そうすると、第一部第二章で見たように、これまでＢＧＨは、「責任負担意思」について買主の側から見て「売主が責任を負う意思を有している」と受け取られ得る表示で十分であると解していたのであるから、[2]新ＢＧＢにおいても、債権者から見て債務者が責任を負う意思を有していると受け取られうる表示が存在することを証明すれば足りることになろう。さらに重要な点は、ドイツ法においては、性質保証が瑕疵担保責任の一部であった旧ＢＧＢから、債務不履行の帰責事由の一つとして位置づけられた新ＢＧＢにおいても、基本的に性質保証についての要件及び主張・立証責任に関する解釈は変わっていないという点、および改正された新ＢＧＢにおいて義務違反による損害賠償の要件を定める新二八〇条が、帰責事由を但書の免責事由として規定しているにもかかわらず、すでにみたように新二七六条において、損害担保の引き受けを債権者の主張・立証すべき帰責事由の一つとして位置づけている点である。

そうすると、既に見たように、日本の民法改正法案で提案されている条文案では、文言上、ドイツ法と同様に、帰責事由は但書に免責事由という形で明記されているが、たとえ、そのような改正がなされたとしても、基本的には、性質保証を債務不履行責任の帰責事由の一つとして位置づけることは可能であり、性質保証をした事実は、債権者の側で主張・立証すべき事実と解釈することを妨げるものではないと考える。

具体的には、債務者(売主)がどのような表示を債権者(買主)に与えたのかが決定的に重要となるのであり、債権者は債務者の具体的な表示を主張・立証することにより、債務者が帰責事由としての保証を与えた事実を証明することになろう。(3)

四　性質保証と免責条項の関係

第一部第三章、第四章における検討から、ドイツ法における「性質保証責任」とスイス法における「性質保証責任」は、ともにその起源を同じくしながら、かたや売主の責任を加重する機能を担い、かたや単に瑕疵概念を補完する機能しか負わないというように、その位置づけは大きく異なる。しかし、「性質保証責任」と「免責条項」の関係については、いずれの法制度においても、「性質保証は免責条項を破る」という法理を見て取ることができる。さらに第二部第一章においてみたように、ドイツの債権法改正によって、「損害担保(Garantie)は免責条項を排除する」という法理が新BGB四四四条において明文化されるに至った。このことは、「性質保証(Zusicherung)」ないし「損害担保(Garantie)」責任には普遍的に免責条項を排除する機能が備わっていると見ることもできよう。(4)そうすると、日本法においても、性質保証に同様の機能を認められるかどうかは、民法改正法案の審議の行方も考慮しつつ検討されなければならない。法制審の審議においても、免責条項の制限について一般規定を設けるべきであるとの提案もなされており注目に値する。この点については、免責条項の効力は不当条項規制の問題であるとする反論もあり、また、特に、性質保証を与えたからと言って一切の免責・責任制限が不可能になるわけではないことは、第二部第四章における企業買収契約をめぐる議論からも明らかである。しかし、ドイツにおいても多くの論者が主張するように、片方の手で「性質保証」を与えつつ、もう片方の手でそれを奪うような契約は、自己矛盾行為禁止の原則により無効と解すべきであろう。債務不履行における債務者の帰責の問題と免責の問題は、ある意味、表裏の関係にあるのであり、私見のように、性質保証を帰責事由の一つとして位置づけるかどうかにかかわらず、性質保証と矛盾する免責条項の効力は制限されると解されるべきである。債権法改正後も性質保証は「免責条項を破る」という積極的意義を有するといえる。

注

（1）渡辺達徳・前掲判タ一一一六号二九頁は、新ＢＧＢの帰責事由の理解が、近時の日本法における有力説と軌を一にする点を指摘する。

（2）BGHZ 59, 154, 158.

（3）もっとも、そのような債務者の表示が帰責事由としての保証にあたるかどうかは解釈問題である。

（4）新ＢＧＢ四四四条を巡っては、第二部第四章で見たように、企業買収実務に置いて大きな議論を巻き起こした。しかしこれは、「性質保証ないし損害担保は免責条項を破る」という原則自体が問題なのではなく、むしろ野党の修正案に対して最小限の修正にとどまったと言うことは、この原則の普遍性を示しているものとも言える。

事項・人名索引

あ行

か行

さ行

た行

ら行

わ行

欧文

条文索引

著者紹介

渡邉　拓（わたなべ　たく）

1970 年　大阪市に生まれる
1989 年　大阪府立三国丘高等学校卒業
1994 年　神戸大学法学部卒業
1996 年　神戸大学大学院法学研究科博士前期課程修了
1998 年　静岡大学人文学部法学科専任講師
2002 年　静岡大学人文学部法学科助教授
2004 年　横浜国立大学大学院国際社会科学研究科助教授
2010 年　弁護士登録（横浜弁護士会）
2012 年　横浜国立大学大学院国際社会科学研究科教授
2013 年　博士（法学）神戸大学
現在　　横浜国立大学大学院国際社会科学研究院教授

性質保証責任の研究

2015 年 11 月 20 日　　初版第 1 刷発行

著　者　渡　邉　　拓
発行者　阿　部　成　一

〒 162-0041　東京都新宿区早稲田鶴巻町514番地
発行所　株式会社　成　文　堂
電話 03 (3203) 9201　Fax 03 (3203) 9206
http://www.seibundoh.co.jp

製版・印刷　シナノ印刷　　製本　佐抜製本

ISBN978-4-7923-2681-4　C3032　　検印省略

定価（本体7800円＋税）